MICHAEL COLLINS PIPER

Der GOLEM
EINE WELT IN GEISELHAFT

Die israelische Atombombe und der Weg zum globalen Armageddon

Eine Studie über die „Israelisierung" der US-Außenpolitik und ihre Auswirkungen auf das Überleben der Menschheit.

MICHAEL COLLINS PIPER

Michael Collins Piper war ein US-amerikanischer politischer Schriftsteller und Radiomoderator. Er wurde 1960 in Pennsylvania, USA, geboren. Er war ein regelmäßiger Mitarbeiter von The Spotlight und dessen Nachfolger American Free Press, Zeitungen, die von Willis Carto unterstützt wurden. Er starb 2015 in Coeur d'Alène, Idaho, in den USA.

Der Golem - Eine Welt in Geiselhaft
Die israelische Atombombe und der Weg zum globalen Armageddon
Eine Studie über die „Israelisierung" der US-Außenpolitik und
ihrer Auswirkungen auf das Überleben der Menschheit

The Golem – A world held hostage
Israel' nuclear hell bomb and the road to Global Armageddon
A study of the "israelization" of American foreign policy and its implications for the survival of mankind

Erster Druck in den USA: Juni 2002 American Free Press

Übersetzt und herausgegeben von
Omnia Veritas Limited

www.omnia-veritas.com

© Omnia Veritas Ltd - 2025

Alle Rechte vorbehalten. Kein Teil dieser Publikation darf ohne vorherige schriftliche Genehmigung des Herausgebers in irgendeiner Form oder mit irgendwelchen Mitteln, einschließlich Fotokopien, Aufnahmen oder anderen elektronischen oder mechanischen Mitteln, vervielfältigt, verbreitet oder übertragen werden, außer für kurze Zitate in kritischen Zeitschriften und für andere nicht kommerzielle Zwecke, die nach dem Urheberrechtsgesetz zulässig sind.

WAS IST DER GOLEM	14
DER GOLEM	16
EIN WORT DES AUTORS...	17
ISRAEL HAT MICH IN DIE „HALL OF SHAME" AUFGENOMMEN...	17
DEDICACE	19
An Dr. Mahathir Mohamad	*19*
Auf den verstorbenen F. C. Schellenberg.	*19*
Und an Mordechai Vanunu...	*19*
Wurde der erste Schuss in Israels Krieg um die nukleare Vorherrschaft am 22. November 1963 in Dallas (Texas) abgefeuert	*21*
VORWORT	23
EINE WELT ALS GEISEL GENOMMEN...	23
DER GOLEM	26
EINFÜHRUNG	29
WAS IST DER GOLEM? WAS HAT DIESE RELIGIÖSE JÜDISCHE IKONE MIT DEM GEFÄHRLICHSTEN ARSENAL AN NUKLEAREN MASSENVERNICHTUNGSWAFFEN ZU TUNDAS HEUTE AUF DEM PLANETEN ZU FINDEN IST	29
KAPITEL 1	40
ISRAELS INSTITUTIONELLER RASSISMUS, EIN GRUND ZUR SORGE IM ZUSAMMENHANG MIT SEINEM NUKLEAREN GOLEM	40
KAPITEL 2	47
DER AUFSTIEG DES FANATISMUS IN DER ISRAELISCHEN POLITISCHEN ARENA UND SEINE AUSWIRKUNGEN AUF DEN ISRAELISCHEN ATOMGOLEM: WIRD AVIGDOR LIEBERMAN DER ARCHITEKT DES ARMAGEDDON SEIN	47
KAPITEL 3	50
KÖNNTE ES ZU EINEM BÜRGERKRIEG IN ISRAEL KOMMEN? KÖNNTEN FANATISCHE JÜDISCHE EXTREMISTEN DIE KONTROLLE ÜBER DEN ISRAELISCHEN ATOMGOLEM ÜBERNEHMEN	50
KAPITEL 4	55
NICHT NUR DIE „FANATIKER"... ISRAELS FÜHRENDE POLITIKER UND DIE BEDROHUNG DURCH DEN GOLEM	55
KAPITEL 5	59
JA, ISRAEL WIRD ZUERST ANGREIFEN... UND WIRD AUCH EINEN „VERBÜNDETEN" ANGREIFEN.	59
KAPITEL 6	66
ISRAELS HEILIGES GEHEIMNIS: DER ZIONISTISCHE GOLEM ALS HAUPTMOTOR DER NUKLEAREN ESKALATION IM NAHEN OSTEN	66
KAPITEL 7	73

STEUERBEFREITE US-AMERIKANISCHE NON-PROFIT-GRUPPEN FINANZIEREN ISRAELS ATOMGOLEM 73

KAPITEL 8 76

IST DER ISRAELISCHE GOLEM MIT DEM US-ATOMWAFFENARSENAL VERSCHMOLZEN 76

KAPITEL 9 79

„ISRAEL: VERZICHTE AUF DEINEN GOLEM" ANALYSTEN DES U.S. ARMY WAR COLLEGE GEHEN DAVON AUS, DASS DER IRAN SEIN ATOMPROGRAMM AUFGEBEN WÜRDE, WENN ISRAEL DIES TÄTE 79

KAPITEL 10 82

DIE „VERGIFTETE" BEZIEHUNG: JÜDISCHER INTELLEKTUELLER FORDERT EINE KEHRTWENDE IN DER US-AUßENPOLITIK GEGENÜBER DEM GOLEM ISRAEL 82

KAPITEL 11 85

DIE ACHSE USA-ISRAEL-INDIEN UND IHRE AUSWIRKUNGEN AUF DIE VERBREITUNG VON ATOMWAFFEN 85

KAPITEL 12 90

JFKS GEHEIMER KRIEG GEGEN ISRAEL: THE UNTOLD STORY OF HOW THE CONTROVERSY OVER ISRAEL'S GOLEM WAS CENTRAL TO THE JFK ASSASSINATION CONSPIRACY (DIE UNGELÖSTE GESCHICHTE, WIE DIE KONTROVERSE UM ISRAELS GOLEM ZENTRAL FÜR DIE JFK-ATTENTATSVERSCHWÖRUNG WAR) 90

KAPITEL 13 106

DAS „JÜDISCHE PROBLEM" VON JIMMY CARTER : DER LANGJÄHRIGE, GAR NICHT SO GEHEIME KRIEG ISRAELS UND SEINER MÄCHTIGEN LOBBY IN WASHINGTON GEGEN JIMMY CARTER 106

KAPITEL 14 112

HAT BILL CLINTON ISRAEL „DEN RÜCKEN GEKEHRT"? ZIONISTISCHE INTRIGEN HINTER DEM „MONICA-GATE" 112

KAPITEL 15 123

DER AUFSTAND DER GENERÄLE: DIE MILITÄRISCHE ELITE DER USA BEZIEHT STELLUNG GEGEN AMERIKANISCHE UNTERSTÜTZER ISRAELS 123

KAPITEL 16 129

DIE GROßE HEXENJAGD DES 21. JAHRHUNDERTS: ZIONISTEN FORDERN DIE AUSWEISUNG VON ISRAELKRITIKERN AUS DER US-REGIERUNG UND DEM US-MILITÄR 129

KAPITEL 17 133

DIE REVOLTE DER AKADEMIKER: DIE BESTEN AKADEMIKER WERFEN DIE FRAGE AUF: „SIND DIE BESONDEREN BEZIEHUNGEN ZWISCHEN DEN USA UND ISRAEL GUT FÜR AMERIKA?" 133

KAPITEL 18 137

DER KRIEG DES ZIONISMUS GEGEN DIE VEREINTEN NATIONEN: EINFÜHRUNG EINES NEUEN MECHANISMUS ZUR ERRICHTUNG EINES GLOBALEN IMPERIUMS 137

KAPITEL 19 146

IRAK UND IRAN ALS ZIELE: EIN SCHLÜSSELELEMENT IN DER LANGFRISTIGEN STRATEGIE DES ZIONISMUS ZUR BEHERRSCHUNG DES NAHEN OSTENS UND DER WELT 146

KAPITEL 20 .... **149**

WER IST BONO? ISRAEL ALS EINZIGER NUTZNIESSER DER US-POLITIK GEGENÜBER DEM IRAK UND DEM IRAN 149

KAPITEL 21 .... **155**

„UNAUSLÖSCHLICHE JÜDISCHE FINGERABDRÜCKE": WER WILL, DASS AMERIKA KRIEG GEGEN DEN IRAN FÜHRT 155

KAPITEL 22 .... **158**

SIE SIND WIEDER DA: HOHEPRIESTER DES IRAKKRIEGS WOLLEN JETZT DEN IRAN ZERSTÖREN 158

KAPITEL 23 .... **161**

DIE „NEW YORKER DES GELDES": EIN US-GENERAL JÜDISCHER ABSTAMMUNG ZEIGT AUF DIE KRIEGSTREIBER 161

KAPITEL 24 .... **164**

„MADE IN ISRAEL": DER WAHRE URSPRUNG DER KONTROVERSE UM DAS IRANISCHE ATOMPROGRAMM, WIE ER VON FÜHRENDEN ATOMWAFFENEXPERTEN ERMITTELT WURDE 164

KAPITEL 25 .... **166**

IRANS PRÄSIDENT ÄUSSERT SICH: DER NEUEN WELTORDNUNG FRONTAL TROTZEN 166

KAPITEL 26 .... **175**

ES IST ZEIT, DEN KRIEG GEGEN DEN KRIEG ZU FÜHREN: DR. MAHATHIR MOHAMAD SPRICHT 175

KAPITEL 27 .... **179**

ISRAEL, EIN „GESCHEITERTER STAAT", DER BEREIT IST, DAS NUKLEARE TABU ZU BRECHEN; DIE NEOKONSERVATIVEN STREBEN NACH DER WELTHERRSCHAFT 179

KAPITEL 28 .... **182**

DAS ENDE DES LEBENS AUF DER ERDE: DIE SCHRECKLICHEN FOLGEN EINER UNKONTROLLIERTEN VERBREITUNG VON ATOMWAFFEN 182

KAPITEL 29 .... **185**

„INSTITUTIONALISIERTE DESINFORMATION: DIE ROLLE DES MEDIENMONOPOLS BEI DER FÖRDERUNG DES KRIEGES 185

KAPITEL 30 .... **188**

„DAS GRÖSSTE VERBRECHEN DES 20. JAHRHUNDERTS" DER APPELL EINES PROPHETEN AN DIE VERNUNFT 188

SCHLUSSFOLGERUNG **205**

EIN LETZTES WORT... .... **226**

WAS IST ZU TUN 226

ANDERE TITEL **241**

Seit über 30 Jahren kämpft Michael Collins Piper gegen sinnlose Kriege und den globalen Imperialismus. Er ist um die ganze Welt gereist, um den guten Menschen auf der ganzen Welt zu sagen, dass echte Amerikaner die kriminellen Handlungen der zionistischen Elite, die auf amerikanischem Boden herrscht, nicht unterstützen...

Oben, links, Michael Collins Piper teilt einen Moment der Entspannung in Kuala Lumpur mit dem ehemaligen langjährigen malaysischen Premierminister Dr. Mahathir Mohamad. Rechts: Michael Collins Piper, ein großer Tierliebhaber, besucht die Gedenkstätte des berühmten Yasukuni-Schreins in Tokio, die an die Hunde erinnert, die in Kriegszeiten an der Seite der japanischen Truppen gedient haben. Unten, rechts, mit dem iranischen Präsidenten Mahmoud Ahmadinejad. Unten links: Piper hält Vorträge vor dem Think Tank der Arabischen Liga, dem Zayed International Centre for Coordination and Monitoring, in Abu Dhabi in den Vereinigten Arabischen Emiraten.

Unten links auf dem Roten Platz in Moskau. Sanusi Junid, Präsident der International Islamic University of Malaysia (links), und Hans Christoph Graf von Sponeck (rechts), ehemaliger stellvertretender Generalsekretär der Vereinten Nationen und Koordinator des humanitären Programms der Vereinten Nationen im Irak vor der US-Invasion. Rechts leitet er sein nächtliches Radioforum auf dem Republic Broadcasting Network.

Was ist der Golem

Diese provokante Frage, deren Beantwortung für das Überleben des Lebens auf der Erde von entscheidender Bedeutung ist, wird in dieser brisanten Studie, der ersten ihrer Art, mit klaren Worten...

In der jüdischen Tradition hat ein angesehener Rabbi auf magische Weise aus dem Lehm der Erde eine brutale Kreatur - den Golem - hervorgebracht, die er in die Welt schickte, um die Feinde des jüdischen Volkes zu besiegen. Wie die Legende, die später Mary Shelleys Frankenstein inspirierte, erzählt, geriet der Golem außer Kontrolle und erwies sich sogar als Bedrohung für das Überleben des jüdischen Volkes.

Tatsächlich existiert in der Neuzeit ein sehr realer (und sehr gefährlicher) Golem auf unserem Planeten. Hergestellt aus einem Erz namens Uran, ist dieser Golem - wie Israels Gründungsvater David Ben-Gurion es beschrieb - Israels „heilige" nukleare Massenvernichtungswaffe, die Hauptursache für Probleme im prekären Bereich der atomaren Verbreitung auf unserem heutigen konfliktgeplagten Planeten.

In diesem bahnbrechenden Buch nimmt der erfahrene Autor Michael Collins Piper kein Blatt vor den Mund, wenn er behauptet, dass die israelische Atombombe die Zivilisation in Richtung eines weltweiten Armageddon treibt und dass die Fortführung dieses unkontrollierten Waffenprogramms die Welt in Geiselhaft genommen hat. Piper erklärt die Gefahr, der der Planet ausgesetzt ist, als direkte Folge der amerikanischen Zusammenarbeit mit einem atomar bewaffneten Israel, einer Nation mit einer offenen historischen Vergangenheit der Feindseligkeit gegenüber anderen Völkern, die auf wenig bekannten jüdischen religiösen Lehren beruht, die die Philosophie waren, auf deren Grundlage Israel - seit seinen ersten Tagen - unermüdlich daran gearbeitet hat, ein Atomwaffenarsenal - seinen Golem - die Grundlage seiner nationalen Sicherheitsstrategie aufzubauen.

Mit der Beschreibung der gesamten schockierenden Geschichte zeigt Piper, dass die internationale Politik der Vereinigten Staaten von wohlhabenden

Unterstützern Israels hintertrieben wurde, die in Verbindung mit Medien, die von jüdischen Familien und Finanzinteressen beherrscht werden, zu Herren über das Schicksal Amerikas und der Menschheit selbst geworden sind.

Piper nennt dieses Phänomen die „Israelisierung" der amerikanischen Außenpolitik.

Nachdem er sechs verschiedene (in mehrere Sprachen übersetzte), allesamt weithin gefeierte Studien zu verschiedenen Aspekten zionistischer Intrigen vorgelegt hat, ist Piper heute international als einer der führenden Langzeitkritiker der US-Politik gegenüber Israel und der muslimischen Welt anerkannt. In The Golem hat Piper eine beeindruckende Anzahl unbestreitbarer Fakten zusammengetragen, die zu einer eindeutigen Schlussfolgerung führen: Die Bürger der Vereinigten Staaten und der ganzen Welt müssen zusammenarbeiten, um sicherzustellen, dass Israels Golem demontiert wird.

Dieser monumentale Band könnte dazu beitragen...

DER GOLEM

1994 bestätigte Jane's Intelligence Review, die weltweit führende Autorität auf dem Gebiet der Rüstungsindustrie, dass Israel 200 Atomsprengköpfe [besitzt] und damit die sechstgrößte Atommacht der Welt ist.

Die Doppelmoral, die immer dann zum Vorschein kommt, wenn das Wort „Massenvernichtungswaffen" fällt, kann nicht damit entschuldigt werden, dass Israel sich an internationale Regeln hält.

Israel weigert sich, jeden Vertrag zu unterzeichnen, der den Einsatz von Atomwaffen regelt. Die gesamte Korrespondenz zum Atomwaffensperrvertrag, zum Atomteststoppvertrag und zu anderen üppig ausgehandelten Abkommen über Massenvernichtungswaffen wandert in den Mülleimer der israelischen Regierung.

Dennoch erhält Israel von den USA jährlich 3 Milliarden Dollar [an Hilfe]. Und das trotz eines Gesetzes - dem Symington-Abkommen -, das die US-Regierung daran hindert, Ländern, die außerhalb jeglicher internationaler Kontrolle oder Vereinbarung Atomwaffen entwickeln, Hilfe zu gewähren.

-Hilary Wainwright *The Guardian* 4. Oktober 2002

ÜBER DAS COVER: Dies ist der „Golem" aus dem klassischen deutschen expressionistischen Film der 1920er Jahre, der die Geschichte (basierend auf einer populären jüdischen Legende) erzählte, wie ein jüdischer Rabbi eine riesige Kreatur aus Lehm, bekannt als „Golem", erschaffen hat, um die belagerten Juden in Prag vor ihren Feinden zu schützen. Der Golem geriet jedoch außer Kontrolle und wurde zu einer Bedrohung für die Juden. Auf der Brust des Golems befindet sich ein fünfzackiger Stern, ein altes jüdisches Symbol für die Stadt Jerusalem. Heute gibt es einen sehr realen Golem: das israelische Arsenal an nuklearen Massenvernichtungswaffen. Die Gefahr, die Israels nuklearer Golem für die Welt - und für das Überleben des jüdischen Volkes selbst - darstellt, ist das Thema dieses Bandes.

Ein Wort des Autors...

Israel hat mich in die „Hall of Shame" aufgenommen...

Diese - sozusagen - eher ungewöhnliche „Ehre" wurde von einem israelischen Staatsforum verliehen, das als Koordinationsforum zur Bekämpfung des Antisemitismus bekannt ist und vom Büro des israelischen Premierministers, dem israelischen Bildungs- und dem Außenministerium sowie von prominenten jüdischen Weltorganisationen wie der Anti-Defamation League, dem World Jewish Congress, B'nai B'rith und der Jewish Agency und anderen mitgetragen wird.

Mein „Verbrechen" besteht darin, dass ich - zusammen mit etwa 70 Forschern und Akademikern aus 30 Ländern der ganzen Welt - an einer Konferenz in Teheran teilgenommen habe, die im Dezember 2006 vom iranischen Präsidenten Mahmud Ahmadinedschad und dem Institut für politische und internationale Studien des iranischen Außenministeriums veranstaltet wurde.

Obwohl das offizielle Thema der Konferenz das allgegenwärtige Thema „Holocaust" war, lag der Schwerpunkt auf den anhaltenden Problemen, die sich aus Israels zentraler Rolle in den Konflikten des Nahen Ostens ergeben, insbesondere Israels Behandlung von Christen und Muslimen in Palästina - eine Politik, die insbesondere an die Politik erinnert, die Nazi-Deutschland angeblich gegenüber den europäischen Juden praktiziert hat.

Lassen Sie mich ohne zu zögern sagen, dass ich diese Verurteilung durch Israel als ein Ehrenabzeichen betrachte, das ich mit Stolz trage: die formelle Überprüfung, dass ich mehr als die Hälfte meines Lebens dem Kampf gegen die sinnlosen Kriege gewidmet habe, in die Amerika im Namen Israels und der internationalen zionistischen Agenda hineingezogen wurde.

Ich entschuldige mich in keiner Weise dafür, dass ich eine offene Position gegen Israels Untaten und die weltweite Einmischung der USA zugunsten Israels eingenommen habe.

Ich bin fest davon überzeugt, dass das, was ich als „das Problem Israel" bezeichne, das Überleben des Lebens auf der Erde bedroht. Es ist die treibende Kraft hinter den beiden Übeln Krieg und Imperialismus, ein wahrer Drache mit zwei Köpfen, den es zu Fall zu bringen gilt.

Aus diesem Grund habe ich dieses Buch geschrieben. Israels nukleare Massenvernichtungswaffen - sein Golem - sind der Kern des Problems, und dieses Problem muss schnell gelöst werden.

Es bleibt zu hoffen, dass dieses Buch zur Lösung des Problems beiträgt.

-MICHAEL COLLINS PIPER

Washington, DC 11. September 2007

Weitere Informationen zu Dr. Mahathir Mohamads Bemühungen im Kampf gegen Krieg und Imperialismus finden Sie auf der Website des Perdana Global Peace Forum: perdana4peace.org.

Mahathir Mohamad, der ehemalige Premierminister von Malaysia (oben), setzte sich vehement für den Weltfrieden ein. Im Medaillon ein Foto von Michael Collins Pipers Halbbruder F. C. Schellenberg, der während seiner militärischen Ausbildung von einem Lastwagen sprang, bevor er in Vietnam eingesetzt wurde. Schellenberg war nur einer von Millionen Amerikanern, die zum Kämpfen in sinnlose Auslandskriege geschickt wurden.

DEDICACE

An Dr. Mahathir Mohamad

Der Vater des modernen Malaysia und ein Frontkämpfer für den Weltfrieden

Wir müssen den Krieg als Option bei der Beilegung von Streitigkeiten und Konflikten zwischen Nationen verbieten; den Krieg als legitimierten, unmenschlichen und unzivilisierten Massenmord anerkennen und definieren".

Ich rufe die Welt auf, den Krieg vollständig abzulehnen und den Frieden als wahren Ausdruck der Menschlichkeit und des Adels des Menschengeschlechts zu akzeptieren, als ultimativen Maßstab für die Zivilisationsstufe, die die Menschheit anstreben und erreichen sollte.

Im Namen der Demokratie, der Freiheit und Gottes führten und führen Kriegsverbrecher Angriffskriege und begehen abscheuliche Kriegsverbrechen. Im Namen des Friedens müssen wir eine weltweite Anstrengung unternehmen, um Kriegsverbrecher daran zu hindern, Kriege zu führen und unschuldige Menschen abzuschlachten.

Wir müssen entschlossen sein. Wir dürfen angesichts der Widrigkeiten nicht schwach werden. Unsere Sache ist gerecht und der Sieg ist uns sicher, auch wenn der Kampf lang und hart sein wird. So Gott will, wird sich der Frieden durchsetzen.

Eine Reise von tausend Meilen beginnt mit den ersten Schritten. Wir haben viele Schritte gemacht. Gehen wir weiter in diesem Kampf, um eine echte Zivilisation zu erreichen, um den Krieg zu kriminalisieren.

-DR. MAHATHIR MOHAMAD

Auf den verstorbenen F. C. Schellenberg.

Er wurde eingezogen, um am Vietnamkrieg teilzunehmen, einem weiteren Krieg, der nicht nötig war und nicht hätte geführt werden dürfen. Obwohl mein älterer Bruder in unsere Familie zurückkehrte - und seine eigene gründete -, führten die Narben eines Krieges, über den er nie mit mir gesprochen hatte - außer einmal -, zu seinem frühen Tod.

In vielerlei Hinsicht war der älteste Sohn meiner Mutter bereits Jahre zuvor im Dschungel von Südostasien gestorben.

Und an Mordechai Vanunu.

Die Welt steht in großer Schuld bei Mordechai, einem Propheten unserer Zeit. Hoffen wir, dass Mordechais Warnungen vor Israels nuklearem Golem Gehör finden und er endlich die Freiheit erreicht, von der er in den 18 Jahren, die er in der Hölle eines israelischen Gefängnisses verbracht hat, geträumt hat.

Der israelische Gewissensgefangene äußert sich

Der mehrfach für den Friedensnobelpreis nominierte ehemalige israelische Atomtechniker Mordechai Vanunu verbrachte 18 Jahre im israelischen Gefängnis, davon 11 Jahre in Einzelhaft. Er wurde wegen Landesverrats und Spionage verurteilt, weil er (1986) der Londoner Sunday Times Insiderinformationen über das israelische Programm zum Bau von atomaren Massenvernichtungswaffen gegeben hatte.

Seit seiner Entlassung aus dem Gefängnis im Jahr 2004 wurde Herr Vanunu wiederholt von den israelischen Behörden ins Visier genommen, weil er sich beharrlich weigerte, der israelischen Aufforderung nachzukommen, den Kontakt zu ausländischen Journalisten einzustellen. Herr Vanunu möchte Israel verlassen, doch die israelische Regierung erlaubt ihm dies nicht. Am 25. Juli 2004 berichtete die Jerusalem Post, dass Herr Vanunu in einem Interview mit der in London ansässigen arabischen Zeitung al-Hayat gesagt habe, er glaube, dass die Ermordung von John F. Kennedy das direkte Ergebnis seiner Bemühungen gewesen sei, Israel an der Herstellung von Atomwaffen zu hindern. Es war ein anderer prominenter israelischer Dissident, Israel Shamir, der Vanunu diese These, die in Michael Collins Pipers Buch Final Judgment dargelegt wurde, erstmals vorstellte. Piper war einer derjenigen, mit denen Vanunu sprach, wobei er sich dem israelischen Verbot des Kontakts mit ausländischen Journalisten widersetzte.

Es ist an der Zeit, dass die USA und Europa alle Völker des Nahen Ostens darüber informieren, dass Israel alle Atomwaffen besitzt. Es ist an der Zeit, alle Staaten und Völker auf den künftigen Atomkrieg vorzubereiten. Atomkrieg.

Weil Israel noch nicht bereit ist, alle demokratischen Normen, die Menschenrechte, zu respektieren, bedeutet dies, dass Israel in Zukunft auf einen Atomkrieg zusteuert.

All diese Diskussionen und Treffen werden keinen Frieden bringen. Sie helfen den Israelis nur, sich selbst zu betrügen. Solange die Mauer existiert, die

Besatzung, die Siedlungen und die Flüchtlingslager, wird es niemals Frieden geben.

Die Juden in Israel müssen aus ihren zionistischen Träumen erwachen, aus der Politik von Ben Gurion und Shimon Peres, die auf Atomwaffen vertrauen. Sie machen einen Atomkrieg unausweichlich.

Die USA und Europa sind daher verpflichtet, sehr klar und offen zu verkünden, dass ein Krieg unmittelbar bevorsteht.

Wurde der erste Schuss in Israels Krieg um die nukleare Vorherrschaft am 22. November 1963 in Dallas (Texas) abgefeuert

> ... [John F. Kennedy stellte die Begrenzung des nuklearen Wettrüstens in den Mittelpunkt der amerikanischen Außenpolitik... Israels nukleares Unternehmen stand in direktem Widerspruch zu den Grundsätzen seiner Politik....
>
> Der Washingtoner Ha'aretz-Korrespondent während der Präsidentschaften von Kennedy und Johnson, Amos Elon, veröffentlichte einen Bericht, wonach Kennedy in einem Gespräch mit James Reston von der New York Times gesagt hatte, dass [der israelische Premierminister David] Ben-Gurion in nuklearen Fragen ein „wilder Mann" sei.
>
> *Der* israelische Historiker Michael Karpin *Die Bombe im Keller: Wie Israel atomar wurde und was das für die* Welt *bedeutet*

Die Ermordung von US-Präsident John F. Kennedy setzte dem massiven Druck der US-Regierung auf die israelische Regierung, das Atomprogramm aufzugeben, ein abruptes Ende. [In Israel und die Bombe belegt Avner] Cohen ausführlich den Druck, den Kennedy auf Ben-Gurion ausübte... in denen Kennedy dem israelischen Premierminister deutlich zu verstehen gibt, dass er unter keinen Umständen akzeptieren wird, dass Israel ein Atomstaat wird.

Das Buch deutet an, dass, wenn Kennedy am Leben geblieben wäre, es nicht sicher ist, ob Israel heute eine nukleare Option hätte.

-Reuven Pedatzer in der israelischen Zeitung Ha'aretz vom 5. Februar 1999, in der er Avner Cohens Buch Israel and the Bomb (Israel und die Bombe) kommentiert.

Besondere Privilegien für eine Nation - und nur eine - auf der Oberfläche des gesamten Planeten... Alle sind sich einig, dass Israel ein Atomwaffenstaat ist.

Es war die sechste Nation der Welt - und die erste im Nahen Osten -, die Atomwaffen entwickelt und erworben hat. Obwohl genaue Zahlen spekulativ sind, sollen Israels nukleare Streitkräfte (zumindest in qualitativen Begriffen) denen Frankreichs und Großbritanniens näher stehen als denen Indiens und Pakistans.

Dennoch unterscheiden sich Israels Verhaltenskodex und Diskurs im Nuklearbereich deutlich von denen anderer Atomwaffenstaaten. Im Gegensatz zu den sieben anerkannten Atomnationen - den fünf De-jure-Atomstaaten, die den Nichtverbreitungsvertrag (NVV) unterzeichnet haben (USA, Russland, Großbritannien, Frankreich und China), und den beiden De-facto-Atomstaaten, die den NVV nicht unterzeichnet haben (Indien und Pakistan) - hat Israel seinen Atomstatus nie öffentlich gemacht oder gar zugegeben. Niemand in Israel oder im Ausland wagt es, der israelischen Führung unbequeme Fragen über den Atomstatus des Landes zu stellen... In Washington und später auch in anderen westlichen Hauptstädten ist die israelische Bombe zu einem äußerst sensiblen, fast unantastbaren Thema geworden... aufgrund dessen die USA Israel als nuklearen Sonderfall (und einzigartig) behandeln. Im Rahmen dieser Politik haben die USA ihren Einfluss und ihre diplomatische Macht geltend gemacht, um den israelischen Fall zu ignorieren und zu schützen. Israel wird als Ausnahme behandelt, die gewissermaßen vom Nichtverbreitungsregime, das für alle anderen gilt, ausgenommen ist.

Freunde und Gegner Israels (und der USA) müssen diese Aura des Exzeptionalismus berücksichtigen. Für Freunde ist es eine Frage der politischen Verlegenheit; für Feinde verdeutlicht es die Doppelmoral und die Ungleichheit des amerikanischen Ansatzes zur Nichtverbreitung.

-Der israelische Historiker Avner Cohen „The Last Taboo: Israel's Bomb Revisited" Current History - April 2005

Vorwort

Eine Welt als Geisel genommen...

Die Existenz des israelischen Arsenals an Massenvernichtungswaffen ist das größte „schmutzige Geheimnis" der Welt. Leider glauben viele Amerikaner, dass Israels atomares Höllenfeuer einfach nur prächtig ist, ein Geschenk Gottes.

Die meisten gut informierten Menschen auf der gesamten Oberfläche unseres Planeten - Menschen aller Glaubensrichtungen und Hautfarben - teilen diese Ansicht jedoch nicht. Und weil die Menschen auf unserer Welt - die überwältigende Mehrheit - diese Ansicht nicht teilen, haben sie begonnen, die Vereinigten Staaten als kaum mehr als ein schändliches und schamloses Werkzeug Israels wahrzunehmen.

Wenn man von einigen gehört hat, dass die Situation genau umgekehrt sei, dass Israel im Gegenteil ein Werkzeug der USA sei, dann sollte die Gesamtheit der auf den Seiten dieses Bandes gesammelten Dokumente sie vom Gegenteil überzeugen.

Was jedenfalls unbestritten ist, ist, dass die sogenannte „besondere Beziehung" zwischen den USA und Israel, wie ein Kritiker schrieb, eine „vergiftete Beziehung" ist, die für die Zukunft der Menschheit nichts Gutes verheißt - und es versteht sich von selbst, dass dies eine Untertreibung ist.

Eine Reihe wichtiger Bücher, die größtenteils von jüdischen Autoren (darunter mehrere Israelis) verfasst wurden, haben sich eingehend mit der bislang wenig bekannten Geschichte von Israels Streben nach Atomwaffen befasst.

Dieses Buch, Der Golem, soll jedoch erklären, wie die Realität der israelischen Atombombe - die wir „Der Golem" getauft haben - zu einer allgegenwärtigen (gefährlichen und beängstigenden) Realität geworden ist, die einen zerstörerischen Einfluss auf das außenpolitische Verhalten der USA hatte.

Die Existenz dieses Golems hat der machtverrückten Israel-Lobby in Washington auch ein zusätzliches Gewicht verliehen, das weit über die Millionen (oder gar Milliarden) an politischen Geldern hinausgeht, die der Lobby zur Verfügung stehen. All dies hat Israel und seine Unterstützer in

Amerika zu den unangefochtenen Diktatoren des amerikanischen Systems gemacht.

Die beiden größten politischen Parteien in den USA werden auf höchster Ebene eng von der jüdischen Lobby kontrolliert und sind bereit, alles zu tun, was diese Lobby verlangt. Darüber hinaus stellen wir fest, dass alle großen Nachrichtenmagazine, alle großen Zeitungen und alle großen Rundfunknetze fest in den Händen jüdischer Familien und Finanzinteressen sind, die sich zutiefst der Förderung der Interessen Israels und des globalen Zionismus verschrieben haben. In Wahrheit kontrollieren diejenigen, die die Medien in Amerika kontrollieren, den amerikanischen Prozess und nutzen ihn, um die zionistische Agenda voranzutreiben.

Der Tod von Präsident John F. Kennedy in Dallas, Texas, am 22. November 1963 beendete JFKs unermüdliche Bemühungen, Israel daran zu hindern, den Grundstein für sein langjähriges Programm der nationalen Sicherheit zu legen: den Aufbau eines Atomwaffenarsenals. Die politische Ermordung von Präsident Richard Nixon, der es wie JFK gewagt hatte, Israel hinter den Kulissen herauszufordern, festigte Israels Macht über das amerikanische System und trieb sein Atomprogramm voran.

Seitdem ist Israel vorangegangen, hat seine übergroße und sicherlich unübertroffene politische Macht über Amerika ausgespielt und die Bedrohung durch seine nukleare Kapazität genutzt, um die USA und den Westen - eigentlich die gesamte zivilisierte Welt - zu erpressen, zu erpressen und zu zwingen, Israels nationale (und internationale) Agenda zu akzeptieren, die in der jahrhundertealten rassistischen und ethnozentrischen Weltanschauung des Zionismus und ihren philosophischen Vorläufern im als Talmud bekannten jüdischen Gesetzeskorpus verwurzelt ist.

Obwohl die von Zionisten beherrschten Medien regelmäßig (zudem falsche) Horrorgeschichten über „antichristliche" Passagen im Koran propagieren, ignorieren dieselben Medien die schändliche und hasserfüllte Rhetorik des Talmud, die sich gegen Nichtjuden richtet. Und täuschen Sie sich nicht, Israels Talmud-Ideologie ist gefährlich, zumal sie das Herzstück von Israels geopolitischer Agenda ist, die auf dem israelischen Atomwaffenarsenal beruht.

Kurz gesagt: Wir leben in einer Welt, die von Israels nuklearem Golem als Geisel genommen wird. Und selbst wenn Sie den Begriff „Golem" noch nie gehört haben - was wahrscheinlich ist -, werden Sie bald verstehen, warum dieser ungewöhnliche Begriff so bemerkenswert präzise (und tiefgründig) ist, um die israelische Höllenbombe zu beschreiben.

Noch nie in der Geschichte der Menschheit wurde die Zivilisation so direkt von einem solchen Feind bedroht. Erstaunlicherweise ist sich jedoch eine große Zahl von Amerikanern dieser schrecklichen Gefahr noch nicht bewusst.

Der ehemalige malaysische Premierminister Dr. Mahathir Mohamad erklärte, dass die Völker der Welt die „zweite Supermacht" auf dem Planeten bilden und dass durch ihre gemeinsamen Anstrengungen der Krieg endlich endgültig ausgerottet werden kann. Hoffen wir, dass er Recht hat. Ich hoffe, dass dieses Buch ein wirksames Werkzeug in den Händen dieser zweiten Supermacht sein wird.

Wenn dieses Buch etwas erreicht, dann sollte es einfach Folgendes sein: den Boden dafür bereiten, dass die Amerikaner zur Besinnung kommen und mit aller Entschiedenheit aufstehen, um ein für alle Mal zu fordern, dass die vom Zionismus korrumpierten Elemente in den Korridoren der amerikanischen Macht in die Schranken gewiesen werden, dass der Kontrollmechanismus in den Händen Israels und seiner Lobby in Washington mit Gewalt zerschlagen wird, dass ein neues, vom Zionismus befreites amerikanisches System die Reihen mit den Völkern dieses Planeten schließt und Israel und die internationale zionistische Bewegung zwingt, sich der Gemeinschaft der Menschheit anzuschließen und ihr Monster, ihren nuklearen Golem, loszuwerden.

Wenn und wann dies geschieht, können wir einen weiteren Schritt tun, um die Zerstörung unserer Welt, wie wir sie heute kennen, zu stoppen.

-MICHAEL COLLINS PIPER

DER GOLEM

Was muss Israel tun? Ich habe auch andere Träume, apokalyptische Träume. Ich denke, dass Israel seit dreißig Jahren Atomwaffen herstellt. Die Juden haben verstanden, was die passive und hilflose Hinnahme des Unglücks in der Vergangenheit für sie bedeutete, und sie haben sich dagegen gewappnet. Massada war kein Vorbild - er hat den Römern nicht den geringsten Schaden zugefügt, aber Samson in Gaza? Mit einer H-Bombe

Was würde der jüdischen Welt als Rückzahlung für Tausende von Jahren des Massenmords einen besseren Dienst erweisen als ein nuklearer Winter? Oder all diese europäischen Staatsmänner und Friedensaktivisten einladen, sich zu uns in die Öfen zu setzen

Zum ersten Mal in der Geschichte hat ein Volk, das von der Ausrottung bedroht ist, während die ganze Welt kichert oder wegschaut, die Macht, die Welt zu zerstören. Die ultimative Gerechtigkeit

-Professor David
Louisiana State University
„Düstere Gedanken und stille Verzweiflung".
Los Angeles Times

7. April 2002

Wir [Israelis] besitzen mehrere hundert Atomsprengköpfe und -raketen und können sie auf Ziele in allen Richtungen abfeuern, vielleicht sogar auf Rom. Die meisten europäischen Hauptstädte sind Ziele für unsere Luftwaffe. Unsere Streitkräfte sind nicht die 30 stärksten der Welt, sondern eher die zweit- oder drittstärksten. Wir haben die Fähigkeit, die Welt mit in den Abgrund zu reißen. Und ich kann Ihnen versichern, dass dies geschehen wird, bevor Israel untergeht.

-Martin van
Hebräische Universität
Jerusalem [Besetztes Palästina] Israel

Oben: Eine Illustration aus dem 19. Jahrhundert, die den Prager Rabbi Loew bei der Beschwörung des legendären Golems aus der jüdischen Tradition zeigt. Ein sehr realer Golem existiert heute in Israel: sein Arsenal an nuklearen Massenvernichtungswaffen.

Links eine Szene aus einem der berühmten dreiteiligen Filme des deutschen expressionistischen Filmemachers Paul Wegener, in dem die Geschichte des „Golem" erzählt wird. Hier klammern sich der Rabbi Loew (rechts) und ein Handlanger an das vom Rabbi geschaffene Monster.

Die Geschichte des Golems - über Jahrhunderte hinweg in der Presse, auf der Bühne und in Filmen begangen - ist (vielleicht unbeabsichtigt) eine Warnung für unsere Welt vor den Gefahren des religiösen Fanatismus. Der neuzeitliche israelische Atom-Golem steht im Zentrum der gegenwärtigen globalen Unruhen und muss zerstört werden.

Es ist kein Zufall, dass im heutigen Israel eine kulturelle Ikone der populären Literatur eine Verkörperung des „Golem" ist, der gegen die Feinde Israels kämpft. Oben: Der Golem (oben sein Name auf Hebräisch). Im Medaillon schreitet der Golem in Begleitung eines jungen, glänzend aussehenden israelischen Offiziers voran. Rechts sieht man, wie der Golem Adolf Hitler niederstreckt. Die alte jüdische Legende des Golem steht im Vordergrund der geostrategischen Überlegungen Israels und muss als solche als die Gefahr erkannt werden, die sie darstellt.

Einführung

Was ist der Golem? Was hat diese religiöse jüdische Ikone mit dem gefährlichsten Arsenal an nuklearen Massenvernichtungswaffen zu tundas heute auf dem Planeten zu finden ist

Die Legende vom Golem geht in der einen oder anderen Form bis in die frühesten Zeiten der jüdischen Folklore zurück und wird insbesondere im Talmud erwähnt, einer langen Sammlung von Diskussionen jüdischer Rabbiner über Fragen zu jüdischen Gesetzen, Ethik, Bräuchen und Geschichte aus der Mitte des ersten Jahrhunderts n. Chr. Der Talmud ist eine der wichtigsten Schriften des Judentums.

Eine spätere Version wurde 1909 von Yudl Rosenberg in einer Sammlung von Kurzgeschichten über den Golem mit dem Titel The Golem and the Wondrous Deeds of the Maharal of Prague veröffentlicht.

Der sogenannte Maharal von Prag war ein echter Rabbiner des 16. Jahrhunderts, eine hoch angesehene Autorität in Sachen jüdischer Mystik, der zwischen 1525 und 1609 lebte. Damals allgemein bekannt als Yehudah Levin ben Betzalel Levai (oder Loew) - oder Varianten dieses Namens - wird der Rabbi in der Golem-Legende am häufigsten einfach als „Rabbi Loew" erwähnt. (Der Titel des Rabbiners, „MaHaRaL", ist übrigens das hebräische Akronym von „Moreinu ha-Rav Loew", was einfach „Unser Lehrer Rabbi Loew" bedeutet). Als reicher Erbe einer vornehmen jüdischen Familie, deren Onkel Rabbiner der Juden des Heiligen Römischen Reiches war, war Rabbi Loew nicht nur in Prag einflussreich, sondern reiste irgendwann auch nach Polen, wo er zum Oberrabbiner von Polen ernannt wurde. Heute ist sein Grab in Prag, der Stadt, in die er in seinen letzten Jahren zurückkehrte, eine beliebte Touristenattraktion.

Loews Arbeit als Talmudgelehrter und Lehrer von Talmudgelehrten wurde in der Neuzeit als wesentlich für die Begründung der jüdischen Philosophie gelobt. Die Tatsache, dass Rabbi Loew die Schlüsselfigur in der Geschichte des Golems ist, ist daher durchaus relevant. Es handelt sich um einen lebenden, atmenden und in die Geschichte eingebetteten Menschen, der vom jüdischen Volk über 500 Jahre lang hoch geschätzt wurde.

Dem Kerngedanken der Golem-Legende zufolge hatte der Kaiser des Habsburger Reiches verkündet, dass die Juden in Prag vertrieben oder getötet werden sollten - ein früher „Holocaust" sozusagen. Die Legende variiert, aber es ist klar, dass der Kaiser den Juden gegenüber nicht gut gesinnt war.

Wie dem auch sei, zu jener Zeit stand die jüdische Gemeinde in Prag - wie viele jüdische Gemeinden in Europa immer wieder - unter Beschuss, weil einige Juden beschuldigt wurden, christliche Kinder getötet und ihr Blut in den Ritualen des Passahfestes verwendet zu haben. (Die Frage, ob die Juden von, als Gruppe oder als Einzelpersonen, oder ob Splittergruppen von Juden tatsächlich solche Verbrechen begangen haben, wird ernsthaft diskutiert, wie ein kürzlich in Italien aufgetretener Skandal zeigt, bei dem ein italienisch-jüdischer Gelehrter, Ariel Toaff, mit Sitz an der Bar-Illan-Universität in Israel, in einem Buch - das später nach einer frenetischen Reaktion jüdischer Organisationen zur Überarbeitung aus dem Verkehr gezogen wurde - andeutete, dass es solide historische Beweise für diese Verbrechen gibt, die allgemein als „jüdische Ritualmorde" bekannt sind.

Wie dem auch sei, damals glaubten wütende Christen in Prag an die Ritualmordbehauptungen und führten einen Vergeltungsfeldzug gegen die Juden. Der Legende des Golems zufolge war es Rabbi Loew, der einen Weg fand, das jüdische Volk zu verteidigen.

Der Rabbi, ein Anhänger der jüdischen Mystik, sammelt Lehm im Fluss Vitava und erschafft den Golem, eine große, menschenähnliche Figur - mehr oder weniger ein Frankenstein-Monster in früherer Zeit -, um die jüdische Gemeinschaft zu verteidigen und die bösen Christen zurückzuschlagen.

(Manche behaupten, Mary Shelley, die Autorin von Frankenstein, habe sich beim Schreiben ihrer berühmten Erzählung von der Legende des Golem inspirieren lassen).

Der Legende nach verwandelte Rabbi Loew das Tonbild in ein Lebewesen, indem er ihm ein Pergament namens „Shem" in den Mund legte, auf dem „der Name Gottes, lebensschaffend und unaussprechlich" stand, so Nathan Ausubel, der in The Book of Jewish Knowledge (Das Buch des jüdischen Wissens) schreibt.

Die Schöpfung des guten Rabbiners wurde jedoch, wie Ausubel anmerkt, „trunken von der immensen Macht, die er ausübte, bedrohte die gesamte jüdische Gemeinschaft und versuchte sogar, den Maharal seinem Willen zu beugen, der böse und zerstörerisch geworden war".

Schließlich entfernt der Rabbi das „Shem" aus dem Mund des Golems und entzieht dem verrückten Monster seine Lebenskraft.

Dennoch behielt der Rabbi den Körper des Golems und sperrte das Monster auf dem Dachboden der Alten-Neuen Synagoge in Prag ein und verbot jedem, die Synagoge zu betreten. Der Legende nach befindet sich der Golem noch heute dort.

Es wird behauptet, dass selbst die deutsche Gestapo es während des Zweiten Weltkriegs nicht wagte, in den Dachboden der alten Synagoge einzudringen, und dass die alte-neue Synagoge, wahrscheinlich aufgrund der Anwesenheit des Golems, irgendwie die Zerstörung durch die Nazis überlebte. So sagt es zumindest die Legende.

Auf der Website Jewishmag.com gibt Joyce Ellen Weinstein einen prägnanten Überblick über die Legende vom „Golem" und merkt an, dass der Talmud mehrere Fälle erwähnt, in denen Rabbiner menschenähnliche Kreaturen schufen und sie für Botengänge einsetzten. In der populären Version der „Golem"-Legende lief die Kreatur jedoch, wie wir gesehen haben, Amok und wandte sich sogar gegen ihren Schöpfer. Frau Weinstein merkt an

> Das Wort Golem stammt vom hebräischen Wort gelem ab, das Rohstoff bedeutet. Der Golem ist äußerlich eine echte Person, aber es fehlt ihm die menschliche Dimension der Persönlichkeit und des Intellekts.
>
> Das Leben wird ihm durch einen mystischen Prozess eingehaucht, bei dem der besondere Name „Gott" verwendet wird. Er wird aus der Erde erschaffen, genau wie der erste Mensch. Wenn seine Mission beendet ist, wird ihm der Name Gottes entzogen und er kehrt zur Erde zurück.
>
> Viele führen den Golem auf die mystische Lehre des kabbalistischen Buches mit dem Namen „Sefer HaYetzera", das Buch der Bildung, zurück. Dieses uralte Buch wird noch heute gedruckt und von jüdischen Mystikern studiert. Es befasst sich ausführlich mit dem Schöpfungsprozess des Universums.

Im Wesentlichen legt die Legende vom Golem nahe, dass Menschen - in diesem Fall jüdische Rabbiner - eine Macht haben, die der Gottes fast gleichkommt: die Macht, ein Lebewesen zu erschaffen, das fast menschlich ist, aber nicht ganz.

Und das ist aus theologischer Sicht insofern bedeutsam, als diese Macht im Gegensatz zur christlichen und muslimischen Tradition Gott und nur Gott allein vorbehalten ist: Nur Gott kann Leben erschaffen.

Doch die jüdische Tradition räumt den Rabbinern offensichtlich höhere Kräfte ein, da sie geschickt in den magischen Künsten waren, die sie für ihre eigenen irdischen Zwecke nutzten (oder vielleicht missbrauchten oder missbrauchten, wie auch immer man das definieren mag), und in der populären Legende vom

Golem nutzte Rabbi Loew eine übernatürliche Kraft, um ein menschenähnliches Geschöpf zum Leben zu erwecken, das aus den natürlichen Elementen hergestellt wurde, die dem Menschen von Gott gegeben wurden, in diesem Fall aus dem Lehm des Flusses Vitava.

So bezeichnet in der Hebräischen Bibel (siehe Psalmen 139:16) und im jüdischen Talmud der Begriff galem oder gelem - oder Golem - eine „formlose Substanz".

Die israelische Ausgabe der *Encyclopedia Judaica* von 1971 berichtet über die Entwicklung des Konzepts, dass der Golem als Diener seines Schöpfers „gefährliche Naturkräfte entwickelt hat... [und dass das zugrunde liegende Thema des Golems] durch das neue Motiv der unkontrollierten Kraft der Elemente, die Zerstörung und Chaos verursachen kann, ergänzt wird".

Die Tatsache, dass der Golem in der jüdischen Folklore aus der Erde erschaffen wurde, um das jüdische Volk zu verteidigen, um dann zu einer bösen Macht zu werden - die sich sogar gegen ihren Schöpfer und das jüdische Volk wenden könnte - ist ein Punkt, der wiederholt werden muss und danach verlangt, dass die ganze Welt darauf aufmerksam gemacht wird. Denn heute ist ein sehr realer Golem dabei, die Welt in das lang erwartete Armageddon zu führen.

Die Legende des Golem wurde in der Literatur, auf der Bühne und im Film erzählt. Der jiddische Schriftsteller des 20. Jahrhunderts, der Friedensnobelpreisträger Isaac Bashevis Singer, hat die Legende in seiner eigenen Erzählung, die 1969 erstmals auf Jiddisch veröffentlicht und später ins Englische übersetzt wurde, ausführlicher gewürdigt.

Zweifellos wurde die bekannteste Filmproduktion dieser Geschichte (diejenige, die ein visuelles Bild des Golems in die Welt brachte) in einer Serie von drei Stummfilmen (von 1914 bis 1920) von dem deutschen Schauspieler und Regisseur Paul Wegener realisiert. Die bekannteste Episode ist der letzte Film, The Golem: How He Came Into the World, ein expressionistisches Drama, in dem Wegener selbst die Rolle des Golems spielte. Der Film wurde 1921 in den USA unter dem Titel The Golem veröffentlicht. Das Bild des Golems, das auf dem Umschlag dieses Buches zu sehen ist, stammt aus Wegeners Film. Der Film gilt nach allen Schätzungen als Klassiker.

Diese Geschichte, auch Der Golem genannt, wurde von dem berühmten jiddischen Schriftsteller H. Leivick geschrieben und 1924 in Moskau uraufgeführt. Sie wurde immer wieder aufgeführt und 2002 von David Fishelson über sein Manhattan Ensemble Theater in New York produziert.

Am 7. April 2002 berichtete die New York Times in einem Artikel mit dem Titel „A Jewish Avenger, a Timely Legend" (Ein jüdischer Rächer, eine zeitgemäße Legende) über das Stück.

Über das Stück zum Thema Judentum bemerkte die Times Folgendes: „Sein zentrales Anliegen betrifft die selbstzerstörerischen Folgen der jüdischen Gewaltanwendung zur Selbstverteidigung... Der Golem übt heftige Rache aus, und die Juden erklären ihn zum Helden. Doch er lässt sich hinreißen. Er läuft Amok und vergießt das Blut derer, die er eigentlich beschützen sollte".

1984 schrieb der beliebte jiddische Schriftsteller Isaac Bashevis Singer (der, wie wir gesehen haben, bereits die Geschichte des Golems verfilmt hatte) über die Legende des Golems und verglich den Golem zu Recht mit dem atomaren Wettrüsten : „Während wir versuchen, unsere Feinde zu übertreffen und neue, noch zerstörerischere Golems zu erschaffen, lauert die schreckliche Möglichkeit, dass sie einen eigenen Willen entwickeln, dass sie zu nachtragenden, verräterischen und verrückten Golems werden".

Seymour Hersh, ein amerikanischer jüdischer Journalist und Pulitzer-Preisträger, löste 1991 mit der Veröffentlichung von The Samson Option, seinem Enthüllungsbuch über Israels nukleare Ambitionen, eine Kontroverse aus.

Seitdem hat der israelische Journalist Avner Cohen in seinem Buch Israel and the Bomb aus dem Jahr 1999 jedoch nicht nur Hershs frühere Arbeiten bestätigt, sondern eine noch detailliertere Darstellung der Geschichte von Israels nuklearen Massenvernichtungswaffen geliefert.

In diesem Buch erzählt Cohen, wie David Ben-Gurion, die große israelische (und jüdische) Ikone, einer der Gründerväter Israels und später sein Premierminister, sich auf die Entwicklung einer Atombombe konzentrierte und wie Ben-Gurion Atomwaffen als entscheidend für das Überleben Israels selbst betrachtete.

Ben-Gurion war in Wirklichkeit von der Bombe besessen. Cohen beschreibt Ben-Gurions Besessenheit von Israels nuklearer Vorherrschaft - und seine Unzufriedenheit mit Präsident John F. Kennedys Bemühungen, Israels nuklearen Ambitionen Einhalt zu gebieten - und schreibt: „Durchdrungen von den Lehren des Holocaust, war Ben-Gurion von der Angst um Israels Sicherheit zerfressen...".

In seinen öffentlichen Reden und Schriften als Premierminister erwähnte Ben-Gurion den Holocaust nur selten. In seinen privaten Gesprächen und in der Kommunikation mit ausländischen Staatsführern kam er hingegen immer wieder auf die Lehren aus dem Holocaust zurück.

In seinem Briefwechsel mit Präsident John F. Kennedy im Jahr 1963 stellte er eine Verbindung zwischen der Feindseligkeit der Araber gegenüber Israel und Hitlers Hass auf die Juden her und schrieb

„Als Jude kenne ich die Geschichte meines Volkes und trage die Erinnerung an all das in mir, was es dreitausend Jahre lang erduldet hat, und an die Anstrengungen, die nötig waren, um das zu erreichen, was in diesem Land in den letzten Generationen erreicht wurde... Herr Präsident, mein Volk hat das Recht zu existieren, sowohl in Israel als auch überall, wo es leben kann, und diese Existenz ist in Gefahr"...

Die durch den Holocaust ausgelöste Angst ging über Ben-Gurion hinaus und durchdrang das israelische militärische Denken. Die Zerstörung Israels definierte den ultimativen Horizont der Bedrohung Israels. Die israelischen Militärplaner hatten stets ein Szenario vor Augen, in dem eine vereinte arabische Militärkoalition einen Krieg gegen Israel mit dem Ziel der Befreiung Palästinas und der Zerstörung des jüdischen Staates beginnen würde.

Dies wurde in den frühen 1950er Jahren als mikre hkol oder „Szenario des Ganzen" bezeichnet. Diese Art der Planung war nur für Israel typisch, da nur wenige Nationen über militärische Notfallpläne zur Verhinderung der Apokalypse verfügten.

Ben-Gourion hatte keine Skrupel, was die Notwendigkeit von Massenvernichtungswaffen für Israel betraf... Ben-Gourion war der Ansicht, dass die Feindseligkeit der Araber gegenüber Israel tiefgreifend und dauerhaft sei...

Ben-Gurions Pessimismus... hat Israels Außen- und Verteidigungspolitik jahrelang beeinflusst. Ben-Gurions Weltanschauung ( ) und sein entschlossener Regierungsstil prägten seine wesentliche Rolle bei der Einleitung des israelischen Atomprogramms...

Ben-Gurion war der Ansicht, dass Wissenschaft und Technologie bei der Verwirklichung des Zionismus zwei Rollen zu spielen hätten: den Staat Israel geistig und materiell voranbringen und eine bessere Verteidigung gegen seine äußeren Feinde gewährleisten.

Ben-Gurions Entschlossenheit, ein Atomprojekt zu starten, war das Ergebnis einer strategischen Intuition und obsessiver Ängste, nicht eines durchdachten Plans. Er glaubte, dass Israel Atomwaffen als Versicherung brauchte, wenn es nicht mehr mit den Arabern in einem Wettrüsten konkurrieren konnte, und als Waffe der letzten Instanz in extremen militärischen Notfällen. Atomwaffen könnten auch die Araber davon überzeugen, die Existenz Israels zu akzeptieren, was zu Frieden in der Region führen würde [dachte er].

Am 27. Juni 1963, elf Tage nachdem er seinen Rücktritt angekündigt hatte, hielt Ben-Gurion vor den Mitarbeitern der Behörde für Rüstungsentwicklung eine Abschiedsrede, in der er, ohne auf Atomwaffen einzugehen, das Atomprojekt rechtfertigte: „Ich kenne keine andere Nation, deren Nachbarn erklären, dass sie dem ein Ende setzen wollen, und dies nicht nur erklären, sondern sich mit allen ihnen zur Verfügung stehenden Mitteln darauf vorbereiten. Wir dürfen uns keine Illusionen machen: Was jeden Tag in Kairo, Damaskus und im Irak erklärt wird, sind nur Worte. Von diesem Gedankengut lassen sich die arabischen Führer leiten... Ich bin überzeugt, dass die Wissenschaft in der Lage ist, uns die Waffe zu liefern, die den Frieden sichern und unsere Feinde abschrecken wird".

Zusammenfassung: Die „nukleare Option" war nicht nur das Herzstück von Ben-Gurions persönlicher Weltanschauung, sondern die eigentliche Grundlage von Israels nationaler Sicherheitspolitik. Die Israelis waren im Wesentlichen bereit, notfalls „die Welt in die Luft zu sprengen" - sich selbst eingeschlossen -, wenn sie dies tun mussten, um ihre verhassten arabischen Nachbarn zu vernichten.

Diese Politik ist besser bekannt als die „Samson-Option", die der jüdisch-amerikanische Autor und Pulitzer-Preisträger Seymour Hersh in seinem gleichnamigen Buch so bezeichnet: Der biblische Samson riss nach seiner Gefangennahme durch die Philister den Dagon-Tempel in Gaza nieder und tötete sich selbst zusammen mit seinen Feinden. Wie Hersh sagt: Für die israelischen Atomkraftbefürworter ist die Samson-Option zu einer anderen Art geworden, „Nie wieder" zu sagen (bezogen auf die Verhinderung eines neuen Holocaust).

Als der inzwischen verstorbene Winston Churchill erklärte, dass zwei antike Völker - die Griechen und die Juden - an einem starken Selbstzerstörungstrieb litten, war er nicht weit von der Wahrheit entfernt.

Die meisten Amerikaner wissen nicht, dass die Möglichkeit eines echten nuklearen „Selbstmordattentats" durch den Staat Israel selbst ein Eckpfeiler der nationalen Sicherheitspolitik Israels ist

Dennoch ist es erschreckend, dass die Einstellung der Juden (und insbesondere der Israelis) gegenüber Nicht-Juden eine große Rolle bei der Aktivierung des modernen (und sehr realen) Golems Israels spielen könnte: seinem nuklearen Arsenal an Massenvernichtungswaffen.

Um diese Gefahr zu verstehen, müssen wir uns den faszinierenden Enthüllungen und Einsichten des verstorbenen israelischen Schriftstellers Israel Shahak zuwenden, der aus Polen stammte, einen Teil seiner Kindheit im Nazi-Konzentrationslager Dachau verbrachte und 1945 nach Palästina auswanderte. Im Laufe der Jahre wurde Shahak zu einem offenen und sehr scharfen Kritiker der israelischen Politik, sowohl im Ausland als auch im Inland, und zu einer wertvollen Quelle von Fakten über Israel, die nur wenige Westler anzusprechen wagen würden.

Während seine Bewunderer Shahak als „Propheten" und seine Kritiker als „selbsthassenden Juden" bezeichneten, besteht kein Zweifel daran, dass Shahak ein offener, wortgewandter und unerschrockener Analytiker und Kritiker der israelischen Außenpolitik war und seine Schriften dies auf spektakuläre Weise belegen.

In seinem Buch *Open Secrets: Israeli Nuclear and Foreign Policies* stellte Shahak fest, dass Israel entgegen der allgemeinen Wahrnehmung nicht nach Frieden strebt.

Es sei ein Mythos, sagte er, dass es einen wirklichen Unterschied zwischen der angeblich „konfliktreichen" Politik gebe, die von den „entgegengesetzten" Blöcken Likud und Labour verfolgt werde, deren Rivalitäten auf der Weltbühne ausgetragen würden und auf den politischen Prozess in den USA übergegriffen hätten, indem sie die amerikanischen Likud-Anhänger gegen die Labour-Anhänger in Amerika aufgebracht hätten.

Shahak behauptete, dass die Israel-Lobby in den USA - mit all ihren Fraktionen - letztlich die israelische Expansionspolitik mit dem Endziel unterstützt, „Eretz Israel" zu konsolidieren - einen imperialen Staat, der fast den gesamten Nahen Osten vollständig kontrolliert.

Shahak wagte es, darauf hinzuweisen, dass Israels Atompolitik - und der Einfluss der Israel-Lobby auf den politischen Prozess in den USA - in einer bestimmten Hinsicht eine sehr reale Gefahr darstellt, die sich nur wenige Menschen vorzustellen wagen würden. Israel ist nicht nur bereit, sich selbst zu zerstören, sondern aufgrund seiner zugrunde liegenden religiösen und rassischen Bigotterie gegenüber Nichtjuden - den Nichtjuden - werden Israels Perspektiven gegenüber der Welt im Allgemeinen von einer tief verwurzelten Feindseligkeit geleitet, die auf den religiösen Lehren des Judentums selbst beruht.

Shahaks Schriften im Bereich der israelischen Außenpolitik basierten fast ausschließlich auf öffentlichen Äußerungen in der hebräischsprachigen Presse in Israel, und in diesem Bereich betonte Shahak, dass das, was die israelische Regierung ihrem eigenen Volk über ihre Politik sagt, völlig inkohärent mit Israels Beharren gegenüber dem Westen und der Welt im Allgemeinen darauf ist, dass Israel „Frieden will".

Israel ist laut Shahak im Wesentlichen ein militaristischer und undemokratischer Staat, was sich in dem zweitklassigen Status widerspiegelt, der seinen arabischen Bewohnern und den christlichen und muslimischen Palästinensern in den besetzten Gebieten eingeräumt wird. Man kann Israel nicht verstehen, solange man diese lebenswichtige Tatsache nicht versteht.

Die Grundlage der Nation ist ihre Militär- und Verteidigungspolitik, die, wie Shahak deutlich gemacht hat, letztlich aus den fanatischen religiösen Tendenzen herrührt, die das Denken ihrer Militär- und Geheimdienstchefs bestimmen, die die Hauptantriebskräfte der Staatsmaschinerie sind.

Obwohl Israel durchaus in der Lage ist, zeitweilige (und oft geheime) Bündnisse und strategische Abkommen selbst mit arabischen Staaten zu schmieden - bis hin zu Geschäften mit dem verhassten Saddam Hussein, wenn dies in Israels unmittelbarem Interesse lag -, ist das Entscheidende einfach, dass - wie Shahak auf ziemlich eisige Weise gezeigt hat - Israel alles sagen und tun wird, um sein entschlossenes Ziel zu verfolgen, die totale Herrschaft um jeden Preis zu erobern.

Im Falle eines Scheiterns ist Israel durchaus bereit, die „Samson-Option" zu wählen.

Die Legende des Golem, die zuerst in den Erzählungen des Talmuds erzählt und dann in der Geschichte des Rabbi Loew aus Prag in das populäre (oder besser gesagt jüdische) Bewusstsein eingeführt wurde, ist eine echte Warnung für unsere moderne Welt.

Der Staat Israel baute Uran aus der Erde ab, um seinen atomaren „Golem" zu produzieren, genauso wie Rabbi Loew Lehm aus dem Fluss Vitava abbaute, um seinen eigenen zu produzieren.

Und Israel verkündet, dass sein Golem das Mittel ist, um Israel vor seinen tatsächlichen oder vermeintlichen Feinden zu schützen.

So wirft heute in Israel der zunehmende religiöse Fanatismus in Verbindung mit der wachsenden Hysterie über angebliche Bedrohungen für das Überleben der Nation die sehr starke Möglichkeit auf, dass sein Golem in die Tat umgesetzt werden könnte. Israel ist entschlossen, andere Nationen im Nahen Osten daran zu hindern, ihre eigenen Atomwaffen zusammenzubauen oder auch nur Zugang zur friedlichen Nutzung der Atomenergie zu haben.

Doch wie der „Golem von Prag" könnte auch der „Golem von Israel" schreckliche Ergebnisse hervorbringen, die sich selbst das jüdische Volk nicht vorstellen kann. Deshalb ist der reale israelische „Golem" der Neuzeit eine Gefahr für die Welt, eine Gefahr, die angegangen werden muss.

Ist es möglich, daran zu zweifeln, dass die einzigartige und zentrale Aufgabe der modernen und zivilisierten Welt darin bestehen muss, ein für alle Mal sicherzustellen, dass Israels nuklearer Golem demontiert wird, bevor es zu spät ist

Während einige geneigt sein könnten, anzudeuten, dass wir unfairerweise das „kleine Israel ins Visier nehmen - die Nation, die sich aus der Asche des Holocaust erhoben hat, eine Nation, die zu Recht das Bedürfnis verspürt, sich gegen einen weiteren Holocaust zu verteidigen", ist es - wie wir auf den folgenden Seiten zeigen werden - tatsächlich die Existenz des Israel-Golems, die zu einem weiteren Holocaust führen könnte - einem sehr realen Holocaust in der Definition des Wörterbuchs des Wortes.

Die Möglichkeit einer nuklearen Katastrophe, die sich aus den Problemen rund um den Golem ergibt, könnte nicht nur zur absoluten Zerstörung des Staates Israel führen, sondern auch einen weltweiten Flächenbrand auslösen, der das Ende des Lebens auf der Erde zur Folge haben könnte.

Zumindest könnte die Existenz des israelischen Atom-Golems - und die Probleme, die er im Nahen Osten und in der ganzen Welt verursacht hat (nicht zuletzt wegen der unerschütterlichen „Sonderbeziehung" zwischen den USA und Israel) - sehr wohl eine weltweite Welle antijüdischen Eifers auslösen. Weder Israel noch das jüdische Volk in der Diaspora wünschen sich das.

In Büchern wie Future Fastforward und Brainwashed for War, Programmed to Kill hat der malaysische Diplomat und Anwalt Matthias Chang nachgewiesen, dass das zionistische Weltkriegsprogramm von einem militärisch-industriell-medialen Komplex umgesetzt wird, der im Zentrum der Kriegswelt steht, die heute die Menschheit heimsucht. Und laut Chang werden Israel und seine Intrigen das Rückgrat eines kommenden und unvermeidlichen Atomkriegs sein.

Obwohl Chang einen „Zusammenbruch" der weitreichenden Finanzkräfte, die diese Kriegsmaschinerie antreiben, vorhersagt, wird dieser Zusammenbruch nicht ohne Kampf erfolgen - und in der Tat, sagt er, hat dieser Kampf bereits begonnen, denn wir stehen vor einem langen Krieg im 21. Jahrhundert. Die Aussicht ist für diejenigen, die nach Frieden streben, nicht attraktiv.

Dieser Mahlstrom der Gewalt wirbelt um Israel und seinen Golem, ein direktes Ergebnis der Auferlegung des Staates Israel auf Palästina im Jahr 1948 und der daraus resultierenden Folgen, insbesondere als Israel - mit Unterstützung der USA - versuchte, sich als Regionalmacht zu etablieren, wobei die USA (geheim oder nicht) Kriege führen, um Israels Interessen in einer ganzen Reihe von Bereichen zu fördern.

Wir dürfen jedoch nicht vergessen, dass Israels institutionelle philosophische und religiöse Auffassung vom Rest der Welt die Grundlage für das Problem bildet, mit dem wir aufgrund der Existenz des Golems konfrontiert sind.

Aus diesem Grund werden wir im folgenden Kapitel einige der früheren Arbeiten des israelischen Dissidenten Israel Shahak zum Thema jüdischer

Rassismus und seine Einstellungen gegenüber dem „Anderen" Revue passieren lassen.

Wie wir sehen werden, hat diese institutionalisierte jüdische rassische und religiöse Perspektive wichtige Konsequenzen, wenn man die Tatsache betrachtet, dass Israel tatsächlich seinen eigenen nuklearen Golem besitzt.

KAPITEL 1

Israels institutioneller Rassismus, ein Grund zur Sorge im Zusammenhang mit seinem nuklearen Golem

Diejenigen, die sich um Fairness und Offenheit gegenüber anderen Religionen bemühen, insbesondere im Zusammenhang mit der Diskussion über den Nahostkonflikt, hört man oft verkünden, dass „Zionismus nicht Judentum ist", womit sie sich auf die Tatsache beziehen, dass einige jüdische Sekten den Zionismus tatsächlich ablehnen und (zumindest derzeit) die Notwendigkeit des Gebildes, das wir als Israel kennen, in Frage stellen.

Nichtsdestotrotz ist Israel, so wie es derzeit besteht, ein jüdischer Staat, der seinen arabischen Bürgern notorisch einen Status zweiter Klasse auferlegt und eine infernalische Politik gegen die Araber - Christen und Muslime - in den besetzten Gebieten verfolgt hat. Es gibt eine umfangreiche Dokumentation zu diesem Thema und es ist nicht notwendig, darauf näher einzugehen.

Was viele Menschen nicht erkennen - sogar viele Kritiker Israels, um ehrlich zu sein - ist, dass die Gründe für diese Politik gegen die Araber viel mehr mit Religion und Rassismus als mit Politik zu tun haben. Wie der in der Einleitung zitierte Dr. Israel Shahak in seiner monumentalen Studie *Jewish History, Jewish Religion*,[1] klar nachgewiesen hat, spielten Israels tief verwurzelter Rassismus - und sein religiöser Fanatismus - eine große Rolle in seiner Politik gegenüber Nichtjuden innerhalb Israels und in den besetzten Gebieten sowie in seiner Weltsicht insgesamt.

Und aufgrund Israels Bereitschaft, seine nukleare „Sampson-Option" zu nutzen - die Welt im Rahmen eines nationalen Selbstmordaktes in die Luft zu sprengen - ist die Existenz des nuklearen Golems gerade wegen Israels zugrunde liegendem institutionellen Rassismus ein Grund zur Sorge.

Shahak ist eine aufschlussreiche Studie über die Lehren der jüdischen Orthodoxie, die untersucht, wie diese wenig verstandene Überzeugungskraft -

---

[1] Übersetzt und veröffentlicht von Omnia Veritas Ltd. www.omnia-veritas.com.

die in ihrer ursprünglichen Form im heutigen Israel (und nicht nur unter orthodoxen Juden) sehr mächtig ist - die israelische Innen- und Außenpolitik sowie die israelische Sicht auf nichtjüdische Völker in der ganzen Welt beeinflusst.

Obwohl die amerikanischen Medien voll von Horrorgeschichten über die angebliche Feindseligkeit von Muslimen gegenüber Christen und Juden sind, wird die - von Israel Shahak dokumentierte - Tatsache der religiösen und rassistischen Feindseligkeit von Juden gegenüber allen Nicht-Juden nie thematisiert. Ich wiederhole: Es wird nie erwähnt.

Ein höchst unbequemes Buch für Christen - die gerne glauben würden, dass das orthodoxe Judentum eine Art freundlicher Großonkel des christlichen Glaubens ist - und für Juden, die gerne hätten, dass insbesondere die Amerikaner glauben, dass Israel eine exotische biblische Erscheinung der Neuzeit und ein Modell ist, an dem sich die zivilisierte Welt orientieren sollte - Dr. Shahak. Shahaks Buch Jüdische Geschichte, jüdische Religion etablierte den israelischen Dissidenten im Geiste der Freidenker ( ) als direkten Darsteller der historischen Umstände - und der religiösen und philosophischen Geisteshaltung -, die Israel und seine heutige Führungselite gemeinsam leiten. In diesem Buch schreibt Shahak Ein jüdischer Staat, ob er nun auf seiner gegenwärtigen jüdischen Ideologie oder, wenn er noch jüdischer wird als er es heute ist, auf den Prinzipien der jüdischen Orthodoxie beruht, kann niemals eine offene Gesellschaft enthalten.

Die jüdisch-israelische Gesellschaft hat zwei Möglichkeiten. Sie kann ein völlig geschlossenes, kriegerisches Ghetto werden, ein jüdisches Sparta, das von arabischer Sklavenarbeit getragen wird und durch seinen Einfluss auf das politische Establishment der USA und die Drohung, seine nuklearen Kräfte einzusetzen, am Leben erhalten wird, oder sie kann versuchen, eine offene Gesellschaft zu werden.

Die zweite Wahl hängt von einer ehrlichen Auseinandersetzung mit der eigenen jüdischen Vergangenheit, dem Eingeständnis, dass es jüdischen Chauvinismus und Exklusivismus gibt, und einer ehrlichen Auseinandersetzung mit den Einstellungen des Judentums gegenüber Nichtjuden ab.

Shahak beschrieb freimütig die Art der Feindseligkeit gegenüber Nichtjuden, die in den jüdischen religiösen Lehren zu finden ist

Es muss von vornherein zugegeben werden, dass der Talmud und die talmudische Literatur - unabhängig von der allgemeinen anti-heidnischen Tendenz, die sie durchzieht - sehr beleidigende Aussagen und Gebote enthalten, die speziell gegen das Christentum gerichtet sind.

Neben einer Reihe von verleumderischen sexuellen Behauptungen gegen Jesus behauptet der Talmud beispielsweise, dass seine Strafe in der Hölle darin besteht, in kochende Exkremente getaucht zu werden - eine Aussage, die nicht gerade darauf berechnet ist, fromme Christen für den Talmud zu begeistern. Ein weiteres Beispiel ist das Gebot, dass die Juden angewiesen sind, jedes Exemplar des Neuen Testaments, das ihnen in die Hände fällt, zu verbrennen, möglichst öffentlich.

(So wurden am 23. März 1980 in Jerusalem unter der Schirmherrschaft von Yad Le'akhim, einer jüdischen religiösen Organisation, die vom israelischen Religionsministerium subventioniert wird, Hunderte von Exemplaren des Neuen Testaments öffentlich und zeremoniell verbrannt).

Als Kommentar zu der Tatsache, dass viele Christen im Westen die virulenten antichristlichen Lehren des Talmuds entdeckt haben, beschrieb Shahak, wie die jüdischen Führer versuchten, den Talmud zu „revidieren", damit zukünftige Christen, die versuchen würden, den Talmud zu studieren, durch diese Revisionen tatsächlich getäuscht werden könnten

Passagen im Talmud, die sich gegen das Christentum oder Nichtjuden richteten, mussten verschwinden oder abgeändert werden - der Druck war zu groß.

Dies wurde auch getan: Einige der anstößigsten Passagen wurden aus allen Ausgaben entfernt, die nach der Mitte des 16. Jahrhunderts in Europa gedruckt wurden.

In allen anderen Passagen wurden die Ausdrücke „Heide", „Nichtjude", „Ausländer" (gay, eino yehudi, nokhri) - die in allen alten Manuskripten und Drucken sowie in allen in islamischen Ländern veröffentlichten Ausgaben vorkommen - durch Begriffe wie „Götzendiener", „Heide" oder sogar „kanaanäisch" oder „samaritanisch" ersetzt, Begriffe, die zwar erklärt werden konnten, die ein jüdischer Leser aber als Euphemismen für die alten Ausdrücke erkennen konnte.

Im zaristischen Russland jedoch, so bemerkt Shahak, wurden die neu eingefügten Euphemismen zur Bezeichnung von Nichtjuden sofort als das erkannt, was sie genau waren. Aus diesem Grund nahmen die Talmudgelehrten weitere Revisionen vor: Die rabbinischen Autoritäten ersetzten nun die Begriffe „arabisch" oder „muslimisch" (hebräisch: Yishma'eli, was beides bedeutet) oder manchmal auch „ägyptisch", wobei sie zu Recht berechneten, dass die zaristischen Behörden gegen diese Art von Missbrauch nichts einzuwenden hätten.

Für den Verbrauch der Juden selbst jedoch, betont Shahak, stellten Talmudgelehrte Richtlinien zur Verfügung, damit Talmudstudenten (und

Juden im Allgemeinen) die neuen „Code"-Wörter verstehen konnten: Parallel dazu wurden Listen talmudischer Auslassungen in Form von Manuskripten verbreitet, die alle neuen Begriffe erklärten und auf alle Auslassungen hinwiesen. Manchmal wurde vor dem Titelblatt jedes Bandes talmudischer Literatur eine allgemeine Warnung gedruckt, in der feierlich, manchmal unter Eid, erklärt wurde, dass alle feindseligen Ausdrücke in diesem Band nur auf die Götzendiener des Altertums, oder sogar die längst ausgestorbenen Kanaaniter, und nicht auf die „Völker, auf deren Boden wir leben", abzielten.

Nach der britischen Eroberung Indiens fanden einige Rabbiner die Ausflucht, zu behaupten, dass jeder besonders empörende abwertende Ausdruck, den sie verwendeten, nur für Inder bestimmt sei. Gelegentlich wurden auch die Aborigines Australiens als Prügelknaben hinzugefügt.

Unnötig zu sagen, dass dies alles von Anfang bis Ende eine kalkulierte Lüge war; und nach der Gründung des Staates Israel, sobald sich die Rabbiner sicher fühlten, wurden alle beleidigenden Passagen und Ausdrücke ohne zu zögern in allen neuen Ausgaben wieder eingesetzt.

Shahak sprach über den großen jüdischen Gelehrten Moses Maimonides, dessen Leitfaden für Ratlose, wie Shahak feststellte, „zu Recht als das größte Werk der jüdischen Religionsphilosophie gilt und auch heute noch weithin gelesen und verwendet wird".

Tatsächlich war Maimonides, wie Shahak enthüllte, intensiv rassistisch, im klassisch modernen Sinne des Wortes: Diese Symbolfigur des Judentums, die wichtigste Autorität des Talmuds, war, wie Shahak sagte, „ein Anti-Schwarzer Rassist": „ein Anti-Schwarzer Rassist". Shahak schrieb

Gegen Ende des Leitfadens untersucht er in einem entscheidenden Kapitel (Buch III, Kapitel 51), wie die verschiedenen Schichten der Menschheit den höchsten religiösen Wert, die wahre Gottesverehrung, erreichen können. Zu denjenigen, die nicht in der Lage sind, sich ihm zu nähern, gehören. : „Ein Teil der Türken [d.h. der mongolischen Rasse] und der Nomaden des Nordens, der Schwarzen und der Nomaden des Südens und derer, die ihnen in unseren Klimazonen ähnlich sind. Und ihre Natur ist der der stummen Tiere ähnlich, und nach meiner Meinung stehen sie nicht auf der Stufe der Menschen, und ihre Stufe unter den existierenden Dingen ist niedriger als die des Menschen und höher als die des Affen, weil sie das Bild und die Ähnlichkeit des Menschen mehr haben als die des Affen."

Als Shahak dies feststellte, fragte er sich: „Was macht man mit einer solchen Passage in einem sehr wichtigen und notwendigen Werk des Judentums? Sich mit der Wahrheit und ihren Konsequenzen auseinandersetzen? Gott bewahre! Zugeben (wie so viele christliche Gelehrte z. B. unter ähnlichen Umständen), dass eine sehr wichtige jüdische Autorität auch rabbinische Anti-Schwarz-

Meinungen hatte, und durch dieses Eingeständnis einen Versuch der Selbsterziehung in der realen Menschheit unternehmen?".

Shahak kommentierte die aufhetzende Natur dieser Schriften aus der Feder eines angesehenen Talmudgelehrten und fügte hinzu

Ich kann mir fast vorstellen, wie die jüdischen Gelehrten in den USA sich untereinander beraten: „Was sollen wir tun?". Denn das Buch musste aufgrund der schwindenden Hebräischkenntnisse unter den amerikanischen Juden übersetzt werden. Ob durch Beratung oder individuelle Inspiration, es wurde eine glückliche „Lösung" gefunden: In der populären amerikanischen Übersetzung des Handbuchs durch einen gewissen Friedlander, die erstmals 1925 erschien und seither in zahlreichen Ausgaben nachgedruckt wurde, darunter mehrere Taschenbücher, wurde das hebräische Wort Kushim, das Schwarze bedeutet, einfach transliteriert und erscheint als „Kushites", ein Wort, das für diejenigen, die keine Hebräischkenntnisse haben oder denen ein hilfsbereiter Rabbiner keine mündliche Erklärung geben wird, nichts bedeutet.

Shahak wies auch auf die Ironie der Situation hin: „Es gibt noch ein weiteres Missverständnis über das Judentum, das besonders unter Christen oder Menschen, die stark von der christlichen Tradition und Kultur beeinflusst sind, verbreitet ist.

Es ist die irreführende Vorstellung, dass das Judentum eine „biblische Religion" ist, dass das Alte Testament im Judentum denselben zentralen Platz und dieselbe rechtliche Autorität hat wie die Bibel für das protestantische oder sogar das katholische Christentum".

Nichts, so sagte er, könnte weiter von der Wahrheit entfernt sein, und ihm war klar, dass dies viele Christen überraschen würde, die Israel unterstützten, weil sie glaubten, dass das Judentum (und Israel) aus denselben Prinzipien des christlichen Glaubens aufgestiegen sei, die im heutigen Amerika vorherrschen.

Shahak betonte die Natur der talmudischen Lehren in Bezug auf Nichtjuden und erinnerte daran, dass der Talmud erklärt: „Ein Jude, der einen Nichtjuden ermordet, ist nur einer Sünde gegen die Gesetze des Himmels schuldig, die nicht von einem Gericht bestraft werden kann: „Ein Jude, der einen Nichtjuden ermordet, ist nur einer Sünde gegen die Gesetze des Himmels schuldig, die nicht von einem Gericht bestraft werden kann. Den Tod eines Nichtjuden indirekt herbeizuführen, ist überhaupt keine Sünde".

Für den Fall, dass jemand daran zweifelt, dass dies die Philosophie Israels als Staat ist, wies Shahak darauf hin, dass der Chefkaplan des Kommandos der Zentralregion der israelischen Armee in einem religiösen Büchlein, das an israelische Soldaten verteilt werden sollte, Folgendes geschrieben hat

Wenn unsere Streitkräfte während eines Krieges, einer Verfolgung oder eines Überfalls auf Zivilisten treffen, solange nicht sicher ist, dass diese Zivilisten nicht in der Lage sind, unseren Streitkräften zu schaden, dann können und müssen sie nach der Halacha sogar getötet werden... Unter keinen Umständen sollte man einem Araber vertrauen, auch wenn er den Eindruck erweckt, zivilisiert zu sein.

In Kriegszeiten, wenn unsere Streitkräfte den Feind stürmen, erlaubt und befiehlt ihnen die Halacha sogar, Zivilisten zu töten, d. h. Zivilisten, die demonstrativ gut sind.

(Hervorhebung durch den Autor).

(Die - oben erwähnte - Halacha ist das Rechtssystem des klassischen Judentums, das hauptsächlich auf dem Babylonischen Talmud basiert und bis heute in Form des orthodoxen Judentums, das eine starke Kraft in Israel ist, aufrechterhalten wird. Der älteste talmudische Gesetzeskodex ist die Mishneh Torah, die von Moses Maimonides Ende des 12. Jahrhunderts verfasst wurde). Shahak stellte fest, dass die klassische jüdische Lehre Satan mit Nichtjuden in Verbindung bringt und dass jüdische Frauen gewarnt werden, dass sie sich vor jeder Begegnung mit diesen satanischen Kreaturen hüten sollten: „Nichtjude, Schwein, Hund oder Affe".

Wenn eine jüdische Frau einem solchen Wesen begegnet, nachdem sie ihr monatliches rituelles Reinigungsbad genommen hat, wird ihr gesagt, dass sie erneut baden muss. Diese Warnung steht in Shevat Musar - einem Buch über jüdisches Moralverhalten -, das, wie Shahak feststellte, „in einigen orthodoxen Kreisen noch immer weithin gelesen wird". Im Gegensatz dazu sind die jüdischen Lehren in Bezug auf nichtjüdische Frauen ganz anders: Jede heidnische Frau wird als N. Sh. G. Z. - Akronym der hebräischen Wörter niddah, shifhah, goyah, zonah (nicht durch die Menstruation gereinigt, Sklavin, Heidin, Prostituierte). Als sie zum Judentum konvertierte, hörte sie tatsächlich auf, niddah, shifhah, goyah zu sein, wurde aber für den Rest ihres Lebens als zonah (Prostituierte) betrachtet, einfach weil sie von einer heidnischen Mutter geboren wurde.

Im Lichte all dessen - und noch viel mehr - erkannte Shahak an, dass organisierte jüdische Gruppen und jüdische Führer, insbesondere in den USA und im Westen, verstehen - wie sie sollten -, dass Nichtjuden durch solche Lehren beleidigt werden könnten, und dass sie „unter den gegenwärtigen Umständen diese Einstellungen gegenüber Nichtjuden in den USA, wo Nichtjuden mehr als 97 Prozent der Bevölkerung ausmachen, nicht offen zum Ausdruck bringen können".

Shahak erklärte, dass Juden (und Israelis) den zugrunde liegenden Rassismus ihrer israelischen ethnischen und nationalen Psyche erkennen müssen:

„Obwohl der Kampf gegen Antisemitismus (und alle anderen Formen von Rassismus) niemals aufhören darf, ist der Kampf gegen jüdischen Chauvinismus und Exklusivismus, der eine Kritik des klassischen Judentums einschließen muss, heute von gleicher oder größerer Bedeutung als... Ohne Furcht und Selbstgefälligkeit müssen wir uns gegen das erheben, was zu unserer eigenen Vergangenheit gehört

Viele aufschlussreiche Kritiken der Drehungen und Manipulationen der israelischen Außenpolitik wurden von einer Vielzahl von Standpunkten aus verfasst, darunter auch einige beachtenswerte Sezierungen der Gefahren für die amerikanische Politik durch die anhaltende und unausgewogene Unterstützung der USA für „Israel Uber Alles", aber Shahaks Arbeit wird sich als entscheidende Analyse der wahren Ziele und Motive Israels durchsetzen.

Shahaks offene Diskussion über die jüdischen religiösen Lehren ist in der Tat erschreckend, vor allem wenn man bedenkt, welche Macht Israel heute auf die Politikgestaltung der Vereinigten Staaten hat. Wenn man dann über die Auswirkungen dieser religiösen Ideologie auf die geopolitische Strategie Israels nachdenkt - zumal sie auf dem zentralen Arsenal an nuklearen Massenvernichtungswaffen dieser Nation beruht -, lässt das Gesamtbild eine mögliche Zukunft für die Welt erahnen, die zu schrecklich ist, um sie sich vorzustellen.

KAPITEL 2

Der Aufstieg des Fanatismus in der israelischen politischen Arena und seine Auswirkungen auf den israelischen Atomgolem: Wird Avigdor Lieberman der Architekt des Armageddon sein

Im Lichte der Warnungen von Dr. Israel Shahak - Warnungen, die weitgehend unbeachtet blieben und die, wenn sie gehört wurden, nicht beachtet wurden - und des zunehmenden Aufstiegs kompromissloser religiöser und politischer Ideologen in Israel (ein Phänomen, das außerhalb der Reihen derjenigen, die das Studium israelischer Angelegenheiten zu ihrer Verantwortung machen, kaum verstanden wird), wird die Frage des israelischen Atomgolems umso kritischer.

Die perfekte Fallstudie für den Aufstieg der sogenannten „radikalen Rechten" in Israel findet sich im Fall von Avigdor Lieberman. Die meisten Amerikaner (eigentlich die meisten Menschen auf dem Planeten) haben noch nie von Avigdor Lieberman gehört, aber sie müssen genau wissen, wer dieser gefährliche und einflussreiche Demagoge ist. In diesem kritischen Stadium ist er der israelische Beamte, der die kriegstreiberische Politik Israels gegenüber dem Iran definiert.

Als hochrangiger israelischer Vermittler könnte Lieberman die Person sein, die über die tatsächliche Fähigkeit verfügt, den nächsten Weltkrieg auszulösen. Er ist der wichtigste Taktiker des zionistischen Staates in den anhaltenden Bemühungen Israels und seiner amerikanischen Lobby, die Mütter und Väter in den USA zu zwingen, ihre Söhne und Töchter in einen Krieg gegen Israels Feind Nummer eins zu schicken: die Islamische Republik Iran.

Lieberman, ein Veteran der israelischen Volksverhetzung und bekannt für seine rassistische Rhetorik, die sich gegen christliche Araber und ihre muslimischen Brüder richtet, ist seit über 20 Jahren eine feste Größe in der israelischen Politik, trotz - oder vielleicht gerade wegen - seiner angeblichen Verbindungen zu Elementen des in Russland ansässigen jüdischen organisierten Verbrechens, die die israelische Staatsbürgerschaft behalten.

Die wachsende Popularität und der politische Einfluss von Lieberman, dem neuen stellvertretenden Premierminister Israels und dem allerersten „Minister für strategische Angelegenheiten" auf Ministerebene, spiegeln nicht nur das wider, was manche als „Israels dunkle Seite" bezeichnen, sondern stellen vielmehr die Realität der Meinung eines Großteils der heutigen israelischen Bevölkerung dar.

Lieberman wurde als „Hardliner" und „Rechter" bezeichnet, als „israelischer Hitler", und in der Tat spiegeln seine Ansichten eine Form von „jüdischem Faschismus" wider, ein auffälliges Bild des sogenannten „islamischen Faschismus", von dem wir in den pro-israelisch kontrollierten Medien in Amerika heute so viel hören.

Lieberman ist der Schlüsselkontakt in Israel, mit dem die gut betuchten Verteidiger Israels in den USA im Rahmen des sorgfältig inszenierten Drucks auf die Bush-Regierung, mit Unterstützung ihrer vordergründigen „Kritiker" im Kongress den Iran anzugreifen, sogar unter Einsatz von Atomwaffen, in Verbindung stehen.

Dank seines Einflusses koordiniert Lieberman in den USA ansässige israelische Lobby- und Propagandagruppen wie das American Israel Public Affairs Committee, den American Jewish Congress, das American Jewish Committee und die Anti-Defamation League (ADL) of B'nai B'rith u. a., um Amerika zu neuen Kriegen im Nahen Osten zu drängen.

Lieberman ist nach wie vor nicht nur bei seinen israelischen Anhängern sehr beliebt, sondern auch bei den amerikanischen Anhängern Israels, die keine Vorbehalte gegen diesen rücksichtslosen Bigot haben. Seine scharfe Rhetorik gegenüber christlichen Palästinensern und ihren muslimischen Brüdern erinnert an die giftigen Ausfälle eines ehemaligen israelischen Ministers, Rehavam Ze-evi, der Christen und Muslime als „Läuse" bezeichnete und erklärte, sie seien wie ein „Krebsgeschwür", das den jüdischen Staat zerstöre.

Lieberman, der aus der traditionellen Denkschule des „Groß-Israel" stammt, träumt von dem Tag, an dem sich der jüdische Staat „vom Nil bis zum Euphrat" ausdehnen wird. Mit anderen Worten: Die Grenzen Israels werden sich von den derzeitigen Grenzen Ägyptens nach Osten erstrecken, um nicht nur den Libanon, Syrien und Jordanien, sondern auch wesentliche Teile des Irak und Saudi-Arabiens unter seine Kontrolle zu bringen.

Die derzeitige Besetzung des Irak durch die USA im Anschluss an die US-Offensive gegen diese säkulare arabische Republik - die maßgeblich durch den Druck der Israel-Lobby in Washington vorangetrieben wurde - wird heute von vielen Menschen in der arabischen Welt (und in der muslimischen Welt im Allgemeinen) als ein Teilschritt zur Verwirklichung des Traums von Groß-Israel gesehen. Die Zerstörung des Iran, gefolgt von einer amerikanischen Besatzung, wäre nichts anderes als ein weiterer Landraub im Namen der geopolitischen Ambitionen Israels.

Beobachter aus allen politischen Lagern behaupten, dass Liebermans Bündnis mit der Regierung des israelischen Premierministers Ehud Olmert, dem Vorsitzenden der Kadima-Partei, Lieberman und seine eigene Partei, Yisrael Beiteinu, gestärkt hat. Obwohl die englische Übersetzung des Parteinamens - „Israel ist unser Haus" - malerisch und gemütlich klingt, ruft Liebermans Partei zu nichts Geringerem auf als zur „ethnischen Säuberung" der in Israel lebenden Christen und Muslime.

Eine wachsende Zahl von Liebermans Landsleuten bejubelt ihn für seine lautstarken Forderungen nach einem „Transfer" von christlichen und muslimischen Arabern, die innerhalb Israels oder unter israelischer Kontrolle leben. In Wirklichkeit ist das, was Lieberman und seine Anhänger befürworten, schlichter Völkermord, wie er in der internationalen Völkermordkonvention definiert wird. Völkermord ist nicht nur Mord, wie es in dem weltweiten Übereinkommen heißt. Er umfasst auch die Zwangsumsiedlung von ethnischen Bevölkerungsgruppen.

Während Lieberman und seine Glaubensbrüder in Israel und auf der ganzen Welt also ständig die vergangene Völkermordpolitik gegen das jüdische Volk beklagen, sei sie nun real oder eingebildet, ist Lieberman zu einer beliebten Stimme für viele Israelis geworden, die sich einen Völkermord an den muslimischen und christlichen Arabern im Heiligen Land wünschen.

Obwohl einige sowohl in Israel als auch in den USA behaupten, Lieberman sei eine Art politischer Ausreißer - er repräsentiere eine laute und fanatische, aber relativ kleine Meinungsgruppe in Israel -, schließen sich gut informierte Analysten dieser Theorie nicht an.

Ihrer Meinung nach wiederholt Lieberman nur laut und deutlich und ohne zu zögern, was viele Menschen in Israel und in seinem Satellitenstaat Amerika trotz gegenteiliger Proteste denken.

Die Tatsache, dass Personen wie Lieberman eines Tages die Verantwortung für den israelischen Atomgolem tragen könnten, ist Grund genug für die Welt, sehr genau zu prüfen, ob das israelische Arsenal an Massenvernichtungswaffen abgebaut werden muss.

Aber es gibt mehr...

KAPITEL 3

Könnte es zu einem Bürgerkrieg in Israel kommen? Könnten fanatische jüdische Extremisten die Kontrolle über den israelischen Atomgolem übernehmen

Mindestens zwei angesehene amerikanische Publikationen, die als führende Stimmen in der Unterstützung Israels bekannt sind, haben die offenen Spekulationen der letzten Zeit über einen bevorstehenden Bürgerkrieg in Israel beleuchtet.

Doch diese Nachricht, über die in der europäischen Presse routinemäßig berichtet wird und die in Israel und in jüdischen Zeitungen in den USA frei diskutiert wird, ist ein tiefes und dunkles Geheimnis für viele Amerikaner, die sich für ihre Nachrichten und Informationen auf das Monopol der US-Medien verlassen.

Diese völlig legitimen Bedenken könnten die internationale Gemeinschaft dazu veranlassen, rasche Maßnahmen zu fordern, um Israels umstrittenes - und offiziell „nicht existierendes" - Versteck für nukleare Massenvernichtungswaffen, seinen Golem, zu demontieren.

Sollte ein Bürgerkrieg Israel zerreißen, könnten extremistische Elemente in Israel - von denen es viele gibt, auch in der militärischen Elite und in den Geheimdiensten - die Kontrolle über das israelische Atomwaffenarsenal übernehmen, was zu einer sehr realen Gefahr eines Atomkriegs führen könnte.

Die Angst, dass Atomwaffen - wo auch immer sie sich befinden mögen - in die Hände von Extremisten gelangen könnten, war schon immer ein Eckpfeiler der weltweiten Bemühungen, die Verbreitung von Atomwaffen zu kontrollieren.

So lässt die Sorge über die politische Spaltung Israels, die sogar von Unterstützern Israels geäußert wird, ein sehr beängstigendes Gespenst darüber aufsteigen, was potenziell passieren könnte und warum der Abbau des israelischen Atomwaffenarsenals dringender denn je ist.

In der Ausgabe vom 27. September 2004 der pro-israelischen Zeitschrift The New Republic (TNR) hat der hoch angesehene amerikanisch-jüdische Schriftsteller Leon Wieseltier - dessen Kolumne „Washington Diarist" in TNR in bestimmten Kreisen als unverzichtbare Lektüre gilt - das Gespenst eines Bürgerkriegs in Israel an die Wand gemalt. Unter der Überschrift „Israel's Coming War Within" gab TNR Wieseltiers erschreckender Kolumne einen Anstoß.

Wieseltier zitierte Übersetzungen aus der Ausgabe vom 10. September 2004 der hebräischen Version der israelischen Zeitung Ha'aretz und beschrieb, wie führende Figuren der hartkonservativen Bewegung Israels die Mitglieder der israelischen Armee dazu aufgerufen hatten, sich jedem Befehl zu widersetzen, an der Vertreibung oder Umsiedlung jüdischer Siedler im Gazastreifen teilzunehmen, einem historisch ägyptischen Gebiet, das von Israel im Junikrieg 1967 beschlagnahmt und von Israel bis zu seinem jüngsten „Rückzug" besetzt worden war.

Wieseltier wies darauf hin, dass selbst der wortgewaltige israelische Führer Ariel Sharon, der Pläne für einen geordneten Rückzug der jüdischen Siedler aus Gaza vorgelegt hatte - zum Ärger und Schock seiner eigenen langjährigen Anhänger - nun als „Diktator" bezeichnet wird und „von dem bedroht wird, was Wieseltier als kabbalistische Flüche und extremistische Verschwörungen bezeichnete".

Nach dem Urteil von Wieseltier - der unter den Anhängern Israels ziemlich angesehen ist - war die interne Opposition gegen Sharon in Israel so intensiv, der Hass so tief empfunden, dass „man denken könnte, Ariel Sharon sei Hadrian oder Ferdinand oder der Zar", womit er sich auf drei historische Herrscher bezog, die das jüdische Volk aus ihrem Land vertrieben hatten. Wieseltier zitierte die Rhetorik von Scharons Kritikern, die erklärten, Scharons Befehle seien „ein Verbrechen gegen die Nation und ein Verbrechen gegen die Menschheit, ein Ausdruck von Grausamkeit, Bosheit und Imperialität". All dies, so Wieseltier, sei „ein Grund zum Entsetzen".

Als virtuelles Echo auf Wieseltier schrieb Rabbiner Sholom Riskin - ein Kritiker Scharons - eine Kolumne, die in der Ausgabe vom 1. Oktober 2004 von Forward, einer der einflussreichsten jüdischen Gemeindezeitungen Amerikas, veröffentlicht wurde. Riskin, der Rabbiner einer der größten und umstrittensten jüdischen Siedlungen ist, gilt eigentlich als eine der „gemäßigteren" Stimmen unter den Siedlern, und doch, so Riskin, „bedroht das Gespenst des Abzugs aus Gaza und die damit einhergehende Entwurzelung seiner Bewohner das Gefüge des jüdischen Staates selbst". Riskin schrieb

Die Rechte macht extremistische Aussagen über den Verrat der politischen Führung und schlägt vor, die Ausführung der Evakuierungsbefehle zu verweigern, während die Linke die gesamte Siedlergemeinschaft als Bürgerkriegstreiber und Friedensstörer darstellt.

Riskin schloss seine Einschätzung der prekären Lage in Israel mit den Worten: „So tragisch es auch klingen mag, es ist schwierig, die Möglichkeit eines unmittelbar bevorstehenden Bürgerkriegs auszuschließen: „So tragisch es auch klingen mag, es ist schwierig, die Möglichkeit eines unmittelbar bevorstehenden Bürgerkriegs auszuschließen".

Wie regelmäßigen Lesern der ausländischen Presse bekannt ist, hat Sharon selbst seine Kritiker oft beschuldigt, einen Bürgerkrieg anzustiften, obwohl offen über die Möglichkeit einer Spaltung innerhalb der israelischen Armee selbst diskutiert wurde.

Zu einem bestimmten Zeitpunkt äußerten viele israelische Offiziere und Soldaten im aktiven Dienst Bedenken, ob sie Sharons Befehlen folgen könnten, und deuteten an, dass sie sich gegen die zivile Führung auflehnen würden, wenn sie aufgefordert würden, die jüdischen Siedler in Gaza zu entwurzeln.

Jede sorgfältige Untersuchung der Einzelheiten der Situation würde zeigen, dass viele dieser fraglichen Israelis unter der Disziplin von Führern stehen, die ebenso extremistisch sind wie einige der berüchtigten muslimischen Führer, die ständig in den amerikanischen Medien hervorgehoben werden, die es vorziehen, die Existenz extremistischer jüdischer Führer in Israel (und anderswo) zu ignorieren.

Und bevor man geneigt ist, die Bedenken über die Gefahren israelischer Atomwaffen, die in die Hände jüdischer Extremisten fallen, zurückzuweisen, sei darauf hingewiesen, dass es in US-Verteidigungskreisen offene Spekulationen über potenzielle Gefahren im Zusammenhang mit dem israelischen Atomwaffenarsenal gab, die sich aus der politischen Instabilität in Israel ergeben könnten.

Amerikaner, die das strategische Denken ihrer eigenen militärischen Führer schätzen, täten gut daran, den Kommentar zu Israels Atomwaffen von Oberstleutnant der US-Armee Warner D. Farr zu beachten, der im September 1999 mit dem Zentrum für Proliferationsbekämpfung der US-Luftwaffe am Air Force War College der Air University auf der Maxwell Air Force Base in Alabama eine spezielle Informationsveranstaltung zu diesem „umstrittenen" Thema durchführte.

Da das Zentrum nach eigenen Angaben gegründet wurde, „um amerikanischen Entscheidungsträgern im Bereich der nationalen Sicherheit und Offizieren der USAF Informationen und Analysen zur Verfügung zu stellen, die ihnen helfen sollen, der Bedrohung durch mit Massenvernichtungswaffen ausgestattete Gegner zu begegnen", ist es bemerkenswert, dass Farrs Dokument ziemlich offen über Israel spricht.

In seiner schonungslosen Einschätzung der Lage in Israel. Titel

„Das Allerheiligste des dritten Tempels: Israels Atomwaffen", notiert das Dokument von Oberst Farr

Ein weiterer Bereich, über den spekuliert wird, ist die israelische Atomsicherheit und ihr möglicher Missbrauch. Wie sieht die Entscheidungs- und Kontrollkette der israelischen Waffen aus? Inwieweit sind sie anfällig für Missbrauch oder Diebstahl

Da es keine offene und ehrliche öffentliche Debatte über nukleare Fragen gab, gab es auch keine Debatte oder Informationen über die bestehenden Sicherungsmaßnahmen. Dies führte zu Vorwürfen von „monolithischen Ansichten und finsteren Absichten".

Würde eine rechtsgerichtete Militärregierung den unbedachten Einsatz von Atomwaffen beschließen

Ariel Sharon, ein erklärter Befürworter von „Groß-Israel", soll gesagt haben: „Die Araber mögen das Öl haben, aber wir haben die Streichhölzer". Könnten die rechtsradikale religiöse Organisation Gush Emunim oder andere einen nuklearen Sprengsatz entführen, um den Tempelberg für den Bau des dritten Tempels zu „befreien"? Die Chancen sind gering, könnten aber steigen, je mehr Radikale den Friedensprozess anprangern.

In einem Artikel über die israelischen Streitkräfte aus dem Jahr 1997 wurde wiederholt auf die Möglichkeit und Notwendigkeit hingewiesen, sich gegen einen religiösen und rechtsgerichteten Militärputsch zu wappnen, zumal der Anteil des religiösen [Fanatismus] innerhalb der Armee zunimmt.

Obwohl also die Befürchtungen hinsichtlich der unmittelbaren Möglichkeit eines israelischen Bürgerkriegs zumindest für den Moment nachgelassen zu haben scheinen, bestehen innerhalb der israelischen Gesellschaft nach wie vor schwerwiegende Konflikte. Die Warnungen von Oberstleutnant Farr sollten daher im Hinterkopf behalten werden.

Das Buch von Noah Efron, Real Jews. Secular vs. Ultra-Orthodox and the Fightle for Jewish Identity in Israel (Die wahren Juden: Säkular vs. Ultra-Orthodox und der Kampf um die jüdische Identität in Israel.

Efron, der an der Bar-Ilan-Universität in der Nähe von Tel Aviv lehrt, hat die erstaunlichen (und außerhalb jüdischer Kreise kaum bekannten) Probleme dokumentiert, die Israel zerreißen. Das Buch beschreibt „ein Land, das mit sich selbst im Krieg liegt... ein Land in Trümmern, das mit Krieg, Terror, Korruption, Armut und Dekadenz konfrontiert ist". All dies entspricht kaum dem Bild, das Israel in den Köpfen der amerikanischen Christen hat, die es unterstützen! Darüber hinaus haben laut Efrons Arbeit die orthodoxen Hardliner-Elemente „das Pendel zwischen links und rechts ausschlagen lassen und ihnen unverhältnismäßig viel politische Macht verliehen".

Es ist klar, dass die Dinge in jüdischen Kreisen in Israel nicht so friedlich sind, wie der Durchschnittsamerikaner glauben könnte. Und wie der Herausgeber von Efrons Buch erklärte, „kann dieser Konflikt nicht mehr ignoriert werden".

Israel ist in der Tat ein Pulverfass, in dem die politische Macht zu holen ist - und sein Golem ist der ultimative Preis. Und obwohl Ariel Sharon nicht mehr auf der Bühne steht, da er einen Schlaganfall erlitten hat, lässt die Präsenz von Avigdor Lieberman in der israelischen Regierung selbst - ganz zu schweigen von den anhaltenden Spannungen zwischen den verschiedenen Fraktionen innerhalb Israels - immer noch die potenzielle Gefahr eines Bürgerkriegs in Israel eines Tages in der Zukunft erkennen, eine Gefahr, die angesichts der Existenz des nuklearen Golems Israels nicht gebannt werden kann.

Ein Bürgerkrieg in Israel könnte - wenn auch nur vorübergehend - die Kontrolle über die israelischen Atomwaffen in die Hände israelischer Extremisten legen, deren letzte Sorge darin besteht, was die USA - oder die Welt - denken würden.

Diese Extremisten glauben, dass sie nach dem Willen Gottes handeln. Die Welt muss daher gewarnt werden.

Doch trotz aller Bedenken hinsichtlich der Hardliner-Fanatiker, die die Kontrolle über die Atomwaffen in Israel übernehmen, ist die Wahrheit, dass Israel, wie die Geschichte zeigt, in einer nicht allzu fernen Vergangenheit kurz davor stand, „nuklear zu werden". Nicht nur die israelischen „Extremisten" stellen eine Gefahr dar, wenn es um die Nutzung des israelischen Atomgolems geht.

KAPITEL 4

Nicht nur die „Fanatiker"... Israels führende Politiker und die Bedrohung durch den Golem

Bisher haben wir uns in unserer Untersuchung des israelischen Nukleargolems hauptsächlich auf die Bedrohung durch religiösen Fanatismus in Israel und seine möglichen Auswirkungen auf die israelische Atomwaffenpolitik konzentriert.

Es wäre jedoch falsch, den Leser glauben zu lassen, dass nur die fanatischsten Elemente Israels geneigt wären, das israelische Atomwaffenarsenal zu nutzen.

Wie wir bereits betont haben, sollte man sich stets vor Augen halten, dass Israels Atomwaffenpolitik das Herzstück der geopolitischen und militärischen Strategie des Landes ist. Es handelt sich dabei um ein grundlegendes Element der Existenz der Nation.

Der Aufbau eines - längst realisierten - Atomwaffenarsenals war eines der Hauptziele von Israels Gründungsvater David Ben-Gurion, und alle nachfolgenden israelischen Führer stützten sich auf Israels Atompolitik als Kernstück ihrer Außenpolitik.

Wie dem auch sei, die Geschichte zeigt, dass selbst „traditionelle" israelische Führer - einschließlich David Ben-Gurion selbst - einem schwerfälligen imperialen Denken sehr zugeneigt waren, das sich kaum von dem einiger moderner israelischer Hardliner wie Avigdor Lieberman unterscheidet, die wir in einem früheren Kapitel besprochen haben.

Und wie wir bereits hervorgehoben haben, wird Lieberman seinerseits von Tag zu Tag „mainstream". In mancher Hinsicht wiederholt Lieberman nur öffentlich, was Ben-Gurion privat gesagt hat. Trotz der flammenden Dementis der israelischen Führung, die immer noch an dem Traum von „Groß-Israel" festhält

Tatsache ist, dass dieser unerfüllte Traum im vorherrschenden zionistischen Denken immer noch sehr präsent ist.

Darüber hinaus behaupten die Verteidiger Israels zwar, dass der jüdische Staat niemals andere Nationen angegriffen habe, doch ihre Behauptungen werden durch eine Vielzahl von Daten widerlegt, die von verschiedenen Autoren (mit unterschiedlichen Ansichten) zusammengetragen wurden und die argumentieren, dass Israel in der Tat zu Recht als der wahre Anstifter von mehr als einem der israelisch-arabischen Kriege genannt werden könnte, die seit der Gründung Israels im Jahr 1948 stattgefunden haben.

Darüber hinaus sollte insbesondere daran erinnert werden, dass Israel - zusammen mit Frankreich und Großbritannien - eine entscheidende Rolle in der Offensive gegen Ägypten während der Suez-Krise spielte. Israel ist also nicht frei von Schuld, wenn es um Angriffskriege geht. Diejenigen, die das Gegenteil behaupten, irren sich.

Und es war während der Suezaffäre, dass der damalige Premierminister Ben-Gurion offen über Israels imperiale Ambitionen sprach, über seinen Traum, seine geografischen Grenzen über die 1948 festgelegten Grenzen hinaus auszudehnen.

Um mehr darüber zu erfahren, wenden wir uns der Arbeit von Oberstleutnant Warner Farr von der US-Armee zu. In seiner bereits zitierten Informationsschrift „The Third Temple's Holy of Holies: Israel's Nuclear Weapons". schreibt Farr: „Bei einem Vier-Augen-Gespräch mit [dem französischen Premierminister Guy]

Mollet erklärte Ben-Gurion, dass er beabsichtige, den gesamten Sinai unter seine Kontrolle zu bringen und ihn Israel anzugliedern, um das Öl auszubeuten, das sich seiner Meinung nach dort befinde. Bei dem Treffen mit der französischen Delegation, das die Konferenz von Sevres eröffnete, erläuterte Ben-Gurion seine Vision einer umfassenden Lösung im Nahen Osten, die auf folgenden Prinzipien beruht

Internationalisierung des Suezkanals, Auflösung des Königreichs Jordanien und Aufteilung zwischen dem Irak und Israel, britische Schirmherrschaft über den Irak und die arabische Halbinsel und französische Schirmherrschaft über Syrien und den Libanon (wo die christliche Herrschaft gesichert werden sollte).

Die Franzosen hörten sich den Plan höflich an und [der israelische General Moshe] Dayan schrieb in seinem Tagebuch, dass der Plan „als fantastisch, ja sogar als naiv angesehen werden könnte".

Ben-Gurion ließ sich bei seinen Treffen mit den führenden Politikern der Welt manchmal von seinen visionären Ideen mitreißen.

Während Ben-Gurions Kollege, General Dayan, die imperialen Ambitionen des Gründungsvaters Israels als „visionär" bezeichnen kann, können Israels arabische Nachbarn - ganz zu schweigen vom Großteil der übrigen Welt - diese Ambitionen als etwas ganz anderes betrachten: als eine Bedrohung.

Tatsächlich hielt Ben-Gurion am 6. November 1956 - auf dem Höhepunkt des Suezfeldzuges - eine Rede, in der er die Bildung des „Dritten Königreichs Israel" ankündigte und damit auf den Traum von „Groß-Israel" verwies, der - zu diesem Zeitpunkt - von Ben-Gurion eindeutig als sehr reale Möglichkeit gesehen wurde, da Klein-Israel mit den europäischen Mächten Großbritannien und Frankreich gegen Ägypten verbündet war. Nur das Eingreifen des amerikanischen Präsidenten Dwight D. Eisenhower verhinderte, dass dieser Traum Wirklichkeit wurde.

Das sogenannte „Dritte Reich" war (und ist immer noch) die philosophische Grundlage der Weltanschauung der Fanatiker in Israel. Dennoch war es Ben-Gurion, der sich der Welt öffentlich als säkulare Kraft in israelischen Angelegenheiten präsentierte, der diese imperiale Rhetorik übernahm.

Und obwohl Ben-Gurions Verteidiger seither vermuten, dass die Spannungen des Suezkonflikts in Verbindung mit einer Grippe, an der Ben-Gurion damals litt, der Grund für das waren, was Oberstleutnant Farr zu Recht als Ben-Gurions „bizarren messianischen Schub" bezeichnete, bleibt es dabei, dass sich der israelische Führer tatsächlich in diesen potenziell apokalyptischen Worten ausdrückte. So haben selbst „traditionelle" israelische Führer wie der berühmte Ben-Gurion ihre Fähigkeit gezeigt - aus welchen Gründen auch immer -, sich in gefährliche Richtungen zu bewegen.

Allerdings verfügte Israel 1956 nicht über ein Atomwaffenarsenal. Allen Schätzungen zufolge verfügte Israel jedoch zum Zeitpunkt des sogenannten Sechstagekriegs 1967 über ein Atomwaffenarsenal, und Farr wies in seiner Studie darauf hin, dass Israel während dieses Krieges tatsächlich in nukleare Alarmbereitschaft versetzt wurde, bereit, seinen Golem einzusetzen, um seine arabischen Feinde zu besiegen. Und das war nur das erste Mal.

Im Oktober 1973, als Israel den Jom-Kippur-Krieg gegen Ägypten und Syrien führte, brachen die israelischen Frontlinien zusammen, und laut Farr, der das Time Magazine zitierte, erklärte der israelische General Moshe Dayan, der damalige Verteidigungsminister, gegenüber Premierministerin Golda Meir, dass „dies das Ende des Dritten Tempels sei". Mit anderen Worten: Das Ende des Staates Israel, so Dayans Urteil, war nahe.

Und nicht umsonst ist das Wort „Tempel" - erinnert Farr - auch das Codewort für Atomwaffen.

Während Israel also Atomschläge gegen ägyptische und syrische Ziele vorbereitete und die Nachricht von diesem Plan über Außenminister Henry Kissinger - dem vielleicht wichtigsten Fürsprecher Israels in der Regierung von Präsident Richard Nixon - in die USA gelangt war, begannen die USA (unter dem Druck der israelischen Drohung, nukleare Feuerkraft einzusetzen), eine Nachschublinie für die israelischen Streitkräfte zu eröffnen.

Doch noch bevor die Unterstützung der USA die Grenzen überschritten hatte, waren die Israelis in der Lage, zum Gegenangriff überzugehen und ihre arabischen Feinde in die Unterwerfung zu treiben. Und wie Warner Farr betonte: „So begann der subtile und undurchsichtige Einsatz der israelischen Bombe, um sicherzustellen, dass die USA ihr Versprechen einhielten, Israels Vorteil gegenüber seinen Feinden in Bezug auf konventionelle Waffen aufrechtzuerhalten".

Die Geschichte zeigt also, dass die Israelis (unter der Führung des sogenannten „Mainstream") mindestens zweimal auf das nukleare Armageddon zusteuerten, ihren Golem in Gang setzten und bereit waren, im Rahmen des ersten Einsatzes von Atomwaffen in Kriegszeiten seit 1945 zur Tat zu schreiten.

Der nukleare Golem Israels - in den Händen einer beliebigen israelischen Regierung - wurde bereits enthüllt. Es sind nicht „nur Fanatiker", die in Versuchung geraten könnten, den zionistischen Golem zu benutzen. Israel ist eine Nation - deren nationale Sicherheitsstrategie auf dem Konzept des „nationalen Selbstmords, wenn nötig" beruht, um seine Feinde zu besiegen -, die sich im Bereich der nuklearen Provokation bewährt hat. Das nächste Mal gibt es vielleicht keine Möglichkeit, es zu stoppen.

Israel ist mit keiner Nation befreundet, außer mit sich selbst, wie wir im nächsten Kapitel sehen werden.

KAPITEL 5

Ja, Israel wird zuerst angreifen... Und wird auch einen „Verbündeten" angreifen.

Der Angriff auf die „Liberty" und die israelische Atomverbindung.

Der Staat Israel hat bewiesen, dass er, um seine Ziele zu erreichen, nicht davor zurückschreckt, seine ehemaligen „Freunde" anzugreifen, genauso wie er bereit ist, seine Feinde anzugreifen.

Tatsächlich gibt es Hinweise darauf, dass Israels vorsätzlicher und unprovozierter Angriff auf das US-Spionageschiff U.S.S. Liberty am 8. Juni 1967 zumindest teilweise auf Israels Befürchtung zurückzuführen sein könnte, dass die Liberty Israels streng geheimes Atomwaffenprogramm überwacht haben könnte.

Obwohl die Debatte über die Gründe für den Angriff noch immer tobt, zeigt ein kurzer Überblick über die schockierenden Umstände der Ermordung von 34 Amerikanern durch die israelischen Streitkräfte bei diesem Terroranschlag, der nur wenigen Amerikanern bekannt ist, genau die gefährliche Natur des zionistischen Staates, der mittlerweile mit einem massiven Arsenal an Atomwaffen bewaffnet ist.

Während die Verteidiger Israels (insbesondere amerikanische Politiker, die im Sold der gut finanzierten jüdischen Lobby in Washington stehen) weiterhin darauf bestehen, dass der Angriff auf die Liberty ein schwerer „Fehler" war, behaupten die Überlebenden der Liberty das Gegenteil, und die Umstände des Angriffs zeigen sehr deutlich, dass er absichtlich erfolgte und die Israelis sehr wohl wussten, dass es sich um ein amerikanisches Schiff handelte, das sie zerstören wollten.

Obwohl Präsident George W. Bush das amerikanische Volk wiederholt dazu aufgerufen hat, „die Truppen zu unterstützen", bleiben die Überlebenden der Liberty die einzigen bekannten amerikanischen Truppen, denen Präsident Bush und amerikanische Politiker der beiden größten politischen Parteien ihre Unterstützung verweigern. Das sagt viel über die Situation im heutigen Amerika aus.

Der Angriff auf die Liberty, die friedlich im Mittelmeer segelt, ereignete sich mitten an einem sonnigen Nachmittag. Die amerikanische Flagge an Bord der Liberty wehte deutlich in der Brise. Drei unmarkierte israelische Flugzeuge, die von drei Torpedobooten begleitet wurden, führten den brutalen Angriff durch.

Der Angriff begann mit Raketen und wurde dann mit Napalm fortgesetzt, einer brennenden Chemikalie, die sich mit schrecklichen Ergebnissen an der menschlichen Haut festsetzt. Die Torpedoboote beschossen dann das Deck der Liberty mit ihren Maschinengewehren, während die amerikanischen Seeleute versuchten, die durch das Napalm verursachten Brände zu löschen. Die Liberty wurde daraufhin nicht nur einmal, sondern dreimal torpediert, doch wie durch ein Wunder sank sie nicht. Vierunddreißig Amerikaner starben bei dem Vorfall und 171 weitere wurden verletzt.

Als die Nachricht von dem Angriff das Weiße Haus erreichte, alarmierte Präsident Lyndon Johnson den Befehlshaber der Sechsten Flotte, damit er sich auf eine Vergeltungsaktion vorbereite, da er davon ausging, dass die Ägypter dafür verantwortlich waren. Später, als er erfuhr, dass die Israelis verantwortlich waren, hob er die Warnung wieder auf.

Die amerikanische Presse berichtete kaum über diese Tragödie. Die wenigen verfügbaren Informationen deuten darauf hin, dass es sich um einen „tragischen Fehler" handelte. Darüber hinaus unterschätzten die Medien die Zahl der Toten.

Anschließend wurde unter der Leitung von Admiral John S. McCain, dem Oberbefehlshaber der US-Marine in Europa, eine Untersuchung von Konteradmiral I. C. Kidd. McCain und Kidd waren gut informiert, gaben aber dennoch bekannt, dass es sich bei dem Angriff um einen „Fall von Identitätsverwechslung" gehandelt habe.

(McCains Berichterstattung über Israels Massaker an den Kindern der US-Marine schmiedete eine einzigartige Verbindung zwischen der Familie McCain und Israel, sodass heute McCains Sohn John, republikanischer Senator aus Arizona, einer von Israels Lieblingsrepublikanern ist).

Den Überlebenden von Liberty wurde gesagt, sie sollten „schweigen". Denjenigen, die etwas sagten, wurde mit einem Kriegsgericht gedroht". Wenn jemand fragt", sollten die Seeleute „sagen, dass es ein Unfall war". Die Überlebenden wurden über die ganze Welt verteilt, damit kein Mensch an denselben Ort geschickt wurde.

Der Vorfall wurde beiläufig in verschiedenen Medien erwähnt - begraben zum Beispiel auf einer letzten Seite der New York Times unmittelbar nach dem schrecklichen Ereignis -, aber das erste Mal, dass die schockierende Geschichte landesweit erzählt wurde, war in The Spotlight am 26. April 1976.

Doch bereits einen Monat nach der Tragödie vom 15. Juli 1967 informierte der von der Liberty Lobby, einer populistischen Institution mit Sitz in Washington, herausgegebene Washington Observer seine Leser darüber, dass der israelische Angriff auf das US-Schiff tatsächlich vorsätzlich erfolgt war.

Es besteht kein Zweifel daran, dass die Israelis nicht nur die Absicht hatten, die Liberty zu versenken, sondern auch die gesamte Besatzung zu töten, damit keine lebenden Zeugen auftauchen konnten, die mit dem Finger auf die Israelis zeigen konnten. Die Israelis hofften, die Verantwortung für das Verbrechen auf die Araber abwälzen zu können - eine Technik der „falschen Flagge", die Israel bei seinen zahlreichen Terrorakten seit langem anwendet.

Die Verteidiger Israels verlangen zu wissen, warum die Israelis die vollständige Zerstörung der Liberty und den Massenmord an allen Passagieren wünschen würden. Warum sollte Israel einen Verbündeten angreifen? Die Antwort ist beunruhigend, und das ist eine Untertreibung.

Ein Spotlight-Bericht vom 21. November 1977 verwickelte den Chef der CIA-Gegenspionage, James J. Angleton, in die Inszenierung des Angriffs der Liberty mit Israel, mit der Absicht, den Arabern die Schuld in die Schuhe zu schieben.

Als treuer Anhänger Israels, der die Verbindung zwischen der CIA und dem israelischen Geheimdienst Mossad leitete und auch eine Schlüsselrolle dabei spielte, Israel beim Aufbau seines Atomwaffenarsenals zu helfen (unter Missachtung von Präsident John F. Kennedy), glaubte Angleton, dass die Zerstörung der Liberty als „Pearl Harbor"- oder „Remember the Maine"-Vorfall genutzt werden könnte, um die amerikanischen Leidenschaften gegen die Araber zu entfachen.

Und genau das geschah beim Liberty-Zwischenfall. Nur weil die Liberty trotz der widerlichsten Bemühungen der Israelis, das Schiff und alle an Bord zu zerstören, nicht unterging, geriet der Plan aus den Fugen. Die amerikanischen Seeleute lebten, um die Wahrheit zu sagen: Es war Israel, das ihr Schiff angriff, nicht die Araber.

Der schockierende Dokumentarfilm des britischen Journalisten Peter Hounam, U.S.S. Liberty: Dead in the Water, bestätigt den Bericht von The Spotlight, wonach der Angriff auf die Liberty beinahe zu einem echten Atomangriff der USA auf Kairo, die Hauptstadt Ägyptens, geführt hätte.

Und das sind Tatsachen, die Israel und seine Verteidiger unterdrücken wollen.

1983 wurde ein streng geheimer Bericht, der 1967 vom Rechtsberater des US-Außenministers erstellt worden war, zum ersten Mal (ohne Fanfaren) veröffentlicht. In diesem Bericht wurden Israels Behauptungen, der Angriff sei ein Fehler gewesen, bewertet. Der Bericht belegte, dass Israels Behauptungen Lügen waren. Zum Beispiel

- Die Israelis behaupteten, dass sich die Liberty mit einer hohen (und daher verdächtigen) Geschwindigkeit von 28 bis 30 Knoten bewegte. In Wirklichkeit trieb das Schiff mit nur 5 Knoten.

- Die Israelis behaupteten, die Liberty habe sich geweigert, sich zu identifizieren. Tatsächlich wurden die einzigen Signale von israelischen Torpedobooten erst nach dem Start des Angriffs gesendet, so dass 25 Seeleute bereits tot waren, als die Liberty von einem israelischen Torpedo getroffen wurde.

- Die Israelis behaupteten, die Liberty habe weder eine amerikanische Flagge noch ein Erkennungszeichen getragen. Tatsächlich wehte auf der Liberty nicht nur eine amerikanische Flagge im Wind, sondern nachdem diese Flagge heruntergeholt worden war, wurde eine andere, viel größere Flagge von den amerikanischen Seeleuten gehisst, als sie merkten, dass sie von Kräften angegriffen wurden, die mit „unserem Verbündeten Israel" auffällig „befreundet" waren. Außerdem waren der Name und die Identifikationsnummern der Liberty deutlich auf dem Rumpf zu sehen, der gerade erst gestrichen worden war.

Laut den Überlebenden der Liberty hatte das israelische Flugzeug tatsächlich mehrere Stunden lang vor Beginn des Angriffs nicht weniger als 13 Mal um das Schiff gekreist. Einige Seeleute der Liberty winkten den „freundlichen" Israelis sogar vom Deck des Schiffes aus zu, ohne zu wissen, dass sie kurz darauf ausgelöscht werden sollten.

Das Folgende ist nur eine Handvoll Kommentare von amerikanischen Überlebenden des israelischen Angriffs auf die Liberty. Ihre Ansichten repräsentieren die von sehr vielen anderen Überlebenden. Könnte eine so große Zahl von US-Militärs „irren" oder „lügen" - wie es die Verteidiger Israels behaupten -, was die Schuld Israels an dem tragischen Fall der Liberty

- Ernie Gallo: „Am Vortag war ich oben, als israelische Flugzeuge vorbeiflogen, sehr nah an uns, sodass wir die Piloten grüßen konnten und sie so nah waren, dass wir sie wiederum grüßen konnten.

- Rick Aimetti: „Es war ein sehr klarer Tag Es war ein warmer Tag, die Sonne schien, es wehte eine schöne Brise und ich erinnere mich noch genau, wie ich die [amerikanische] Flagge im Wind flattern hörte".

- Phil Tourney: „Es gab etwa dreizehn Einsätze auf unserem Schiff [durch israelische Flugzeuge] von sechs Uhr bis Mittag. Wir hatten eine allgemeine Quarantäneübung, die etwa fünfundvierzig Minuten dauerte".

- Stan White: „Ich ging auf die Brücke, ein Flugzeug flog vorbei und ich schaute ins Cockpit. Es winkte mir zu. Ich habe gewunken. Das zeigt, wie nah sie uns waren. Sie wussten, wer wir waren

- George Golden: „Von allen Aufklärungsflügen, die sie an diesem Morgen unternommen haben, dauerte der Flug über unser Schiff sechs bis sieben Stunden. Sie hatten eine gute Vorstellung von dem, was sie taten, und sie schlugen uns hart und schnell mit allem, was sie hatten".

- James Smith: „Ich war während des gesamten Angriffs auf der Brücke, um Brände zu bekämpfen und andere Arbeiten zur Schadensbegrenzung durchzuführen. Gleichzeitig konnte ich die Düsenjäger beobachten, die über mir flogen, und ich beobachtete auch die amerikanische Flagge, die am Mast wehte. Zu keinem Zeitpunkt hing diese Flagge am Mast".

Joe Meadors: „Meine einzige Aufgabe während des Angriffs war es, dafür zu sorgen, dass die Flagge wehte. Alle paar Minuten ging ich zur Signalbrücke am Mast.

Amerikanische Überlebende des brutalen Terrorangriffs Israels auf die USS Liberty behaupteten, dass die Art des Angriffs definitiv ein Kriegsverbrechen darstellte.

Lloyd Painter, ein Überlebender, erinnerte sich zum Beispiel: „Ich habe persönlich miterlebt, wie Rettungsflöße, die in der Nähe vorbeifuhren, mit Maschinengewehrfeuer beschossen wurden. Die Besatzungsmitglieder der israelischen Torpedoboote feuerten mit Maschinengewehren auf die Rettungsflöße und sorgten dafür, dass, wenn sich jemand in den Flößen befunden hätte, er nicht überlebt hätte".

Ein anderer Überlebender, Don Bocher, betonte, dass die Pläne, das Schiff zu verlassen, abgebrochen wurden, weil die Rettungsflöße beschossen und zerstört worden waren. Tatsächlich ist es ein Kriegsverbrechen, auf die Rettungsflöße eines in Seenot geratenen Schiffes zu schießen.

Josey Toth Linen, deren Bruder Stephen auf der Liberty starb, merkte ebenfalls an: „Mein Bruder wurde auf die Brücke des Schiffes geschickt, um herauszufinden, wer die Flugzeuge waren und woher sie kamen. Sie trugen keine Markierungen. Das war gegen die Genfer Kriegsregeln.... Er wurde von den Flugzeugen niedergemäht".

Folglich hat Israel bei seinem ungerechtfertigten Angriff auf das befreundete amerikanische Schiff tatsächlich Kriegsverbrechen begangen.

David Lewis, ein Überlebender, fügte hinzu: „Wenn [das Schiff] gesunken wäre, vermute ich, dass, als am nächsten Tag Trümmer an die Küste gespült worden wären, man Ägypten die Schuld gegeben hätte [...].

Die Kampfhubschrauber, da bin ich mir sicher, hätten die Überlebenden eliminiert, wenn wir das Schiff verlassen hätten. Sie wurden geschickt, um uns zu erledigen. Die Flugzeuge wurden geschickt, um uns kommunikationsunfähig zu machen, damit wir kein SOS-Signal absetzen können. Die Torpedoboote wurden geschickt, um uns zu versenken.

„Und die Hubschrauber wurden losgeschickt, um die Überlebenden zu bergen. Es war eine perfekt durchgeführte Militäroperation. Wenn Sie sich die Fotos der Liberty nach dem Angriff ansehen, werden Sie sehen, dass sie beim ersten Maschinengewehrfeuer zielsuchende Raketen eingesetzt haben, die die Abstimmungssektion aller Sender auf dem Schiff zerstört haben. In weniger als zwei Sekunden haben sie unsere gesamte Kommunikationsfähigkeit unterdrückt".

Der Kapitän des Schiffes, W. L. McGonagle, schloss sich den Bedenken der anderen Überlebenden an und stellte fest, dass „die Heftigkeit des Angriffs darauf hinzudeuten schien, dass die Angreifer die Absicht hatten, das Schiff zu versenken: „Nach der Heftigkeit des Angriffs scheint es, dass die Angreifer die Absicht hatten, das Schiff zu versenken. Vielleicht hofften sie, dass es keine Überlebenden geben würde, um nicht für den Angriff verantwortlich gemacht zu werden, nachdem er bereits stattgefunden hatte".

Am 20. September 2001, nach der terroristischen Tragödie vom 11. September, erklärte Präsident George W. Bush der Welt unmissverständlich: „Entweder ihr seid mit uns oder ihr seid mit den Terroristen".

Was am 8. Juni 1967 geschah, ist ein Terrorakt, wie auch immer man ihn definiert. An diesem Tag demonstrierte Israel dem amerikanischen Volk, dass es „mit den Terroristen" sei. Im Gegenteil, sie waren die Terroristen.

Es handelt sich um ein Land, das eines der größten Atomwaffenarsenale der Welt kontrolliert.

Aufgrund dieses einen Verbrechens - der Ermordung von 34 Amerikanern und der Verletzung von 174 weiteren - hat Israel nicht nur das Recht verloren, sich als „Verbündeter" der USA zu bezeichnen, sondern auch das Recht, nukleare Massenvernichtungswaffen behalten zu dürfen.

Sollten sich die Nationen der Welt eines Tages dafür entscheiden, in Israel einzumarschieren und das israelische Atomwaffenarsenal gewaltsam zu demontieren - was höchstwahrscheinlich der Fall sein wird -, wäre es durchaus angemessen, wenn der Schlachtruf einfach lauten würde: „Erinnert euch an die Freiheit": „Erinnert euch an die Freiheit".

KAPITEL 6

Israels heiliges Geheimnis: Der zionistische Golem als Hauptmotor der nuklearen Eskalation im Nahen Osten

Um jeden Zweifel daran zu vermeiden, dass Israels nukleare Massenvernichtungswaffen der Eckpfeiler der israelischen Politik der nationalen Verteidigung sind oder dass diese Politik auf einem tief verwurzelten und zugrunde liegenden religiösen (oder sogar rassistischen) Fanatismus beruht - auf dieser Grundlage, kann man mit Recht sagen, dass dies ausreicht, um sehr reale Befürchtungen für die Welt zu wecken, wenn man weiß, dass Israel dieses gefährliche Arsenal behält -, sollte man sich auch die wesentliche Tatsache vor Augen halten, dass der Gründungsvater Israels, David Ben-Gurion, dem Programm seiner Nation zur Entwicklung von Atomwaffen eine inbrünstige religiöse, ja mystische Bedeutung beimaß.

Laut dem israelischen Historiker Michael Karpin, der in seinem Buch The Bomb in the Basement (Die Bombe im Keller) schreibt, nannte Ben-Gurion die jüdischen Geldherren, die in den 1950er Jahren etwa 40 Millionen Dollar (das entspricht heute 250 Millionen Dollar) spendeten, um das Waffenprogramm zu starten, „Makdishim", oder Weihegeber, und ihre Beiträge „Hakdascha", Weihe. Karpin stellte fest: Diese beiden hebräischen Wörter leiten sich von dem Wort kadosh, heilig, ab, das auch die Wurzel des Wortes Mikdash oder Tempel ist, der heiligsten Institution des Judentums.

Im Inneren des Tempels befindet sich der Kodesh Hakodashim, das Allerheiligste.

Und wie der Tempel, der durch die Beiträge der Kinder Israels errichtet wurde (Exodus 25:1), wird auch das Atomprogramm Israels durch Beiträge errichtet werden.

In Ben-Gurions Augen war das Atomprojekt heilig.

(Hervorhebung durch den Autor).

Obwohl pro-israelische Propagandisten in den zionistisch dominierten Medien - insbesondere in den USA - oft die Gefahren der „islamischen Bombe" heraufbeschwören, ist die tatsächliche Gefahr, die heute in der Welt besteht, die der „jüdischen Bombe".

Obwohl die israelische Regierung offiziell bestreitet, dass es die Bombe aus der jüdischen Hölle überhaupt gibt, veranstaltet die US-Regierung, die Israel und seiner Lobby in Washington gehorcht, eine seltsame Maskerade, bei der sie zu PR-Zwecken so tut, als würde sie Israels Behauptungen über sein Atomwaffenarsenal glauben.

Der verstorbene israelische Dissident Israel Shahak bezeichnete die israelische Bombe daher zu Recht als ein „offenes Geheimnis", mit dem sich die Welt auseinandersetzen muss. Doch obwohl der ehemalige israelische Premierminister Shimon Peres in einer Rede, die er am 20. Februar 2003 in Jerusalem vor einer Delegation der mächtigen Konferenz der Vorsitzenden der wichtigsten jüdischen Organisationen der USA hielt, Israels langjährige Politik der Leugnung seiner Atomwaffenfähigkeiten formell aufgab und die Existenz des nuklearen Golems anerkannte, wurde diese Tatsache in der amerikanischen Presse nur am Rande erwähnt.

Stattdessen wurde sie - wenn auch nur kurz - auf den Zeitungsseiten der jüdischen Gemeinde in den USA erwähnt, ein klassischer Wink mit dem Zaunpfahl für die schreckliche Wahrheit, die Israel so lange geleugnet hat.

In Wirklichkeit wäre es falsch zu sagen, dass die Wahrheit über Israels nukleare Kapazität in den US-Medien nie erwähnt wird. Das ist durchaus der Fall. Aber diese Erwähnung ist selten und weitgehend auf die Seiten der Elitemedien und auf Fachzeitschriften für militärische und politische Angelegenheiten beschränkt. Der durchschnittliche Amerikaner versteht wenig (oder weiß wenig) über die Gefahren des israelischen Golems und die Auswirkungen, die er auf die nukleare Eskalation im Nahen Osten hatte.

Die meisten Amerikaner sind, ehrlich gesagt, davon überzeugt, dass die „bösen Muslime" Atomwaffen bauen, um „Israel zu treffen" und „Amerika, den Großen Satan, zu töten", aber sie verstehen nicht, dass es Israel ist, das das ganze nukleare Chaos im Nahen Osten verursacht.

Einige amerikanische Journalisten haben das Thema angesprochen, wenn auch diskret. In der Ausgabe der Washington Post vom 6. März 2005, die sich mit der Verbreitung von Atomwaffen im Nahen Osten befasste, gab Walter Pincus, einer der Hauptkorrespondenten der Post und ein Amerikaner jüdischen Glaubens, beispielsweise offen zu

Während die US-Politik darin bestand, das Konzept eines atomwaffenfreien Nahen Ostens zu unterstützen, geben Regierungsbeamte fast nie öffentlich zu, dass Israels Besitz solcher Waffen ein Faktor bei den Handlungen anderer Regionalmächte wie Iran, Syrien, Ägypten oder Saudi-Arabien sein könnte.

Die CIA lässt Israels Atomwaffen in ihren halbjährlichen Berichten an den Kongress über Massenvernichtungswaffen regelmäßig unerwähnt.

Der Artikel stellt fest, dass zwar „Israel sich weigert, zu bestätigen, dass es Atomwaffen besitzt" - obwohl, wie wir betont haben, israelische Beamte öffentliche Erklärungen abgegeben haben, in denen sie tatsächlich die Existenz von Atomwaffen zugaben - „die US-Geheimdienste dem Kongress mitgeteilt haben, dass Israel seit den 1970er Jahren über einen Bestand von schätzungsweise 200 bis 300 Bomben und Raketen verfügt".

In Anbetracht all dessen ist es wichtig festzuhalten, dass Israel sich immer geweigert hat, den internationalen Atomwaffensperrvertrag zu unterzeichnen oder seine Atomprogramme zur Inspektion freizugeben ( ). Es ist daher nicht verwunderlich, dass Mohamed El Baradei, Direktor der Internationalen Atomenergiebehörde (IAEO), erklärte, dass Israels unnachgiebige Haltung bei der Offenlegung von Nuklearinformationen „Länder dazu veranlasst hat, gleiche oder ähnliche Waffenkapazitäten aufzubauen".

In diesem Zusammenhang stellte der ehemalige iranische Präsident Ali Akbar Hashemi Ransanjani fest, dass sein eigenes Land von den USA missbraucht wurde, die den Iran beschuldigten, nach Atomwaffen zu streben, obwohl „Israel verbotene Atomwaffen ohne jeden Protest oder Widerstand der IAEO gelagert hat".

Prinz Saud Faisal, der saudi-arabische Außenminister, betonte seinerseits ebenfalls, dass „der Iran immer erwähnt wird, aber niemand erwähnt Israel, das bereits (Atom-)Waffen besitzt. Wir wünschen uns, dass die internationale Gemeinschaft die Bewegung verstärkt, den Nahen Osten zu einer atomwaffenfreien Zone zu machen".

John F. Kennedy ließ sich nicht täuschen. Als er die kühne Entscheidung traf, gegen Israels Streben nach Atomwaffen vorzugehen, wusste er, dass dies eine schwierige Aufgabe sein würde. Doch die Wahrheit ist, dass seine Ablehnung der nuklearen Absichten Israels der Eckpfeiler seiner gesamten Außenpolitik war, so wie Israels Entschlossenheit, die Bombe zu besitzen, der Eckpfeiler der geostrategischen Politik Israels war. Der israelische Historiker Avner Cohen hat JFKs Position treffend zusammengefasst

... Präsident Kennedy war entschlossen, Israels nukleares Streben zu vereiteln. Und für Kennedy stand Israel im Mittelpunkt des Kampfes gegen die Verbreitung von Atomwaffen. Der Fall Israel, so glaubte er, war der Ausgangspunkt für den neuen Standard der Nichtverbreitung von Atomwaffen. Israel wurde als die Trennlinie zwischen der alten, unumkehrbaren nuklearen Proliferation der Vergangenheit und der neuen Nichtverbreitung der Zukunft gesehen.

JFK wurde jedoch vorzeitig seines Amtes enthoben und - wie wir später auf diesen Seiten sehen werden - gibt es stichhaltige Beweise für Israels Beteiligung an der Ermordung von JFK, und als direkte und unmittelbare Folge wurden Israels nukleare Ambitionen letztlich nicht behindert.

Dennoch scheinen die meisten Amerikaner nicht zu verstehen, dass es Israel und nicht der Irak oder der Iran war, der das Wettrüsten im Nahen Osten in Gang gesetzt hat.

Dies ist natürlich auf die einfache Tatsache zurückzuführen, dass die amerikanischen Medien so israelfreundlich sind, dass selbst die einfachsten Wahrheiten verdreht werden können ( ). Der Hauptartikel der New York Times vom 15. April 2007 ist ein perfektes Beispiel dafür. Dieser Artikel mit dem Titel „With Eye on Iran, Rivals Also Want Nuclear Power" (Mit Blick auf den Iran, Rivalen wollen auch Atommacht) deutete schon aufgrund der Art seiner Überschrift an, dass die nuklearen Absichten des Iran irgendwie die Ursache dafür waren, dass andere Staaten in der Region ihr Interesse an der Atomenergie immer weiter eskalieren ließen. In dem Artikel hieß es, dass Saudi-Arabien, die Türkei und Ägypten, also ein Dutzend Staaten in der Nahostregion, sich nun auf die Kernenergie ausrichteten.

Dieses Eingeständnis wurde jedoch in dem recht langen Artikel verschwiegen: „Der Nahe Osten war bereits Schauplatz eines regionalen nuklearen Wettrüstens. Nachdem Israel vor 40 Jahren seine erste Waffe erhalten hatte, haben mehrere Länder den Weg der Atomwaffen eingeschlagen", und die Bestätigung, dass „vor Jahrzehnten Israels Streben nach Atomwaffen die ersten atomaren Bedenken in der Region ausgelöst hat".

Die New York Times kehrte jedoch zum aktuellen Mantra zurück: „Der Iran ist schuld". Dabei zeigen die Fakten, dass Israel im Zentrum der Eskalation der Atomwaffen im Nahen Osten stand, eben weil es der erste Staat war, der sich mit Atomwaffen ausrüstete und als direkte Folge davon andere Staaten in der Region (mit guten Gründen) beschlossen, dass auch sie in der Lage sein müssten, ihre eigene Landesverteidigung zu gewährleisten, eben so, wie es die Israelis getan haben.

In Wirklichkeit kann man den arabischen und muslimischen Staaten im Nahen Osten - die den tief verwurzelten Fanatismus und die religiöse Grundlage der israelischen Atomwaffenpolitik anerkennen - nicht vorwerfen, dass sie glaubten, in einem Präventivkrieg potenzielle Ziele des Golems Israel zu sein, eben aufgrund dessen, was wir auf diesen Seiten bereits dokumentiert haben. Kann es angesichts der Geschichte von Israels Entschlossenheit, ein Atomwaffenarsenal aufzubauen, in Verbindung mit der mittlerweile fest etablierten „besonderen Beziehung" zwischen Israel und den USA verwundern, dass die arabischen und muslimischen Staaten, die Israel als seine

Feinde wahrnimmt, nicht die Mittel haben wollen, um sich gegen ein solches Bündnis zu wehren

Wir haben zuvor die Ehrlichkeit des Korrespondenten der Washington Post, Walter Pincus, hervorgehoben, der es vermied, über die Rolle Israels bei der Eskalation von Atomwaffen im Nahen Osten zu sprechen. Es war im Übrigen nicht das erste Mal, dass Pincus dieses Thema ansprach.

Am 17. April 2003 räumte Pincus in einem Artikel über die wütenden Äußerungen der Bush-Regierung zu Syriens angeblichen „Massenvernichtungswaffen" ein, dass Syrien sein Arsenal aufgebaut habe, um „die Chancen auszugleichen", und dass „Israels Waffen [in Syrien] Ängste ausgelöst haben".

Obwohl Syrien zur Zeit von Pincus' Artikel eine UN-Resolution forderte, in der die Inspektion von Atomwaffen im gesamten Nahen Osten, einschließlich Israels, gefordert wurde, hatte niemand erwartet, dass die USA sich der Forderung Syriens anschließen würden. Und natürlich taten die USA dies, trotz der offiziellen Position der USA, die laut dem damaligen Außenminister Colin Powell die gesamte Region gerne von Massenvernichtungswaffen befreit sehen würde. Pincus' Artikel über Syriens Bereitschaft, ein militärisches Arsenal aufzubauen, um dem Golem Israel entgegenzuwirken, ist in der Tat aufschlussreich. Pincus schreibt

Syriens derzeitiges Arsenal an chemischen Sprengköpfen und Scud-Raketen wurde vor mehr als 30 Jahren aufgebaut, um der Entwicklung und dem Besitz von Atomwaffen durch Israel entgegenzuwirken, wie ehemalige und aktuelle US-Geheimdienstmitarbeiter berichten.

„Sie haben chemische Waffen entwickelt, um ihre Stärke mit der der Israelis zu egalisieren", sagte gestern ein ehemaliger leitender Analyst der Geheimdienste. „Hafez al-Assad, der Vater des derzeitigen Präsidenten, sah in Chemikalien eine Möglichkeit, die Israelis zu bedrohen, und eine Möglichkeit, ihr Atomprogramm zu egalisieren.

Assad wusste laut dem ehemaligen Analysten, dass „die Militärhilfe der Sowjets niemals in der Lage sein würde, mit dem gleichzuziehen, was Israel im nuklearen Bereich entwickelt und von den USA erhalten hat".

Syriens Besitz von Chemiewaffen war ein wichtiger Bestandteil der jüngsten, einwöchigen Verbaloffensive der Bush-Regierung gegen Damaskus. Sie lenkte aber auch kurzzeitig die Aufmerksamkeit auf ein anderes sehr sensibles Thema: die Auswirkungen von Israels Atomwaffenarsenal auf seine Feinde im Nahen Osten.

Nahostexperten sind sich einig, dass fast alle Länder der Region Programme für Massenvernichtungswaffen verfolgt haben, und dass sie dies vor allem wegen des Arsenals getan haben, das Israel aufgebaut hat, sagte Joseph Cirincione, Leiter des Nichtverbreitungsprogramms der Carnegie-Stiftung für internationalen Frieden.

„Man kann die chemischen, biologischen oder nuklearen Programme der arabischen Länder nicht loswerden, wenn man sich nicht auch um die Beseitigung der nuklearen und chemischen Programme Israels kümmert", sagte Cirincione gestern.

Die Defense Intelligence Agency gab an, dass das syrische Programm zur Entwicklung offensiver chemischer Waffen in den frühen 1970er Jahren „aufgrund der Wahrnehmung einer israelischen Bedrohung" begonnen habe.

Damaskus erhielt seine ersten chemischen Waffen laut einem historischen Dokument der CIA kurz vor dem Oktoberkrieg 1973 von Ägypten.

1999, als der ägyptische Präsident Hosni Mubarak von den USA massiv unter Druck gesetzt wurde, das Chemiewaffenübereinkommen zu unterzeichnen, weigerte er sich, dies zu tun, solange Israel den Atomwaffensperrvertrag (NPT) nicht unterzeichnet hatte.

„Warum sprechen die Israelis über die militärische Stärke Ägyptens und nicht über die Entwicklung ihrer [Israels] Verteidigung?", soll Mubarak damals gesagt haben.

Weder Ägypten noch Syrien haben den Chemiewaffenvertrag unterzeichnet; Israel unterzeichnete ihn 1993, hat ihn aber nicht ratifiziert. Israel hat den NVV ebenfalls nicht unterzeichnet.

Die erste Reaktion Syriens auf Beschwerden über seine Chemiewaffen bestand darin, sich auf das israelische Arsenal zu konzentrieren. Als israelische Beamte letzte Woche die Behauptungen von Premierminister Ariel Sharon wiederholten, wonach der ehemalige irakische Präsident Saddam Hussein biologische und chemische Waffen an Syrien weitergegeben habe, erklärte ein syrischer Sprecher, Sharons Ziel sei es, „von dem nuklearen, chemischen und biologischen Arsenal, das Israel besitzt, abzulenken".

In der Zwischenzeit trommelten die pro-israelischen zivilen Falken der Bush-Regierung weiter für einen Krieg gegen Syrien, obwohl amerikanische Militärprofis Syrien einmal mehr nicht als Bedrohung für die amerikanischen Interessen ansahen, genauso wenig wie sie zuvor den Irak als Bedrohung für Amerika ansahen.

Das Dossier zeigt deutlich, dass Israel - und Israel allein - für die Eskalation aller Arten von militärischer Ausrüstung im Nahen Osten verantwortlich ist, nicht nur für Atomwaffen.

Israels „heiliger" Golem ist eine gefährliche Ursache für Instabilität in der Region (und in der ganzen Welt). Doch zum Entsetzen vieler Amerikaner „erteilt" ihre eigene Regierung dem nuklearen Golem Israels einen „Freifahrtschein", während die US-Regierung gegen die anderen Nationen in der Region hetzt, damit diese sich um ihre eigenen Verteidigungsbedürfnisse kümmern.

Und was die Situation noch erschreckender macht, ist, dass die US-Regierung nicht nur „wegschaut", sondern auch andere Unterstützungsmöglichkeiten bereitstellt, die dazu beitragen, Israels nukleare Ziele voranzutreiben. In den folgenden Kapiteln wird dieses Phänomen noch genauer und besorgniserregender untersucht.

KAPITEL 7

Steuerbefreite US-amerikanische Non-Profit-Gruppen finanzieren Israels Atomgolem

Die amerikanischen Unterstützer Israels können zu Recht stolz sein Dank ihres beträchtlichen politischen Gewichts durch ihre Lobbygruppen, die einen erheblichen Einfluss auf die Gestaltung der US-Außenpolitik haben, haben die massiven Auslandshilfen der USA für Israel - ermöglicht durch Kongressabgeordnete, die den Interessen Israels massiv treu sind - den winzigen Staat im Nahen Osten zu einer echten Weltmacht gemacht, was ein direktes Ergebnis der massiven Überweisungen von Billionen Dollar aus dem US-Finanzministerium ist.

All dies ganz zu schweigen von der Tatsache, dass die amerikanische Militärhilfe für Israel - ergänzt durch direkte Subventionen für amerikanische Militärtechnologie (und den direkten Diebstahl amerikanischer Technologie durch israelische Spione, die auf amerikanischem Boden operieren) - das kleine Israel zum mit Abstand mächtigsten Einzelstaat im gesamten Nahen Osten gemacht hat.

Tatsächlich subventionieren die amerikanischen Steuerzahler sowohl direkt als auch indirekt das israelische Atomkraftwerk, von dem gesagt wird, dass es vielleicht das fünftgrößte der Welt ist.

Einige Fakten über den Status Israels wurden der amerikanischen Öffentlichkeit in einer ungewöhnlichen Anzeige in einer neueren Ausgabe (2007) der New York Times enthüllt.

Gesponsert von der American Technion Society (ATS), einer Gruppe, die das Technion-Israel Institute of Technology in Israel unterstützt (das als „eine der besten wissenschaftlichen und technologischen Universitäten der Welt" beschrieben wird), prahlt die Werbung in einer Überschrift damit, dass „Israels einzige natürliche Ressource [die] Gehirnkraft seines Volkes" sei.

Die Anzeige, die ein Aufruf zu finanziellen Beiträgen ist, um ATS dabei zu helfen, Israel durch die Arbeit des Technion-Israel Institute of Technology zu unterstützen, lautet wie folgt

Ohne Öl, ohne ausreichend Wasser und mit einer Landmasse von der Größe New Jerseys konzentriert sich Israel auf die Entwicklung seiner einzigen natürlichen Ressource: die grauen Zellen seines Volkes. Israel hat sich in den Bereichen Wissenschaft, Technologie und Medizin zu einem weltweit führenden Unternehmen entwickelt.

Sie hat mehr junge Technologieunternehmen pro Kopf als jedes andere Land, mehr Unternehmen an der Nasdaq als jedes andere Land außer den USA und Kanada und einen Lebensstandard, der sie fest in der ersten Welt verankert.

Die Rhetorik dieser Werbung entspricht nicht der Realität.

Wer mit der massiven finanziellen Unterstützung der USA für Israel vertraut ist - insbesondere nach der Ermordung von Präsident John F. Kennedy und dem Amtsantritt seines Nachfolgers Lyndon Johnson, der für die Dynamisierung der US-Auslandshilfe für Israel hauptverantwortlich war - kommt nicht umhin festzustellen, dass die ATS-Werbung nicht erwähnt, dass es die Unterstützung der US-Steuerzahler war, die Israel zum Blühen gebracht hat.

Jede andere Nation, die die uneingeschränkte finanzielle Unterstützung der USA erhalten hat, von der Israel profitiert hat, könnte sich höchstwahrscheinlich der gleichen Errungenschaften rühmen, die der „grauen Materie ihres Volkes" zugeschrieben werden.

Der ATS-Auslandsdirektor in Israel ist auch eine wichtige Quelle für Finanzmittel für das israelische Programm zur Montage und Wartung des offiziell nicht vorhandenen, aber dennoch substanziellen Arsenals an nuklearen Massenvernichtungswaffen, einer einzigartigen Quelle des heutigen Nahostkonflikts, die oft als der eigentliche Grund dafür genannt wird, dass andere Nationen im Nahen Osten - vom Irak über Syrien bis hin zum Iran und Saudi-Arabien - ihr Interesse am Aufbau eigener Atomwaffenarsenale bekundet haben.

Was das Fundraising von ATS für Israel so bemerkenswert macht, ist die Tatsache, dass ATS - die eine ausländische Universität unterstützt, die eine Agentur einer ausländischen Nation ist - nach eigenem Bekunden eine gemeinnützige Organisation mit dem vom Internal Revenue Service verliehenen Status 501(c)3 ist. Das bedeutet also, dass Beiträge an die ATS als öffentliche Wohltätigkeitsarbeit abgesetzt werden können. Amerikanische Unterstützer Israels, zu denen viele hochrangige Milliardäre und Millionäre gehören, können so ihren jährlichen Beitrag zum IRS reduzieren, indem sie riesige Summen zur Unterstützung ihrer bevorzugten ausländischen Nation und ihres Atomwaffenarsenals spenden.

Während also Amerikaner zu Hause leiden, Mittelklassefamilien ihre Kinder nicht auf die Universität schicken können, ältere Menschen keine Medikamente kaufen können und viele sich keine grundlegende Gesundheitsversorgung leisten können, während Straßen und Brücken zusammenbrechen und junge Amerikaner im Irak (und vielleicht bald auch im Iran) sterben, um Israel zu schützen - und während Krankheit, Hungersnot und Obdachlosigkeit weiterhin wunde Punkte auf der amerikanischen Bühne sind - die notleidenden Amerikaner, die Schwierigkeiten haben, ihre eigenen Steuern zu zahlen, zahlen tatsächlich direkt die Rechnung für Israels häusliche und militärische Fortschritte und tun dies auch indirekt, da die Superreichen, die Israel unterstützen, Steuererleichterungen durch ihre Spenden an eine steuerbefreite amerikanische Organisation erhalten, die das Leben in Israel so stark subventioniert, dass Israel (in Wirklichkeit ein Sozialhilfeempfänger) wohlhabend ist.

Das ist der Grund für die Existenz der amerikanischen Demokratie, wird den amerikanischen Steuerzahlern gesagt. „Wir müssen unsere Steuern zahlen, um die Sicherheit der Welt zu gewährleisten".

Und dazu gehört auch die Finanzierung des nuklearen Golem Israels...

KAPITEL 8

Ist der israelische Golem mit dem US-Atomwaffenarsenal verschmolzen

Nicht nur, dass die amerikanischen Steuerzahler den israelischen Atomgolem über steuerbefreite gemeinnützige Organisationen subventionieren, in Wahrheit kann man sogar behaupten, dass die amerikanischen Atomanlagen mit den israelischen verschmolzen wurden. Hier sind die Fakten: Eine israelische Firma, Magal Security Systems, die teilweise der israelischen Regierung gehört, ist für die Sicherheit der sensibelsten Atomanlagen und Waffenlager der USA verantwortlich.

Magal, das weltweit größte Unternehmen für Perimeter-Sicherheit, begann als Abteilung von Israeli Aircraft Industries (IAI), die sich teilweise im Besitz der israelischen Regierung befand.

In den letzten Jahren ist Magal zu einem börsennotierten Unternehmen geworden, obwohl die IAI (und damit die israelische Regierung) immer noch einen erheblichen Anteil an diesem sehr erfolgreichen Unternehmen hält.

Das bedeutet, dass die Regierung Israels die Sicherheit der amerikanischen Atomwaffen kontrolliert.

Befürworter Israels halten dies für eine ausgezeichnete Idee, da Israel als Amerikas engster Verbündeter gilt. Einige Kritiker bezweifeln jedoch, dass es richtig ist, Amerikas nukleare Sicherheit einer ausländischen Nation anzuvertrauen, insbesondere Israel, das im Zentrum des Konflikts um die nukleare Eskalation im Nahen Osten steht.

Die globalen Interessen von Magal sind sehr vielfältig. Nachdem Magal 90% der Grenzen Israels mit einer breiten Palette von Technologien aus dem „Weltraumzeitalter" gesichert hat, hat sie sich nun auch international orientiert. Magal sichert nicht nur die US-amerikanischen Atomanlagen, sondern patrouilliert auch in den meisten großen Atomanlagen in Westeuropa und Asien.

Das israelische Unternehmen bewacht den Flughafen O'Hare in Chicago und seit 15 Jahren den berühmten Buckingham-Palast der Königin von England unter London. Magal schützt 90% der US-amerikanischen Gefängnisse, in denen elektronische Systeme eingesetzt werden.

Magal rühmt sich anderer Kunden auf der ganzen Welt: Grenzen, Flughäfen, Industrieanlagen, Kommunikationszentren, militärische Einrichtungen, Strafvollzugsanstalten, Regierungsbehörden, Anwesen und Residenzen von Prominenten, Geschäftsgebäude und Lagerparks. Es gibt kaum ein großes Land oder ein großes Unternehmen, dessen Aktivitäten nicht von Magals Sicherheitsspezialisten genauestens überwacht werden.

Magal ist offensichtlich kein kleines Unternehmen. Zwar werden 27% seines Gesamtumsatzes auf dem israelischen Markt erzielt, doch sein wichtigster Markt ist Nordamerika, auf den derzeit 35% seines Umsatzes entfallen.

Die US-Reichweite von Magal dürfte jedoch erheblich zunehmen, zumal das Unternehmen ein Büro in Washington eröffnet hat,, das seine Produkte bei Bundesbehörden und Kongressabgeordneten bewerben wird, die von der Bundesregierung beaufsichtigte Sicherheitsprojekte im ganzen Land auf allen Ebenen - lokal, staatlich und national - finanzieren.

Der derzeitige Zar der inneren Sicherheit der USA, Michael Chertoff, ist nicht nur ein glühender Anhänger Israels, sondern auch der Sohn einer Frau, die enge Verbindungen zu Israel hat und sogar für El Al, die nationale Fluggesellschaft Israels, gearbeitet hat.

Magal, das zum Teil Israeli Aircraft Industries gehört, wird in den Augen der Beamten in Washington, die die Macht haben, lukrative Sicherheitsverträge zu vergeben, der große Favorit sein.

Magal hat derzeit vier Tochtergesellschaften in den USA: zwei in Kalifornien, Stellar Security Products Inc. und Perimeter Products Inc. sowie Smart Interactive Systems Inc. mit Sitz in New York und Dominion Wireless Inc. mit Sitz in Virginia.

Insgesamt hat das israelische Unternehmen einen Anteil von 40% am Weltmarkt für Perimetereinbruchserkennungssysteme und bemüht sich um eine Ausweitung seiner Aktivitäten auf den Schutz von Ölpipelines.

Magal wäre auch an der Überwachung von Wasserleitungen in der ganzen Welt, insbesondere in den USA, interessiert. Tatsächlich könnte Magal eine Chance haben, das Monopol für die Überwachung der amerikanischen Wasserreserven zu erhalten.

Am 19. Juli 2006 kündigte die Umweltschutzbehörde der Bush-Regierung eine „Partnerschaft" mit dem israelischen Ministerium für nationale Infrastruktur an, um „die Sicherheit der Wasserversorgungssysteme in den USA und in

Israel" zu verbessern. Da Magal in Israel sehr angesehen ist, ist es wahrscheinlich, dass er bald auch die Wasserversorgung in den USA überwachen wird.

Allein die Vorstellung, dass die Atomwaffenarsenale der USA von einem Unternehmen „bewacht" werden, das sich auch nur teilweise im Besitz der Regierung einer ausländischen Nation - Israel oder einer anderen - befindet, sollte allen Amerikanern große Sorgen bereiten. Es versteht sich von selbst, dass sie auch andere Nationen beunruhigt, die den Golem Israel als Bedrohung ihrer eigenen Sicherheit wahrnehmen.

Während einige behaupten, dass die Sicherheit Israels eine Frage der amerikanischen Interessen sei, sind viele anderer Meinung und behaupten, dass die Interessen der beiden Nationen nicht dieselben sind.

Und solange Amerika weiterhin eine „besondere Beziehung" zu Israel pflegt, die sogar so weit geht, dass sie Israel eine effektive Aufsicht über das amerikanische Atomwaffenarsenal ermöglicht - was die Sondervereinbarung mit der israelischen Firma Magal darstellt -, können die USA angesichts des atomaren Wettrüstens im Nahen Osten keinesfalls behaupten, ein ehrlicher Makler zu sein.

Das Sonderabkommen mit Magal bedeutet, dass die USA ihr eigenes Atomwaffenarsenal in die Hände einer fremden Nation geben, die offensichtlich nicht die Interessen Amerikas - sondern vielmehr ihre eigenen - im Auge hat.

Für die Amerikaner ist das eine erschreckende Realität.

KAPITEL 9

„Israel: Verzichte auf deinen Golem" Analysten des U.S. Army War College gehen davon aus, dass der Iran sein Atomprogramm aufgeben würde, wenn Israel dies täte

Im Zuge einer zunehmenden Kakophonie in den US-Medien über die angeblichen Ziele des Iran, ein eigenes Atomwaffenarsenal aufzubauen - „Nachrichten", die maßgeblich von Israels eigener Kriegsrhetorik angeheizt wurden - hat das angesehene Institut für Strategische Studien des U.S. Army? Army War College, das eine Ausbildungsstätte für die „besten und klügsten" unter den angehenden Militäroffizieren ist, einen recht unterschiedlichen Ansatz zu dieser Frage. Ein 2006 vom War College veröffentlichter Bericht zielte offen auf Israels umstrittenes - aber offiziell nicht existierendes - Arsenal an nuklearen Massenvernichtungswaffen ab. Obwohl der Bericht - mit dem Titel „Getting Ready for a Nuclear-Ready Iran" - in hochrangigen politischen Kreisen Beachtung fand und in akademischen und militärischen Einflusssphären erwähnt wurde, wurde der gesamte Kontext des Berichts weitgehend ignoriert, wenn er in den Mainstream-Medien erwähnt wurde...

Während der Bericht feststellt, dass weder die Diskussionen über einen militärischen Angriff Israels auf den Iran noch die laufenden diplomatischen Initiativen der USA den Iran davon abhalten können, seine Ziele zu verfolgen, und dass jeder der beiden Wege zu einer Katastrophe führen könnte, schließt der Bericht mit der Feststellung, dass Israel selbst die Initiative ergreifen sollte, seinen Atomreaktor in Dimona zu schließen, das Nuklearmaterial an eine dritte Partei zu übergeben und der Internationalen Atomenergiebehörde zu erlauben, eine regelmäßige Inspektion der nuklearen Operationen Israels aufrechtzuerhalten. Der Bericht fordert die USA auf, Druck auf Israel auszuüben, um dies zu ermöglichen.

Amerikanische Militärvordenker sind der Ansicht, dass die USA, wenn Israel seine Atomoffensive zügeln würde, leichter in der Lage wären, die anderen Atomwaffenstaaten im Nahen Osten davon zu überzeugen, es ihnen gleich zu tun. Es ist tatsächlich eine historische Wahrheit, dass es Israels Entschlossenheit, Atomwaffen zu erwerben - eine dokumentierte Grundlage für Israels geopolitische Verteidigungspolitik -, die die arabischen Nationen, Pakistan und den Iran dazu veranlasste, als Reaktion auf diese Offensive nach Atomwaffen zu streben.

Besonders bemerkenswert an diesem Bericht, in dem Israel zur „Entnuklearisierung" aufgefordert wird, ist, dass der Koautor des Berichts Patrick Clawson ist, stellvertretender Direktor des Washington Institute for Near East Policy (WINEP), einer etablierten pro-israelischen Lobby in Washington.

WINEP wird jedoch allgemein mit der sogenannten israelischen „Friedensbewegung" identifiziert, die mit den israelischen Elementen in Verbindung mit den ehemaligen Likud-Premierministern Ariel Sharon und seinem Vorgänger Binyamin Netanyahu, der sich auf einen neuen Versuch vorbereitet, die Macht in Israel zu übernehmen, nicht einverstanden ist. Und natürlich gehört Netanjahu zu den fanatischen pro-israelischen „neokonservativen" Elementen, die die amerikanische Nahostpolitik in der Bush-Regierung geleitet haben und die an vorderster Front auf ein militärisches Vorgehen der USA gegen den Iran drängen, um zu verhindern, dass diese Nation bei ihren nuklearen Zielen Fortschritte macht.

All dies deutet darauf hin, dass sich einmal mehr innerisraelische politische Konflikte auf den politischen Prozess in den USA auswirken, wobei sich in diesem Fall hochrangige Offiziere des Army War College mit einigen vernünftigen Kräften der israelischen „Linken" verbünden, die die Gefahren der Verbreitung von Atomwaffen erkennen.

So nehmen die Männer, die für die Führung der amerikanischen Kriege verantwortlich sind, eine öffentliche Position ein, die - wenn ihr Rat befolgt wird - dazu beitragen könnte, das Problem der Verbreitung von Atomwaffen im Nahen Osten zu entschärfen, vorausgesetzt, Israel ist bereit, sich dem zu beugen, und die Bush-Regierung versteht die Logik dessen, was zumindest einige der amerikanischen Militärführer vorschlagen.

Wie aus verschiedenen Medienberichten hervorgeht - obwohl dies nicht in dem Maße öffentlich gemacht wurde, wie es nötig wäre -, lehnen die Schlüsselkräfte des US-Militärs den Krieg gegen den Iran genau so ab, wie sie sich - zumindest hinter den Kulissen, vor der Invasion - gegen den Krieg gegen den Irak gestellt haben.

Besonders interessant ist Folgendes: In den wenigen Medienberichten über den Bericht des Instituts für Strategische Studien des U.S. Army War College, in dem die USA aufgefordert werden, Israel in der Frage seines Atomwaffenarsenals unter Druck zu setzen, wurde diese Schlüsselfacette des Berichts weitgehend unerwähnt gelassen.

Stattdessen - und das ist sehr aufschlussreich - konzentrierten sich die Medien auf die Tatsache, dass der Bericht behauptete, der Wunsch des Iran nach Atomwaffen sei eine vollendete Tatsache. Praktisch alle Kommentare und Presseartikel, in denen der Bericht erwähnt wurde (und das waren nur wenige), hinterließen bei den Lesern den Eindruck, dass das US-Militär der Meinung ist, dass militärische Maßnahmen die einzige Lösung sind, obwohl in Wirklichkeit nichts weiter von der Wahrheit entfernt sein könnte.

Diese Medienberichte haben eindeutig und absichtlich die wichtigste Schlussfolgerung des Berichts verschleiert, nämlich dass die USA die Verantwortung haben, ihren Einfluss auf Israel geltend zu machen, damit es seine eigene Atomwaffenproduktion einstellt und seinen Golem für internationale Inspektionen öffnet.

Wieder einmal verzerren die US-Medien dreist die Position des Militärs in Bezug auf die prekäre Position der USA im Nahen Osten (und in der Welt), die sich aus der Achse USA-Israel ergibt, die sich um die Existenz des nuklearen Golems Israel dreht.

Dies ist nicht nur ein Angriff auf die Wahrheit, sondern auch ein Angriff auf die ernsthaften Bemühungen, dem Heiligen Land Frieden zu bringen und die sehr reale Gefahr zu beenden, die auf einer Welt lastet, die als Geisel genommen wurde, einem Planeten, der sich heute möglicherweise auf dem Weg zum Armageddon befindet.

KAPITEL 10

Die „vergiftete" Beziehung: Jüdischer Intellektueller fordert eine Kehrtwende in der US-Außenpolitik gegenüber dem Golem Israel

Ein bekannter und hoch geschätzter kanadischer Akademiker, Sohn deutscher Juden, löste in den pro-israelischen Kreisen des Westens eine Schockwelle aus.

Michael Neumann, Professor für Philosophie an der Trent University in Ontario, Kanada, forderte die USA auf, ihre „besondere Beziehung" zu Israel abzubrechen und sich offen und mutig auf die Seite der Palästinenser und der arabischen und muslimischen Staaten in der ganzen Welt zu stellen. Er forderte die USA auf, die Führung einer internationalen Koalition zu übernehmen, um Israel zu zwingen, ein ausgehandeltes Friedensabkommen mit den Palästinensern zu akzeptieren und vor allem sein riesiges Atomwaffenarsenal aufzugeben.

In seinem Buch The Case Against Israel behauptet Neumann auf der Grundlage seiner eigenen Beschäftigung mit dem Problem freimütig, dass er sich zwar als „pro-israelisch und pro-jüdisch" sieht, es aber „definitiv die Palästinenser und nicht Israel sind, die die Unterstützung der Welt verdienen".

Neumann war der Ansicht, dass „das zionistische Projekt" - die Vertreibung der Palästinenser und die Errichtung jüdischer Siedlungen in Palästina, die zur Gründung Israels führten - seiner Meinung nach „völlig ungerechtfertigt" war und dass von den christlichen und muslimischen Einheimischen des Landes „eine gewisse Form des gewalttätigen Widerstands" zu erwarten gewesen wäre. Letztendlich erklärte Neumann: „Die Illegitimität des zionistischen Projekts war die Hauptursache für all den Terror und den Krieg, den es ausgelöst hat".

Neumann wies die übliche Behauptung zurück, Israel sei eine Art „besonderer" Freund der USA, und ließ die Vorstellung außer Acht, dass die vielbeschworene „Verbindung" zwischen den beiden Ländern den amerikanischen Interessen förderlich sei. Diese Beziehung, so argumentierte er mit deutlichen Worten, „ist zu einem Gift für die Sicherheit und die Zukunft Amerikas geworden". Herr Neumann erklärte, es sei an der Zeit zu handeln.

Der kanadische Professor schrieb

Amerika wäre auf der anderen Seite des israelisch-palästinensischen Konflikts viel besser aufgehoben. Es würde sofort die herzliche Freundschaft der arabischen Ölproduzenten gewinnen und viel wertvollere Verbündete im Krieg gegen den Terrorismus bekommen: nicht nur die Regierungen der gesamten muslimischen Welt, sondern auch einen Großteil der fundamentalistischen muslimischen Bewegung

Der Krieg gegen den Terrorismus, der so unmöglich zu gewinnen scheint, könnte sehr wohl kostengünstig und schnell gewonnen werden. Das wahrscheinlichste Szenario wäre einfach ein Embargo gegen Israel, das unter der Schirmherrschaft der USA und in Zusammenarbeit mit den Vereinten Nationen verhängt wird.

In diesem Fall könnte Israel Gegenstand einer Koalition sein, die ähnlich wie die gegen den Irak im ersten Golfkrieg gebildet wurde. Natürlich wäre die Koalition gegen Israel viel breiter und stärker und würde alle Länder der ehemaligen Sowjetunion, den Iran, Libyen, Pakistan und viele andere umfassen. Und obwohl Israel stark genug ist, um ohne die Unterstützung der USA auf seiner Politik zu beharren, könnte es einer solchen Koalition nicht standhalten. Israel wäre gezwungen, seinen eigenen Interessen zu folgen.

Neumann ist außerdem der Ansicht, dass ein Vorgehen der USA gegen Israel und eine harte Haltung gegenüber dieser Nation, die von vielen Menschen in der Welt als Schurkenstaat betrachtet wird, erheblich dazu beitragen würde, die Gefahr eines nuklearen Holocausts zu verringern.

Neumann zufolge gibt es zwei Hauptgründe, warum sich einige Länder gegen die Idee sträuben, ihre eigenen Atomwaffenarsenale aufzugeben: „die Angst vor einem amerikanischen Angriff" und das, was Neumann als „Israels skandalöse Ausnahme von den Nichtverbreitungsinitiativen" bezeichnet. Neumann schreibt: „Es ist einfach absurd anzunehmen, dass ernsthafte Bemühungen zur Eindämmung der Entwicklung von Atomwaffen unternommen werden können, wenn Israel, das schätzungsweise zwischen 200 und 500 Atomsprengköpfe besitzt, keine Abrüstungsversuche unternimmt. Da es seine eigenen Satelliten gestartet hat, verfügt es eindeutig über die Fähigkeit, Ziele auf der ganzen Welt zu erreichen, und es besitzt Marschflugkörper, die Ziele in 950 Meilen Entfernung getroffen haben. Solange es nicht gezwungen wird, abzurüsten oder gute Beziehungen zu seinen Nachbarn aufzubauen, wird das Tempo der Proliferation weiter zunehmen. Andererseits würden die Bemühungen der USA, die nukleare Bedrohung Israels zu neutralisieren, Pakistan und Iran in die Lage versetzen, die Nichtverbreitungsbemühungen zu unterstützen.

Letztendlich, so Neumann, würde diese Standhaftigkeit der USA Israel selbst zugute kommen und das Überleben dieses kleinen, aber reichen und mächtigen Landes in einer heute sehr feindseligen Welt sichern.

Während vor einigen Jahren das beliebteste Lied in Israel die politisch aufgeladene Hymne „Die ganze Welt ist gegen uns" war, ist die traurige Wahrheit, dass der Titel des Liedes im Wesentlichen richtig ist.

Aber Neumanns Buch bietet eine Lösung für das Problem Israels, die realisierbar sein könnte und Israel und seinen Anhängern in der ganzen Welt den Weg in die Gemeinschaft der Menschen ebnen könnte.

KAPITEL 11

Die Achse USA-Israel-Indien und ihre Auswirkungen auf die Verbreitung von Atomwaffen

Die jüngsten Öffnungen der USA gegenüber Indien - ein freundlicher Wink mit dem Zaunpfahl für Indiens Atomwaffenambitionen - stehen im Widerspruch zu den Behauptungen der USA, dass sie sich bemühen, die Verbreitung von Atomwaffen zu verhindern. Und wie das Dossier zeigt, steht diese US-Politik in direktem Zusammenhang mit den Intrigen, die von der mächtigen und gut finanzierten Israel-Lobby im offiziellen Washington geführt werden.

Die Wahrheit ist, dass trotz allem, was Sie in den Mainstream-Medien gehört haben, die Israel-Lobby die Hauptkraft hinter der viel angekündigten neuen Politik der Bush-Regierung zur Förderung besserer Beziehungen zwischen den USA und Indien war.

Als Präsident George W. Bush den indischen Premierminister Manmohan Singh bei seinem viel beachteten Besuch in Washington enthusiastisch begrüßte, kannte jeder erfahrene „Insider" in der amerikanischen Hauptstadt den wahren Grund für die groß angekündigte neue Freundschaft zwischen den USA und Indien: Dieses Bündnis kam dank der Zustimmung der pro-israelischen Lobby in Washington zustande.

Für diejenigen, die nicht verstanden haben, was wirklich vor sich ging: Eine Clique von in Washington ansässigen amerikanischen „Neokonservativen", die für ihre Hingabe an die Interessen Israels bekannt sind, hat sich zur „U.S. India League" zusammengeschlossen, die die Unterstützung des Kongresses und der öffentlichen Meinung für die Initiative der Bush-Regierung zur Festigung der strategischen Beziehungen zwischen den USA und Indien fördert.

Zu den Komponenten dieser strategischen Beziehung - wie von der Regierung definiert und von den Unterstützern Israels gebilligt - gehören die Unterstützung der USA für den Ausbau der nuklearen Entwicklung Indiens sowie die Ausweitung der Wirtschaftsbeziehungen der USA mit Indien, das sich in den letzten Jahren als wichtiger Standort für die „Auslagerung" von US-Arbeitsplätzen, insbesondere im Dienstleistungssektor, erwiesen hat.

Die Namen der Personen, die mit der Indian League of the United States in Verbindung gebracht werden, bilden eine virtuelle Liste einiger der stärksten Unterstützer Israels in Washington: Hierzu zählen unter anderem

- Don Feder, der „Exekutivdirektor" der Liga, ein gewerkschaftlich organisierter Kolumnist und Autor des Buches „A Jewish Conservative Looks at Pagan America" (Ein konservativer Jude interessiert sich für das heidnische Amerika)

- Alan Keyes, ehemaliger stellvertretender US-Botschafter bei den Vereinten Nationen, dessen Weg zur Macht darauf zurückzuführen ist, dass er der Zimmergenosse von William Kristol in Harvard war. Letzterer, Herausgeber der neokonservativen Zeitschrift Weekly Standard, ist der Sohn des ehemaligen Trotzkisten und neokonservativen „Paten" Irving Kristol, der heute zusammen mit seinem Sohn einer der wichtigsten Strategen Israels in Washington ist

- Thomas Donnelly, ehemaliger stellvertretender Exekutivdirektor des von dem bereits erwähnten William Kristol gegründeten Project for the New American Century, der einmal erklärte, Amerika brauche ein „neues Pearl Harbor", um mit der Ausweitung seiner imperialen Interessen im Ausland zu beginnen

- Kenneth R. Timmerman, ein erfahrener politischer Polemiker, dessen Arbeit von Persönlichkeiten wie Simon Wiesenthal gelobt wurde, dessen gleichnamiges „Zentrum" mit Sitz in Los Angeles zu einer wichtigen Quelle pro-israelischer Propaganda geworden ist. Timmerman fördert heute die Theorie, dass der Iran an den Terroranschlägen vom 11. September gegen Amerika beteiligt war.

- Clifford D. May, ehemaliger Korrespondent der New York Times und ehemaliger Funktionär des republikanischen Nationalkomitees, heute Vorsitzender des politischen Ausschusses des Committee on the Current Danger, einer der wichtigsten pro-israelischen Lobbygruppen in Washington; Dass diese pro-israelischen Taktiker heute auf eine Ausweitung der Beziehungen zwischen den USA und Indien drängen, ist keine Überraschung für diejenigen, die das wachsende Bündnis zwischen Israel und Indien beobachtet haben, das sich seit etwas mehr als einem Jahrzehnt entwickelt.

Die Geschichte zeigt, dass die Israel-Lobby, die im Tandem mit einer Gruppe hochbezahlter Lobbyisten der indischen Regierung, privaten indischen Finanzinteressen und etablierten amerikanischen Gaunern, die von amerikanischen Geschäften in Indien profitieren wollen, agierte, die Hauptrolle dabei spielte, die neuen Beziehungen zwischen den USA und Indien zu „arrangieren".

Tatsächlich arbeiten seit einigen Jahren Teile der Israel-Lobby und der immer reicher und einflussreicher werdenden indischen Gemeinschaft in den USA in Washington bei Fragen von gemeinsamem taktischem Interesse eng zusammen. Während die USA Israel mit Milliarden von Steuergeldern versorgen und damit die heimische Industrie des Landes unterstützen, hat Israel seinerseits die amerikanischen Großzügigkeiten genutzt, um seine riesige Rüstungsindustrie zu unterstützen, die Indien zu ihren größten Kunden zählt.

Darüber hinaus beginnen israelische Finanziers massiv in Indien zu investieren, wo - wie bereits erwähnt und wie viele vertriebene US-Arbeitnehmer inzwischen wissen - in den USA ansässige Dienstleistungsindustrien (wie einige Kreditkartenriesen, neben vielen anderen) Arbeitsplätze zu erheblich reduzierten Lohnsätzen an indische Arbeitnehmer „auslagern". Die Vorteile für Israel beschränken sich also nicht nur auf den geopolitischen Bereich.

Im Rahmen ihrer Argumentation für die neue strategische Beziehung zwischen den USA und Indien behaupten die Bush-Regierung und ihre Verbündeten im neokonservativen Netzwerk in Washington, dass das Bündnis zwischen den USA und Indien eine „gute" Sache sei, die notwendig sei, um der wachsenden wirtschaftlichen, politischen und militärischen Macht Chinas in Asien entgegenzuwirken.

Dieses Argument mag denjenigen, die sich vor Chinas Absichten fürchten, vernünftig erscheinen. Wenn man jedoch bedenkt, dass China ( ) heute über ein so großes Militärarsenal verfügt, weil die israelische Rüstungsindustrie (die mit US-Steuergeldern subventioniert wurde) in den letzten 25 Jahren einer der Hauptlieferanten von konventionellen Waffen und Waffentechnologie an China war - von denen ein Großteil aus den USA kam -, ist dieses Argument für diejenigen, die die Situation umfassender betrachten, irreführend, ja sogar scheinheilig.

Und genau dieses Gesamtbild möchten Israel und seine Lobby in Washington am liebsten von den Amerikanern ignoriert wissen. Die israelische Lobby möchte Indien nicht so sehr als Gegenpol zu China entwickeln, sondern als Gegenpol zur muslimisch dominierten Republik Pakistan, die seit langem mit Indien verfeindet ist.

Darüber hinaus weiß Israel, dass Indien, das im Rahmen seiner traditionellen und unabhängigen Außenpolitik lange Zeit mit der arabischen Welt verbündet war, ein starker Befürworter eines palästinensischen Staates war. Israel hofft daher, seinen neuen Hebel mit Indien - durch das Schmieden der US-Unterstützung für Indiens nukleare Ambitionen - zu nutzen, um die frühere indische Unterstützung für die Gründung eines palästinensischen Staates effektiv aufzulösen.

All diese Faktoren ignorieren jedoch einen entscheidenden Punkt: In Indien sind Misstrauen und Besorgnis weit verbreitet - nicht nur innerhalb der großen muslimischen Minderheit, sondern auch innerhalb der von Hindus dominierten Kongresspartei von Premierminister Singh - über die Entwicklung der „Achse USA-Israel-Indien", die viele Inder als Bedrohung für die Souveränität und Unabhängigkeit Indiens ansehen.

Obwohl der indische Führer also der Liebling der Stadt in Washington war, könnten die Dinge in Indien für ihn nicht mehr so komfortabel sein, je nachdem, wie sich die Situation entwickelt.

Es sollte auch erwähnt werden, dass viele Inder glauben, dass der israelische Geheimdienst Mossad eine geheime Rolle bei der Ermordung des ehemaligen indischen Premierministers Rajiv Gandhi gespielt hat, ein Mord, der der neuen „Öffnung" zwischen Israel und Indien vorausging - und sie vielleicht sogar erst ermöglichte.

Hier in den USA war die Schlüsselfigur für die Allianz zwischen der Israel- und der Indien-Lobby in Washington der ehemalige Kongressabgeordnete Stephen Solarz (D-N.Y.), der während seiner Zeit im Kongress ein so kühner Fürsprecher Indiens war, dass er sich selbst oft als „Abgeordneter von Bombay" bezeichnete.

Solarz interessierte sich jedoch vor allem deshalb für Indien, weil er als einer der wichtigsten israelischen Gesetzgeber auf dem Kapitol in einer taktischen Allianz zwischen der Israel-Lobby und der immer reicher und mächtiger werdenden indischen Gemeinschaft in Amerika einen Weg sah, Israels Interessen voranzutreiben. Es war daher nicht ungewöhnlich, Solarz als „Kongressabgeordneter aus Tel Aviv" bezeichnet zu hören, und Solarz selbst wäre der Letzte gewesen, der die solide Wahrheit hinter diesem Spitznamen bestritten hätte.

Nachdem er aus dem Kongress ausgeschieden war, nachdem er für eine erneute Nominierung unterlegen war, wurde Solarz ein bezahlter Lobbyist für die indische Regierung, deren Hauptansprechpartner in Washington er wurde. In den letzten Jahren wurde Solarz jedoch von anderen Lobbyisten für Indien in den Schatten gestellt, die ebenfalls aktiv wurden, als sich herausstellte, dass die Lobbyarbeit für Indien von der Israel-Lobby gebilligt wurde.

Zu den anderen großen Namen, die den Vertrag mit Indien unterzeichneten, gehören der ehemalige Senator Bob Dole (R-Kan.), Präsidentschaftskandidat der GOP bei den Wahlen 1996, und drei Größen der Demokratischen Partei, der ehemalige Finanzminister Lloyd Bentsen und die ehemalige Gouverneurin von Texas Ann Richards (beide inzwischen verstorben), sowie der ehemalige Mehrheitsführer im Senat George Mitchell (CD-Maine), der ehemalige nationale Vorsitzende der Demokratischen Partei Robert Strauss und ein weiterer demokratischer Großmakler aus Washington, Vernon Jordan, der regelmäßig an den internationalen Bilderberg-Treffen teilnimmt.

Inzwischen wird die indische Lobby von einflussreichen pro-israelischen Lobbygruppen unterstützt, wie dem Jewish Institute for National Security Affairs und natürlich dem American Israel Public Affairs Committee, einer registrierten ausländischen Israel-Lobby.

Ironischerweise, obwohl Präsident Bush die Frage der Verbreitung von Atomwaffen zu einem Eckpfeiler seiner Außenpolitik gemacht hat, indem er sie als Grundlage für seinen Krieg gegen Saddam Hussein und als Basis für seine aktuellen Offensiven gegen den Iran und Nordkorea nutzte, scheint der Präsident in Bezug auf Indien in die andere Richtung zu schauen. Obwohl Indien sich verpflichtet hat, sein Atomprogramm strikt friedlicher Natur zu gestalten, hat es den Atomwaffensperrvertrag noch nicht unterzeichnet.

Bei all dem geht es um Profit in Washington und die Macht der Israel-Lobby auf höchster Ebene. Das größere Problem ist jedoch, dass all diese Manöver hinter den Kulissen direkte Auswirkungen auf die amerikanische Position in einer Welt haben, die zunehmend besorgt ist über die Macht der israelischen Lobby, die die Außenpolitik der USA beeinflusst und oft sogar lenkt.

Die Tatsache, dass die USA dem indischen Atom-"Golem" im Gegenzug für die effektive Einbindung Indiens in die Achse USA-Israel-Indien Auftrieb geben, ist ein weiterer Grund zur Besorgnis, der die Gefahren von Israels Streben nach einer Stärkung seiner Rolle auf der Weltbühne noch deutlicher widerspiegelt, indem es seinen eigenen Golem als Mittel zur Erreichung seiner imperialen Ziele einsetzt.

KAPITEL 12

JFKs geheimer Krieg gegen Israel: The Untold Story of How the Controversy Over Israel's Golem Was Central to the JFK Assassination Conspiracy (Die ungelöste Geschichte, wie die Kontroverse um Israels Golem zentral für die JFK-Attentatsverschwörung war)

Spielten John F. Kennedys entschlossene (und damals geheime) Bemühungen hinter den Kulissen, Israel daran zu hindern, ein Atomwaffenarsenal aufzubauen, eine entscheidende Rolle bei den Ereignissen, die zu seiner Ermordung am 22. November 1963 führten

Hat der israelische Geheimdienst Mossad neben Elementen der CIA und des internationalen organisierten Verbrechens eine führende Rolle bei der Verschwörung zur Ermordung von JFK gespielt

Warum hat der Hollywood-Regisseur Oliver Stone in seinem Film über das JFK-Attentat von 1993 nicht enthüllt, dass der Held seines Epos, der ehemalige Staatsanwalt von New Orleans Jim Garrison, privat zu dem Schluss gekommen war, dass der Mossad letztlich die treibende Kraft hinter der Ermordung von JFK war

Ist es in einer Zeit, in der sich die Aufmerksamkeit der Welt auf die Probleme der Verbreitung von Atomwaffen im Nahen Osten konzentriert, wertvoll oder angemessen, die Frage nach einer möglichen israelischen Mitschuld an der Ermordung eines US-Präsidenten aufzuwerfen

Dies sind nur einige der sehr kontroversen Fragen, die in meinem Buch Final Judgment gestellt werden, das in den USA zum sprichwörtlichen „heimlichen Bestseller", zum Gegenstand einer hitzigen Debatte im Internet und zum Gegenstand wütender Wortwechsel in verschiedenen öffentlichen Foren geworden ist.

Das Folgende ist eine Zusammenfassung meiner Erkenntnisse in Final Judgment, einem 768 Seiten starken Band, der durch über 1000 Referenzhinweise, einen umfangreichen Abschnitt mit Fragen und Antworten, 36 Seiten mit Fotografien und Grafiken sowie zehn Anhänge dokumentiert wird, die sich auf verschiedene Aspekte der Verschwörung zur Ermordung von JFK konzentrieren.

1992 machte der ehemalige US-Kongressabgeordnete Paul Findley, ein liberaler Republikaner, den wenig beachteten, aber faszinierenden Kommentar, dass „in allen Texten, die ich über den Mord an John F. Kennedy geschrieben habe, der israelische Geheimdienst Mossad nie erwähnt wurde, trotz der offensichtlichen Tatsache, dass die Mitschuld des Mossad genauso plausibel ist wie jede andere Theorie".

Wie konnte Findley - der bei weitem nicht als Extremist bekannt war und sicher kein Anhänger von Verschwörungstheorien ist - zu einer solchen Behauptung gelangen

In Wirklichkeit ist die These gar nicht so außergewöhnlich, wenn man die historische Akte betrachtet, die alle konventionellen Theorien über die Ermordung von JFK in eine neue Perspektive rückt, indem sie zuvor kaum bekannte Details berechnet, die ein grelles Licht auf die Umstände um JFKs Tod und die geopolitischen Krisen werfen, in denen der US-Präsident zum Zeitpunkt seiner schockierenden Ermordung steckte.

Die Wahrheit ist, dass selbst die jüngste und am weitesten verbreitete Ausstellung der JFK-Attentatstheorie - Oliver Stones erfolgreicher Film JFK aus dem Jahr 1993 - nicht einmal das ganze Bild gezeigt hat.

Obwohl Stone den ehemaligen Staatsanwalt von New Orleans, Jim Garrison, als Helden darstellte, weil er auf Teile des US-Militärs und der Geheimdienstnetzwerke als treibende Kraft hinter dem JFK-Mord hingewiesen hatte, verschwieg er seinem Publikum etwas noch Kontroverseres: privat war Garrison nach einigen Jahren der Recherche und des Nachdenkens zu einer noch überraschenderen Schlussfolgerung gelangt: Die treibende Kraft hinter der Ermordung von JFK war niemand anderes als der gefürchtete israelische Geheimdienst Mossad.

So erstaunlich es auch klingen mag, es gibt tatsächlich gute Gründe für die Schlussfolgerung, dass Garrison vielleicht in die richtige Richtung gesucht hat. Und in einer Zeit, in der die Debatte über „Massenvernichtungswaffen" die Weltbühne beherrscht, ist diese These nicht so außergewöhnlich, wie sie scheint.

Der 40. Jahrestag der Ermordung von John F. Kennedy rückt näher und die Faszination für den Mord am 35. Präsidenten der Vereinigten Staaten ist ungebrochen. Die „Beißer" des Mordes, nicht nur in den USA, sondern auf der ganzen Welt, attackieren weiterhin die Ergebnisse der beiden offiziellen Untersuchungen, die die US-Regierung zu dem Fall durchgeführt hat.

Obwohl der Bericht eines Sonderausschusses des US-Kongresses von 1979 formell der Schlussfolgerung der vom Präsidenten eingesetzten Warren-Kommission von 1964 widersprach, dass der mutmaßliche Attentäter Lee Harvey Oswald allein gehandelt habe, und stattdessen zu dem Schluss kam, dass hinter der Ermordung des Präsidenten tatsächlich die Wahrscheinlichkeit einer Verschwörung stehe - wobei er weitgehend auf die Beteiligung des organisierten Verbrechens anspielte -, warf die endgültige Entscheidung des Kongressausschusses in mancher Hinsicht tatsächlich mehr Fragen auf, als sie beantwortete.

1993 trat Oliver Stone aus Hollywood mit seinem Blockbuster JFK auf den Plan, der Stones Interpretation der von Jim Garrison, dem damaligen Staatsanwalt von New Orleans, geleiteten und zwischen 1967 und 1969 viel beachteten Untersuchung des Mordes an JFK darstellte.

Stones Film, in dem Kevin Costner Garrison spielt, wirft das Gespenst der Verwicklung von Teilen des „militärisch-industriellen Komplexes" sowie einer Handvoll antikastristischer Exilkubaner, rechtsgerichteter Aktivisten und zwielichtiger Agenten der Central Intelligence Agency (CIA) auf. Der Film erzählt die Geschichte von Garrisons Ermittlungen und der letztlich erfolglosen Strafverfolgung des Geschäftsmanns Clay Shaw aus New Orleans (der damals verdächtigt wurde, ein CIA-Mitarbeiter zu sein, was später bewiesen wurde) wegen seiner Beteiligung an der Verschwörung im JFK-Fall.

Wie wir heute wissen, war jedoch selbst Stone seinem Helden nicht treu.

A. J. Weberman, ein langjähriger unabhängiger Ermittler im Fall des JFK-Mordes, hat inzwischen aufgedeckt, dass Garrison in den 1970er Jahren - lange nach Garrisons Klage gegen Shaw - das Manuskript eines (nie veröffentlichten) Romans in Umlauf brachte, in dem er den israelischen Mossad als Drahtzieher der Verschwörung zum JFK-Mord bezeichnete.

Garrison hat sich nie zu dieser ungewöhnlichen These geäußert, zumindest nicht in der Öffentlichkeit. Doch seit Mitte der 1980er Jahre und bis heute sind neue Beweise aufgetaucht, die nicht nur zeigen, dass der Mossad gute Gründe hatte, gegen John F. Kennedy vorzugehen, sondern auch, dass nicht nur Clay Shaw (Garrisons Zielscheibe), sondern auch andere Schlüsselfiguren, die in veröffentlichten Schriften oft mit dem Mord an JFK in Verbindung gebracht werden, in Wirklichkeit eng mit dem Mossad und seinen Befehlen verbunden waren.

Und besonders interessant ist, dass keine der fraglichen Personen - einschließlich Shaw - jüdisch war. Die Behauptung, dass die Behauptungen über die Beteiligung des Mossad in gewisser Weise von Natur aus „antisemitisch" seien, fällt also allein aufgrund dieser Tatsache flach. Doch die

Komplizenschaft des Mossad - wie in den Akten dargelegt - ist eine sehr reale Möglichkeit.

Garrisons Kritiker behaupten nach wie vor, dass der Staatsanwalt von New Orleans sich nicht entscheiden konnte, wer seiner Meinung nach die Ermordung von Präsident John F. Kennedy inszeniert hatte. Das war nämlich der Hauptvorwurf an den turbulenten, offenen und farbenfrohen Staatsanwalt: Er konnte sich einfach nicht entscheiden.

Und das ist einer der Gründe, warum selbst viele von Garrisons Anhängern anfingen, seine Aufrichtigkeit anzuzweifeln und sich sogar fragten, ob sich Garrisons Untersuchung überhaupt lohnte.

In Wahrheit neigte Garrison dazu, ins Blaue hinein zu schießen. Dies war vielleicht sein größter Fehler - einer von vielen - während seiner umstrittenen Untersuchung des Mordes am 35. Präsidenten der Vereinigten Staaten.

Irgendwann im Laufe dieser Untersuchung zeigte Garrison mit dem Finger auf den einen oder anderen der verschiedenen möglichen Verschwörer, von „Rechtsextremisten" über „texanische Ölbarone" bis hin zu „antikastristischen Exilkubanern" und „zwielichtigen CIA-Agenten". Manchmal ging Garrison sogar so weit zu sagen, dass die Verschwörung eine Kombination dieser möglichen Verschwörer beinhalte.

Als Garrison schließlich einen Mann vor Gericht brachte, Clay Shaw, einen hochangesehenen Geschäftsmanager aus New Orleans, hatte Garrison seinen Aktionsradius eingeengt und hauptsächlich angedeutet, dass Shaw einer der Nebenakteure der Verschwörung gewesen war.

Laut Garrison stand Shaw im Wesentlichen unter dem Befehl von hochrangigen Persönlichkeiten aus dem, was als „militärisch-industrieller Komplex" beschrieben wurde, jener Kombination aus Finanzinteressen und Rüstungsherstellern, deren Macht und Einfluss im offiziellen Washington - und in der ganzen Welt - eine sehr reale Kraft in den globalen Angelegenheiten darstellt.

Garrison vermutete, dass Shaw und seine Mitverschwörer mehrere Motive hatten, um ihre Entscheidung, Präsident Kennedy anzugreifen, anzuregen.

Er behauptete unter anderem

- Die Verschwörer widersetzten sich JFKs Entscheidung, mit dem Abzug der US-Streitkräfte aus Indochina zu beginnen

- Sie warfen ihm vor, den Exilkubanern, die während der gescheiterten Invasion in der Schweinebucht versucht hatten, Fidel Castro zu stürzen, keine militärische Deckung gegeben zu haben

- Sie waren sauer auf JFK, weil er Allen Dulles, den langjährigen Direktor der CIA und großen alten Hasen im Kalten Krieg gegen die Sowjetunion, entlassen hatte.

- Darüber hinaus deutete Garrison an, dass JFKs Nachfolger Lyndon Johnson möglicherweise gewollt hätte, dass JFK seines Amtes enthoben wird, um die Krone an sich zu reißen, sondern auch, weil JFK und sein jüngerer Bruder, Generalstaatsanwalt Robert Kennedy, sich nicht nur verschworen, Johnson 1964 von der nationalen Liste der Demokratischen Partei zu verdrängen, sondern auch, weil JFK und sein jüngerer Bruder, Generalstaatsanwalt Robert Kennedy, sich nicht nur verschworen, Johnson 1964 vom nationalen Ticket der Demokraten zu entfernen, sondern auch bundesweite strafrechtliche Ermittlungen gegen zahlreiche Johnson nahestehende Geschäftspartner und Geldgeber, auch aus dem Bereich des organisierten Verbrechens, durchführten, von denen viele, wie die Geschichte zeigt, enge (wenn auch wenig bekannte) Verbindungen zu Israel und seinem Geheimdienst Mossad hatten. Erst später - viel später - stellte sich heraus, dass Shaw tatsächlich ein Informant der CIA gewesen war, trotz Shaws Beteuerungen.

Erst in den letzten Jahren wurde beispielsweise festgestellt, dass die US-amerikanische CIA Garrisons Ermittlungen absichtlich von innen heraus sabotierte, ganz zu schweigen von ihrer Hilfe bei der Verteidigung Shaws. Und obwohl einige immer noch behaupten, Shaws Freispruch „beweise", dass Shaw nichts mit der JFK-Verschwörung zu tun hatte, lässt das Gesamtbild genau das Gegenteil vermuten.

Shaw war in etwas sehr Trübes verwickelt, ebenso wie andere Mitglieder seines Freundes- und Geschäftspartnerkreises. Und sie waren wiederum direkt mit den seltsamen Aktivitäten von Lee Harvey Oswald in New Orleans verbunden, im Sommer vor der Ermordung von John F. Kennedy und vor Oswalds Aufenthalt in Dallas. Dutzende von Schriftstellern - viele von ihnen mit unterschiedlichen Ansichten - haben all dies wieder und wieder dokumentiert.

Obwohl also die „offizielle" Legende besagt, dass Jim Garrison davon ausging, dass die CIA und der militärisch-industrielle Komplex die Hauptverantwortlichen für die Ermordung von JFK waren, war Jim Garrison letztlich privat zu einem ganz anderen Schluss gekommen, der selbst den vielen Menschen, die mit Garrison während seiner Ermittlungen zusammengearbeitet haben, weitgehend unbekannt ist.

Tatsächlich hatte Garrison, wie bereits erwähnt, auf der Grundlage all dessen, was er aus einer Vielzahl von Quellen erfahren hatte, entschieden, dass die wahrscheinlichsten Drahtzieher des Mordes an JFK Agenten des israelischen Geheimdienstes Mossad waren.

Die Wahrheit ist, dass - obwohl Garrison dies damals offenbar nicht wusste, eben weil die Fakten noch nicht ans Licht gekommen waren - Garrison vielleicht auf dem richtigen Weg war, viel mehr, als er dachte.

Öffentliche Archive belegen heute, dass JFK 1963 in einen geheimen und bitteren Konflikt mit dem israelischen Führer David Ben-Gurion über Israels Bereitschaft, die Atombombe zu bauen, verwickelt war; Ben-Gurion trat angewidert zurück und erklärte, dass aufgrund von JFKs Politik „die Existenz Israels [in Gefahr]" sei.

Nach der Ermordung von JFK leitete die amerikanische Politik gegenüber Israel eine 180-Grad-Wende ein.

Das neue Buch des israelischen Historikers Avner Cohen, Israel and the Bomb, bestätigt den Konflikt zwischen JFK und Israel mit einer solchen Wucht, dass die israelische Zeitung Ha'aretz erklärte, Cohens Enthüllungen würden „die Umschreibung der gesamten israelischen Geschichte erfordern".

Aus israelischer Sicht, schreibt Cohen, „schienen Kennedys Forderungen [an Israel] diplomatisch unangemessen... unvereinbar mit der nationalen Souveränität". In jedem Fall, betont Cohen, „kam der Wechsel von Kennedy zu [Lyndon] Johnson [...] dem israelischen Atomprogramm zugute".

Ethan Bronner bezeichnete in der New York Times Israels Absicht, eine Atombombe zu bauen, als „heftig verborgenes Thema". Das erklärt, warum die JFK-Forscher - und Jim Garrison - nie an einen Israeli gedacht haben.

Obwohl all dies ein handfester Grund für Israel ist, JFK zu treffen, räumt selbst der freimütige israelische Journalist Barry Chamish ein, dass es „eine ziemlich überzeugende Akte" für die Zusammenarbeit des Mossad mit der CIA bei der Verschwörung zum Attentat gibt.

Tatsache ist: Als Jim Garrison Clay Shaw wegen Verschwörung zum Attentat verklagte, war Garrison über die Verbindung zum Mossad gestolpert.

Obwohl (nach seinem Freispruch) bekannt wurde, dass Shaw ein CIA-Aktivposten war, saß er 1963 auch im Vorstand einer in Rom ansässigen Firma namens Permindex, die (den Beweisen zufolge) eine Fassade für ein vom Mossad gesponsertes Waffengeschäft war.

Wie und warum Shaw mit dieser Operation in Verbindung gebracht wurde, bleibt ein Rätsel, aber die sehr klare Rolle des Mossad bei den Aktivitäten von Permindex steht trotz aller Proteste außer Zweifel.

Die Beweise dafür sind zahlreich. Urteilen Sie selbst

Einer der Hauptaktionäre von Permindex, die Internationale Kreditbank in Genf, war nicht nur die Heimat von Tibor Rosenbaum, einem hochrangigen und langjährigen Mossad-Beamten - eigentlich einer der Gründerväter Israels -, sondern auch der wichtigste Geldwäscher von Meyer Lansky, dem „Vorsitzenden" des Verbrechersyndikats und langjährigen israelischen Loyalisten.

Laut israelischen Biografen, die mit Meyer Lansky sympathisieren: „Nachdem Israel ein Staat geworden war, liefen fast 90 Prozent seiner Waffenkäufe im Ausland über die Rosenbaum-Bank. Die Finanzierung vieler von Israels kühnsten verdeckten Operationen wurde mit Geldern der [BCI] durchgeführt". Die BCI fungierte auch als Depotstelle für das Permindex-Konto.

Die Tatsache, dass Tibor Rosenbaums BCI eine Kontrollinstanz der rätselhaften Entität Permindex war, rückt Israel und seinen Mossad in den Mittelpunkt der Verschwörung zur Ermordung John F. Kennedys.

Es sollte auch erwähnt werden, dass der Geschäftsführer und Anteilseigner von Permindex Louis Bloomfield aus Montreal war, eine führende Figur der Israel-Lobby in Kanada (und auf internationaler Ebene) und langjähriger Agent der Familie von Samuel Bronfman, dem Chef des Jüdischen Weltkongresses, Lanskys engem Geschäftspartner beim internationalen Whiskyschmuggel während der Prohibition und viel später Israels prominentem Förderer.

Permindex war eindeutig die israelische Verbindung zur Ermordung von JFK. Die Permindex-Verbindung erklärt auch die „französische Verbindung", die in dem Dokumentarfilm Die Männer, die Kennedy töteten dargestellt wird, der jedoch nicht die ganze Geschichte erzählt

- Dieser Permindex war auch an Attentatsversuchen auf den französischen Präsidenten Charles De Gaulle durch die Organisation de l'armée secrète française (OAS) beteiligt, die ihrerseits enge Verbindungen zum Mossad hatte.

- Wie die OAS hassten die Israelis De Gaulle nicht nur, weil er Algerien, einem wichtigen neuen arabischen Staat, die Unabhängigkeit gewährt hatte, sondern auch, weil De Gaulle, der Israel geholfen hatte, ihm seine Unterstützung entzog, weil er sich (wie JFK) gegen Israels Wunsch nach einem Atomwaffenarsenal aussprach.

- 1993 behauptete ein französischer Geheimdienstoffizier gegenüber diesem Autor, dass der Mossad mindestens einen der JFK-Attentäter - wahrscheinlich einen korsischen Auftragskiller - über einen französischen Geheimdienstoffizier, der De Gaulle gegenüber illoyal war und JFK hasste, weil er die Unabhängigkeit Algeriens unterstützte, untervertraglich an ihn gebunden hatte.

Es gibt auch starke Beweise, die auf den Enthüllungen des verstorbenen Journalisten Stewart Alsop beruhen, dass JFK auch einen Angriff auf das Atombombenprogramm Rotchinas plante, ein Plan, der von Lyndon Johnson weniger als einen Monat nach JFKs Ermordung sabotiert wurde.

Im selben Zeitraum waren laut dem bekannten britischen Geheimdiensthistoriker Donald McCormack (der unter seinem Pseudonym Richard Deacon in seinem Buch The Israeli Secret Service schreibt) Israel und Rotchina an gemeinsamen geheimen Forschungen zu Atombomben beteiligt.

Darüber hinaus wissen wir inzwischen, dass ein Schlüsselakteur des Permindex-Netzwerks, der milliardenschwere israelische Industrielle Shaul Eisenberg, zum Verbindungsmann des Mossad zu China wurde und schließlich eine Schlüsselrolle bei der Entwicklung der massiven Waffentransfers zwischen Israel und China spielte, die in den 1980er Jahren ins Blickfeld der Öffentlichkeit gerieten.

Es ist auch kein Zufall, dass James Angleton, der Verbindungsmann der CIA zum Mossad, ein glühender Anhänger Israels war, der nicht nur das Szenario inszenierte, das den Angeklagten Lee Oswald mit dem sowjetischen KGB in Verbindung brachte, sondern später auch falsche Informationen in Umlauf brachte, um die Spuren bei den Ermittlungen zu dem Attentat zu verwischen. Die Berichte über Angletons Intrigen mit dem Mossad während des Kalten Krieges sind Legion.

Im Hinblick auf die häufig genannte Verbindung zwischen der „Mafia" und der Ermordung von JFK stellen selbst „Mainstream"-Quellen zum organisierten Verbrechen fest, dass die am häufigsten beschuldigten Figuren der italo-amerikanischen „Mafia" - Carlos Marcello aus New Orleans und Santo Trafficante aus Tampa, Florida - in Wirklichkeit Untergebene von Meyer Lansky waren, der mit dem Mossad in Verbindung stand. Marcello und Trafficante berichteten an Lansky und nicht umgekehrt.

Darüber hinaus behauptete der Neffe und Namensvetter des berüchtigten Chicagoer Mafiabosses Sam Giancana - der ebenfalls häufig verdächtigt wird, den Mord an JFK in Auftrag gegeben zu haben - kürzlich, dass der wahre Chef der Chicagoer Mafia ein amerikanisch-jüdischer Geschäftspartner von Meyer Lansky - Hyman „Hal" Larner - sei, der zwar die Fäden für Giancana und die

Chicagoer Mafia in der Hand halte, aber auch aktiv an internationalen Intrigen mit dem israelischen Mossad zusammenarbeite.

Es ist kein Wunder, dass einige Kritiker vermuten, Oliver Stone habe diese Details in JFK vielleicht nicht erwähnt, weil der Film von Arnon Milchan finanziert wurde, einem israelischen Waffenhändler, der zum Hollywood-Produzenten wurde und den sogar die CBS-Sendung Sixty Minutes mit dem Schmuggel von Material für das israelische Atomprogramm in Verbindung brachte - was sich natürlich als bitterer (und vielleicht tödlicher) Streitpunkt zwischen JFK und Israel herausstellte.

Obwohl der israelische Diplomat Uri Palti erklärte, dass all dies - wie in dessen Buch Jüngstes Gericht ausführlich beschrieben - „absurd" sei, der CIA-nahe Autor Gerald Posner es als „hanebüchen" bezeichnete und der dezidiert pro-israelische konservative Kolumnist George Will es als „bösartige intellektuelle Lizenz" bezeichnete, wurde es von den Medien als „neu" bezeichnet, die Los Angeles Times 1997 widerwillig zugab, dass die These vom Jüngsten Gericht „in der Tat neu" sei, „Die Los Angeles Times 1997 widerwillig zugab, dass die These vom Jüngsten Gericht „in der Tat neu" sei, und erklärte, dass sie „einige der wesentlichen Fäden eines Wandteppichs webt, von dem viele sagen, dass er einzigartig ist"."

Und es sollte beachtet werden, dass, obwohl viele Menschen davon überzeugt sind, dass die CIA eine Rolle bei der Ermordung von JFK gespielt hat, viele der gleichen Menschen sich scheuen, die Wahrscheinlichkeit einer Rolle des Mossad zu erwähnen. Dennoch hat der Journalist Andrew Cockburn darauf hingewiesen

„Seit den ersten Tagen des Staates Israel und der CIA gibt es eine geheime Verbindung, die es dem israelischen Geheimdienst ermöglicht, für die CIA und den Rest der US-Geheimdienste zu arbeiten.

Sie können nicht verstehen, was mit den geheimen amerikanischen und israelischen Operationen geschehen ist, solange Sie diese geheime Abmachung nicht verstehen".

Es gibt mindestens drei wichtige Bücher von renommierten Journalisten, die die unterirdischen Verbindungen zwischen der CIA und dem Mossad dokumentieren und in der einen oder anderen Facette auch die Aspekte des erbitterten Geheimkonflikts zwischen JFK und Israel nicht nur über die Atomwaffenpolitik, sondern auch über die Nahostpolitik der USA im Allgemeinen nicht vergessen. Darüber hinaus belegen diese Bände, dass die amerikanische Politik nach dem Tod von Präsident Kennedy tatsächlich eine 180-Grad-Wende vollzogen hat

1) Die Samson-Option: Israels Atomwaffenarsenal und die amerikanische Außenpolitik von Seymour Hersh, einem erfahrenen Journalisten der New York Times und Pulitzer-Preisträger.

2) Dangerous Liasion: The Inside Story of the U.S.-Israeli Covert Relationship (Die Geschichte der geheimen Beziehungen zwischen den USA und Israel) von Andrew und Leslie Cockburn, zwei angesehenen liberalen Journalisten; und

3) Taking Sides: America's Secret Relations With a Militant Israel von Stephen Green, der mit dem sehr „öffentlichen" Council on Foreign Relations und dem Carnegie Endowment for International Peace in Verbindung gebracht wurde.

Hersh und Green sind übrigens Juden. Alle drei Bücher wurden von angesehenen Verlagen veröffentlicht.

All diese Bände zeigen deutlich, dass JFK und der israelische Premierminister David Ben-Gurion zutiefst zerstritten waren, und zwar so sehr, dass Ben-Gurion der Meinung war, dass JFKs Politik sogar das Überleben Israels bedrohte - und er sagte das auch. Nach der Ermordung JFKs vollzog die Nahostpolitik der USA eine erstaunliche 180-Grad-Wendung - das unmittelbarste Ergebnis der Ermordung des US-Präsidenten. Dies ist eine kalte, harte und unbestreitbare Tatsache, die nicht diskutiert werden kann. Die Beweise sind nur allzu deutlich.

Hersh stellte fest, dass die israelische und die Weltpresse „der Welt mitteilten, dass Ben-Gurions plötzlicher Rücktritt das Ergebnis seiner Unzufriedenheit mit den Skandalen und innenpolitischen Unruhen war, die Israel erschütterten". Allerdings fuhr Hersh ziemlich bezeichnend fort, dass es „keine Möglichkeit für die israelische Öffentlichkeit" gab, zu wissen, dass hinter dem Rücktritt „noch ein weiterer Faktor" steckte: speziell, so Hersh, „Ben-Gurions zunehmend bittere Pattsituation mit Kennedy über ein atomar bewaffnetes Israel".

Die finale Machtprobe mit JFK über die Atombombe war eindeutig der „Hauptgrund" für Ben-Gurions Rücktritt.

Wie wir gesehen haben, war der Wunsch, eine Atombombe zu bauen, nicht nur ein wichtiges Ziel der israelischen Verteidigungspolitik (ihre eigentliche Grundlage) ( ), sondern auch ein besonderes Interesse Ben-Gurions.

Wie dem auch sei, Seymour Hershs Enthüllungen über JFK und Ben-Gurion wurden von einem neueren Werk zum selben Thema - dem des israelischen Akademikers Avner Cohen - in den Schatten gestellt. Als Cohen 1999 sein

Buch Israel and the Bomb (New York: Columbia University Press) veröffentlichte, sorgte das Werk in Israel für Aufsehen.

Die „nukleare Option" war nicht nur das Herzstück von Ben-Gurions persönlicher Weltanschauung, sondern die eigentliche Grundlage von Israels nationaler Sicherheitspolitik. Die Israelis waren im Wesentlichen bereit, notfalls „die Welt in die Luft zu sprengen" - sich selbst eingeschlossen -, wenn sie dies tun mussten, um ihre arabischen Feinde zu besiegen.

Dies war, so Hersh, für die israelischen Atomplaner die „Samson-Option": Samson in der Bibel riss, nachdem er von den Philistern gefangen genommen worden war, den Dagon-Tempel in Gaza nieder und tötete sich selbst zusammen mit seinen Feinden. Wie Hersh sagt: „Für die israelischen Atomkraftbefürworter wurde die Samson-Option zu einer anderen Art zu sagen „Nie wieder" (in Bezug auf die Verhinderung eines neuen Holocausts)".

Alle Beweise zusammengenommen belegen eindeutig, dass die „Samson-Option" die Hauptursache für Ben-Gurions Rücktritt war.

Letztendlich war der Konflikt zwischen JFK und Ben-Gurion 1963 sowohl für die israelische als auch für die amerikanische Öffentlichkeit ein Geheimnis. Er blieb es mindestens über 20 Jahre lang und ist es immer noch, trotz der Veröffentlichung von Hershs Buch, gefolgt von Doomsday und Avner Cohens Buch.

Avner Cohens sehr starkes Buch bestätigte im Wesentlichen alles, was Hersh geschrieben hatte, ging aber noch einen Schritt weiter.

Cohen beschreibt, wie der Konflikt zwischen JFK und Ben-Gurion 1963 seinen Höhepunkt erreichte und wie JFK am 16. Juni jenes Jahres einen Brief an den israelischen Führer schickte, der laut Cohen „die härteste und expliziteste Botschaft" bis heute war. Cohen fügte hinzu: „Kennedy setzte den nützlichsten Hebel an, den ein US-Präsident in seinen Beziehungen zu Israel hat: die Drohung, dass eine unbefriedigende Lösung das Engagement und die Unterstützung der US-Regierung für Israel gefährden würde...".

Ben-Gourion hatte den Brief von JFK nie gelesen. Stattdessen kündigte Ben-Gourion seinen Rücktritt an. Laut Cohen lieferte Ben-Gourion nie eine Erklärung für seine Entscheidung, abgesehen von einem Verweis auf „persönliche Gründe". Gegenüber seinen Kabinettskollegen sagte Ben-Gourion, dass er zurücktreten „musste" und dass „kein Problem oder staatliches Ereignis der Grund dafür war". Cohen fügte hinzu, Ben-Gurion sei „zu dem Schluss gekommen, dass er den US-Führern nicht die Wahrheit über Dimona sagen könne, auch nicht unter vier Augen".

Unmittelbar nach dem Rücktritt von Premierminister Ben-Gurion schrieb JFK einen Brief an den neuen Premierminister. Levi Eshkol, der offensichtlich noch heftiger war als JFKs frühere, sehr harsche Kommunikation mit Ben-Gurion. Avner Cohen schrieb

Seit Eisenhowers Botschaft an Ben-Gurion während der Suezkrise im November 1956 hatte sich kein US-Präsident so direkt an einen israelischen Premierminister gewandt. Kennedy sagte Eshkol, dass das Engagement und die Unterstützung der USA für Israel „ernsthaft gefährdet sein könnten", wenn Israel den USA keine „zuverlässigen Informationen" über seine Bemühungen im Nuklearbereich gewähren würde.

Kennedys Forderungen waren beispiellos. Sie stellten im Grunde ein Ultimatum dar.

Cohen stellte fest: „Aus Eshkols Sicht schienen Kennedys Forderungen diplomatisch unangemessen zu sein; sie waren mit der nationalen Souveränität unvereinbar. Es gab keine rechtliche Grundlage oder einen politischen Präzedenzfall für solche Forderungen". Cohen fügte hinzu, dass „Kennedys Brief eine krisenähnliche Situation im Büro des Premierministers beschleunigte".

Anders als manche heute vielleicht vermuten, endete Kennedys Druck auf Israel also nicht mit Ben-Gurions Rücktritt. Im Gegenteil, der Druck, den JFK auf Israel in Bezug auf dessen nukleare Ambitionen ausübte, wurde deutlich verstärkt. JFK wollte unter keinen Umständen ein Israel, das über Atomwaffen verfügte.

Die israelische Zeitung Ha'aretz veröffentlichte am 5. Februar 1999 eine Rezension von Cohens Buch und bezeichnete es als „ein Buch, das wie eine Bombe einschlägt". Die Rezension in Ha'aretz, die von Reuven Pedatzur verfasst wurde, ist recht interessant. Sie lautet zum Teil wie folgt: Die Ermordung von US-Präsident John F. Kennedy setzte dem massiven Druck der US-Regierung auf die israelische Regierung, das Atomprogramm einzustellen, ein abruptes Ende. Cohen belegt ausführlich den Druck, den Kennedy auf Ben-Gurion ausübte.

Er erwähnt den faszinierenden Briefwechsel zwischen den beiden Männern, in dem Kennedy [Ben-Gurion] unmissverständlich zu verstehen gibt, dass er [JFK] unter keinen Umständen akzeptieren wird, dass Israel ein Atomstaat wird.

Das Buch deutet an, dass es nicht sicher ist, ob Israel heute über eine nukleare Option verfügen würde, wenn Kennedy am Leben geblieben wäre.

Der Historiker Stephen Green sagte: „Am 22. November legte Lyndon Johnson in einem Flugzeug von Dallas nach Washington den Eid als 36. Präsident der Vereinigten Staaten nach der Ermordung von John F. Kennedy ab.

Green führte weiter aus, und zwar in sehr deutlichen Worten: „In den ersten Jahren der Johnson-Regierung wurde das israelische Atomwaffenprogramm in Washington als „heikles Thema" bezeichnet. Das Weiße Haus unter Lyndon Johnson sah Dimona nicht, hörte Dimona nicht und sprach nicht über Dimona, als der Reaktor Anfang 1964 kritisch wurde".

Damit war der kritische Punkt des Streits zwischen John F. Kennedy und der vom Mossad dominierten israelischen Regierung nicht mehr aktuell.

Der neue US-Präsident, der lange Zeit ein Unterstützer Israels war, erlaubte die Fortsetzung des Atomprogramms. Dies war nur der Anfang.

Wie verhält sich die konventionellere These, dass die CIA der Hauptanstifter des JFK-Mordes war, zu der Theorie, dass der Mossad ebenfalls eine Schlüsselrolle bei der JFK-Verschwörung spielte

1963 führte John F. Kennedy nicht nur Krieg gegen Israel und das vom israelloyalen Meyer Lansky und seinen Mafia-Handlangern dominierte Verbrechersyndikat, sondern auch gegen ihren engen Verbündeten in der Welt des internationalen Geheimdienstes, die CIA.

Die CIA hatte natürlich ihre eigenen Probleme mit JFK. Nur sechs Wochen vor der Ermordung John F. Kennedys hatte die New York Times berichtet, dass ein hoher Beamter der Kennedy-Regierung davor gewarnt hatte, dass ein von der CIA inszenierter Putsch in Amerika eine gefürchtete Möglichkeit sei. Die CIA - wie auch ihre Verbündeten in Israel - hatte (nach ihrer eigenen Wahrnehmung) gute Gründe dafür, dass JFK aus dem Weißen Haus vertrieben und durch Lyndon B. ersetzt werden sollte. Johnson ersetzt werden sollte.

JFKs Kampf gegen die CIA im Zusammenhang mit dem Debakel in der Schweinebucht war erst der Anfang. In den letzten Tagen seiner Präsidentschaft kämpfte JFK nicht nur gegen die Bemühungen der CIA, die USA stärker in Südostasien zu involvieren, sondern bereitete sich auch auf eine vollständige Zerschlagung der CIA vor. Die Existenz der CIA war in Gefahr.

Dadurch wurde natürlich deutlich, dass die CIA ein wahrscheinlicher Verdächtiger bei der Ermordung von JFK war, und dies ist ein Ermittlungsansatz, den Jim Garrison verfolgt.

Allerdings deuten auch andere, häufig erwähnte Verbindungen zwischen der CIA und dem Attentat auf den Mossad hin.

Beachten Sie beispielsweise, dass eine ehemalige Geliebte von Fidel Castro, die CIA-Agentin Marita Lorenz, vor dem US-Kongress aussagte, dass Frank Sturgis, ein langjähriger CIA-Agent, der für seinen Anti-Castro-Aktivismus bekannt war, ihr nach dem Attentat gesagt hatte, dass er in die Ermordung von JFK verwickelt gewesen sei.

Gestützt auf seine eigene gründliche Untersuchung des JFK-Attentats erklärte der ehemalige Chef der kubanischen Spionageabwehr, General Fabian Escalante, gegenüber der Journalistin Claudia Furiati, dass der kubanische Geheimdienst festgestellt habe, dass „Sturgis in Wirklichkeit für die Kommunikation, den Empfang und die Weitergabe von Informationen über die Bewegungen auf der Dealey Plaza und über die Autokolonne an die Schützen und andere Personen zuständig war".

Wenn Sturgis an der Mechanik des Attentats beteiligt war, legen die historischen Beweise nahe, dass Sturgis im Rahmen der Verschwörung als Werkzeug des Mossad hätte fungieren können.

Die Wahrheit ist, dass Sturgis etwa 15 Jahre vor der Ermordung von JFK für den Mossad gearbeitet hatte.

Laut F Peter Model, einem Forscher zum JFK-Attentat, war Sturgis ein „Hagannah-Söldner während des ersten arabisch-israelischen Krieges (1948)", und Sturgis hatte in den 1950er Jahren auch eine Freundin in Europa, die für den israelischen Geheimdienst arbeitete und mit der er zusammenarbeitete. Sturgis selbst gab an, dass er seiner Freundin als Kurier in Europa bei einer Reihe ihrer Aktivitäten für den Mossad geholfen habe.

George, einem ehemaligen Time-Life-Korrespondenten, der während und nach Castros Revolution viel Zeit in Kuba verbrachte, war es auch antikastristischen Exilkubanern bekannt, dass Sturgis auch für den Mossad gearbeitet hatte, und das über einen längeren Zeitraum.

Darüber hinaus arbeiteten auf dem Höhepunkt der Anti-Castro-Operationen der CIA in Miami, bei denen Sturgis eine Schlüsselfigur war, etwa 12 bis 16 Mossad-Agenten von Miami aus unter dem Kommando des stellvertretenden Mossad-Direktors Yehuda S. Sipper, und ihr Einfluss erstreckte sich auf ganz Lateinamerika und die Karibik.

Unter Berufung auf ein CIA-Memo aus dem Jahr 1976 behauptet Professor John Newman, der das Wissen der CIA über die Aktivitäten von Lee Harvey Oswald untersuchte, dass Sturgis die Internationale Antikommunistische Brigade gegründet habe und dass „die Geldgeber von Sturgis' Gruppe nie vollständig ermittelt wurden".

Informationen aus einer Reihe von Quellen legen nahe, dass Sturgis' Gruppe ein Ableger der in Miami ansässigen Mossad-Operationen gewesen sein könnte, die mit Sturgis' eigenen, von der CIA unterstützten Intrigen im selben Einflussbereich verwoben waren.

Tatsächlich war eine Einheit von Sturgis' Brigade die „Interpen" des CIA-Vertragsagenten Gerry Patrick Hemming, die außerhalb von New Orleans operierte, und Sturgis war mit diesen Interpen-Operationen verbunden.

Diese Aktivitäten rund um New Orleans sind dafür bekannt, dass sie zwei der Hauptakteure rund um Lee Harvey Oswald vor der Ermordung von JFK involviert haben: die CIA-Vertragsagenten Guy Banister und David Ferrie (beide waren Gegenstand einer Untersuchung von Jim Garrison und beide wurden von Garrison mit Clay Shaw im Rahmen von Aktivitäten in Verbindung gebracht, die geheimdienstliche Intrigen beinhalteten).

In der Tat gibt es eine israelische Verbindung zu Interpen. Laut Hemming selbst war der „wichtigste Kontakt von Interpen in den USA" der New Yorker Finanzier Theodore Racoosin, den Hemming als „einen der wichtigsten Gründer des Staates Israel" beschreibt.

Hemming erklärt offen, dass er zwar persönlich keine Beweise gesehen hat, die ihn davon überzeugen, dass der Mossad direkt an der Ermordung von JFK beteiligt war, aber er sagt: „Ich weiß seit den späten 1960er Jahren, dass der Mossad von der Ermordung von JFK wusste, bevor sie überhaupt stattfand, dass er danach eine umfassende Untersuchung in dieser Angelegenheit durchführte und dass er seitdem all diese Akten aufbewahrt hat". (Hervorhebung durch den Autor).

Wie dem auch sei, nicht nur Clay Shaw, ein CIA-Agent aus New Orleans, ist durch seine Verbindung zur Operation Permindex mit dem Mossad verbunden (ebenso wie Banister und Ferrie), sondern wir stellen auch fest, dass zwei weitere CIA-verbundene Akteure der Anti-Castro-Operationen in New Orleans (Sturgis und Hemming) sich im Einflussbereich des Mossad befanden. Und Lee Harvey Oswald ist mit allen beteiligten Schlüsselakteuren verbunden.

Wie dem auch sei, wir wissen heute, dass mindestens eine Person, die angeblich gestanden hat, an der Ermordung von JFK beteiligt gewesen zu sein - Frank Sturgis - über viele Jahre vor (und nach) der Zeit der Ermordung von JFK vielfältige Verbindungen zum Mossad unterhielt. Und so weiter.

Die Geschichte endet hier nicht. Aber lassen Sie uns mit Folgendem enden: Vor einigen Jahren traf ein Amerikaner den bekannten CBS-Moderator Walter Cronkite auf Martha's Vineyard. Er informierte ihn über die Theorie, dass der Mossad in die Ermordung von JFK verwickelt war, und Cronkite hörte ihm aufmerksam zu. Cronkites Antwort war, gelinde gesagt, faszinierend.

Mit Blick auf das Meer machte Cronkite eine sehr knappe Bemerkung: „Ich sehe keine Gruppe - mit Ausnahme des israelischen Geheimdienstes -, die in der Lage gewesen wäre, das Komplott zur Ermordung von JFK so lange unter Verschluss zu halten."

Die Beweise zeigen, dass die These auf einer sehr soliden Grundlage steht. Es handelt sich um ein sinnvolles Szenario, sehr zum Leidwesen vieler Kritiker. Dieses Szenario kommt einer Zusammenfassung der gesamten Verschwörung zur Ermordung von JFK näher als alles, was bislang geschrieben wurde.

Diese zugegebenermaßen „ungewöhnliche" und sicherlich umstrittene Rekonstruktion der JFK-Attentatsverschwörung wirft einen neuen Blick auf ein sehr großes Puzzle, das ein bemerkenswert komplexes und etwas undurchsichtiges Bild zeigt. Auf dem äußerst verwirrenden Bild der Vorderseite des Puzzles sind alle Gruppen und Einzelpersonen aufgeführt, die an der JFK-Attentatsverschwörung beteiligt waren. Wenn man das Puzzle jedoch umdreht, findet man ein großes, sehr klares Bild der israelischen Flagge.

KAPITEL 13

Das „jüdische Problem" von Jimmy Carter : Der langjährige, gar nicht so geheime Krieg Israels und seiner mächtigen Lobby in Washington gegen Jimmy Carter

John F. Kennedy war nicht der einzige amerikanische Präsident, der unter dem Zorn der Israel-Lobby in Amerika zu leiden hatte. Als Präsident und in den Jahren nach seinen vier Jahren im Weißen Haus (insbesondere in letzter Zeit) wurde auch JFKs demokratischer Kollege Jimmy Carter zur Zielscheibe Israels und seiner mächtigen Fürsprecher auf amerikanischem Boden. Heute hat es die Israel-Lobby wieder einmal auf Jimmy Carter abgesehen. Der ehemalige Präsident - Friedensnobelpreisträger - steht wegen seiner Kommentare in einem neuen Buch über das Palästina-Problem unter Beschuss der Israel-Lobby.

Allein der Titel von Carters Buch hat die Freunde Israels entflammt. Carters Verwendung des Begriffs „Apartheid" im Titel Palestine: Peace Not Apartheid (Frieden, nicht Apartheid) vergleicht tatsächlich Israels derzeitige Behandlung der christlichen und muslimischen palästinensischen Araber mit der früheren Politik der Rassentrennung (bekannt als „Apartheid") in Südafrika, die längst abgebaut wurde.

Und wie jeder, der in den letzten 50 Jahren zu irgendeinem Zeitpunkt die Medien verfolgt hat, sehr gut weiß, wurde der Begriff „Apartheid" nie positiv aufgenommen. Carters Verwendung dieses Begriffs zur Beschreibung der Politik Israels ist daher sehr treffend und hat in pro-israelischen Kreisen einen regelrechten Rausch ausgelöst.

In seinem Buch wies der ehemalige Präsident auch auf den Einfluss der Israel-Lobby hin, indem er erklärte: „Aufgrund starker politischer, wirtschaftlicher und religiöser Kräfte in den USA werden Entscheidungen der israelischen Regierung selten in Frage gestellt oder verurteilt". Allein diese Bemerkung wurde von zionistischen Stimmen zornig verurteilt und als „antisemitische Verschwörungstheorie" alter Schule bezeichnet.

Carter verärgerte auch die Anhänger Israels, indem er andeutete, dass „Israels anhaltende Kontrolle und Besiedlung von palästinensischem Land die

Haupthindernisse für ein umfassendes Friedensabkommen im Heiligen Land waren".

Im Namen einer hochrangigen Clique von Spendensammlern der Demokratischen Partei, die sich bemühen, jüdische Wahlkampfspenden für die Parteikasse zu generieren, sprach der US-Abgeordnete Steven J. Israel, ein lässiger New Yorker mit Ambitionen auf das Präsidentenamt, der Carter anprangerte, die Palästinenser angriff und hinzufügte, dass die Bedenken des Friedensnobelpreisträgers nicht die Ausrichtung der Demokratischen Partei widerspiegeln würden. „Es spiegelt die Meinung eines einzelnen Mannes wider", behauptete Israel.

Es ist nicht das erste Mal, dass der ehemalige Präsident für seine Kritik an Israel kritisiert wird. Nach dem letzten israelischen Angriff auf den Libanon verärgerte Carter die Anhänger Israels, indem er sagte: „Ich glaube nicht, dass Israel irgendeine rechtliche oder moralische Rechtfertigung für seine massive Bombardierung der gesamten Nation des Libanon hat".

Die Wahrheit ist jedoch, dass Carters Probleme mit Israel und seiner amerikanischen Lobby praktisch bis in die ersten Tage seiner Präsidentschaft zurückreichen - ein Punkt, den viele Amerikaner nie wirklich verstanden haben. Tatsächlich stellte das Wall Street Journal bereits am 2. März 1978, etwas mehr als ein Jahr nach Carters Vereidigung, fest, dass, obwohl Carter bei den Präsidentschaftswahlen gerade 75 Prozent der jüdischen Stimmen gewonnen hatte, „verschiedene Ereignisse und Tatsachen" der Carter-Regierung „die Juden verstört" hätten.

Das Journal wies darauf hin, dass viele führende Vertreter der jüdischen Gemeinschaft in den USA „ihr Engagement für Jimmy Carter überdenken" und dass einige „sogar privat von einem 'Verrat' [an Israel durch Carter] sprechen".

Der Artikel im Journal trug den direkten Titel „Jimmy Carters Judenproblem".

Die amerikanischen Zionisten waren beunruhigt darüber, dass Carter Israel dazu gedrängt hatte, die Kolonisierung der besetzten arabischen Gebiete einzustellen, und dass er die Entscheidung getroffen hatte, Ägypten und Saudi-Arabien fortschrittliche Kriegsflugzeuge zu verkaufen. Carter hatte es auch gewagt, den Begriff „Heimat" in Bezug auf die palästinensischen Bestrebungen zu verwenden, was damals (und auch heute noch) als eine große Beleidigung für Israels geopolitische Ansprüche in der Welt angesehen wurde.

Unter Verweis auf die harten Worte, die mehrere prominente jüdische Demokraten gegen Carter gefunden hatten, erklärte das Journal, dass diese Kritik „viel bedeuten könnte", und wies darauf hin, dass der San Franciscoer Promoter Walter Shorenstein, einer der größten Spendensammler der

Demokratischen Partei - und ein bekannter Unterstützer Israels - so weit gegangen war, zu fragen: „Wird Israel von der Regierung [Carter] verscherbelt?"

Diese Fragen wurden, wie bereits erwähnt, bereits 1978 aufgeworfen, und im Frühjahr 1980, als Carter sich um seine Umbenennung und Wiederwahl bemühte, war der von Israel und seinen Anhängern geführte Krieg gegen Carter bereits voll entbrannt.

Die Dinge liefen aus Carters Sicht so schlecht, dass - wie die erfahrenen Journalisten Andrew und Leslie Cockburn berichten - man Carter bei einem privaten Treffen im Familienquartier des Weißen Hauses zu seinen wichtigsten politischen Beratern sagen hörte: „Wenn ich zurückkomme, werde ich die Juden ficken".

Wie die Cockburns in einer wenig beachteten Passage ihres 1991 erschienenen Buches Dangerous Liaison: The Inside Story of the U.S.-Israeli Relationship berichten, rührte Carters Wut auf Israel und seine amerikanischen Unterstützer nicht nur von den zunehmenden Angriffen auf Carter von dieser Seite her, sondern vor allem von der Tatsache, dass Carter - dank Abhörmaßnahmen, die ihm von der National Security Agency zur Verfügung gestellt worden waren - herausgefunden hatte, dass der israelische Ministerpräsident Menachem Begin sich in die innenpolitischen Angelegenheiten der Vereinigten Staaten einmischte. Begin war dabei belauscht worden, wie er den Bürgermeister von New York, Ed Koch, beriet, wie er Carters Hoffnungen auf eine Wiederwahl untergraben könnte.

Tatsächlich unterstützte Koch später Carters republikanischen Gegner, den ehemaligen Gouverneur von Kalifornien Ronald Reagan, dessen früher Aufstieg auf in der Unterhaltungsindustrie (und später in der politischen Arena) eine Folge seiner engen Beziehungen zu den Finanzkräften und Interessen des organisierten Verbrechens war, die die Haupttriebfeder der Israel-Lobby in Amerika waren. Mehr über Reagans wenig bekannte kriminelle zionistische Verbindungen - über die die Medien nicht berichten - erfahren Sie in dem neuen Schocker Supermob des Enthüllungsjournalisten Gus Russo.

Außerdem sprach der ehemalige Außenminister Henry Kissinger - der zu einem wichtigen Berater der Reagan-Kampagne (und später des Weißen Hauses Reagan, so wie er heute George W. Bush berät) wurde - mit dem israelischen Botschafter in den USA und forderte Israel auf, „Kräfte in den USA und in Israel zu organisieren", die gegen Carter vorgehen.

Letztendlich wurde Carter aus dem Weißen Haus verdrängt, da sich die Kräfte der Israel-Lobby und die finanziellen Beitragszahler auf höchster Ebene um Reagan gruppierten. Seitdem hat Carter viel Lob für seine offenen Worte zum

Nahen Osten erhalten und dabei nebenbei die Medien und die Israel-Lobby herausgefordert.

Aufgrund seiner scharfen Kritik an Israel wurde Carter sogar als „Holocaust-Leugner" bezeichnet. Ja, das ist das offizielle Wort eines Religionslehrers, der von den Medien als weltweit führende Autorität darüber präsentiert wird, „wer ein Holocaust-Leugner ist und wer nicht". Es war keine Geringere als Deborah Lipstadt - eine hart aussehende Agitatorin mit scharfer Zunge, die sich unter an der Emory University in Georgia niedergelassen hat -, die in einem Kommentar in der Ausgabe der Washington Post vom 20. Januar 2007 verkündete, dass sich der ehemalige Präsident der Holocaustleugnung schuldig gemacht habe.

Es sei jedoch angemerkt, dass Lipstadt nicht direkt sagte, dass „Jimmy Carter ein Holocaust-Leugner ist", aber sie beschuldigte ihn mit ihren eigenen Worten, „den Holocaust fast zu ignorieren" und stellte fest, dass dies eine „Verharmlosung des Holocaust" sei, die ihrer Meinung nach „unbeabsichtigt diejenigen tröstet, die seine Bedeutung oder sogar seine historische Realität leugnen, teilweise weil sie ihnen hilft, das Existenzrecht Israels zu leugnen".

Tatsächlich zeigt schon die oberflächlichste Betrachtung von Lipstadts Buch Denying the Holocaust - in dem sie „Holocaustleugnung" definiert -, dass nach Lipstadts Definition „den Holocaust herunterspielen" in der Tat eine Schlüsselfacette der Holocaustleugnung ist. Lipstadt sagte also, dass Carter in der Tat ein „Holocaust-Leugner" sei.

Die Akte zeigt, dass Lipstadt nicht nur die Infragestellung der Anzahl der während des Zweiten Weltkriegs getöteten Juden als eine Form der „Holocaustleugnung" betrachtet, sondern sogar die Infragestellung der deutschen Hauptschuld am Ausbruch des Ersten Weltkriegs - also des Ersten Weltkriegs, nicht des Zweiten - als eine Form der Holocaustleugnung ansieht. Heute wurde Carter wegen der literarischen Indiskretion, dem Holocaust nicht die Anerkennung zuteil werden zu lassen, die Lipstadt ihm angeblich zusteht, in den Strudel geworfen.

Lipstadt war, wie viele Führer der organisierten jüdischen Gruppen in Amerika, wütend über Carters oben genanntes Buch Palestine: Peace Not Apartheid, und in ihrem in der Washington Post veröffentlichten Kommentar wütete Lipstadt gegen Carter.

Unter anderem behauptete Lipstadt, dass Carter „sich bei der Verteidigung" seines Buches und in seinen Antworten auf seine Kritiker „auf antisemitische Stereotypen stützte" und dass Carter „wiederholt auf traditionelle antisemitische Enten zurückgriff". Lipstadt stellte fest, dass Carter „reflexartig auf diese Art von Unterstellungen bezüglich der Kontrolle der Medien und der Regierung durch die Juden zurückgriff", obwohl, so fügt Lipstadt kostenlos hinzu, wie um „objektiv" zu wirken, es sich dabei vielleicht um eine „Unachtsamkeit" des ehemaligen Präsidenten handelte.

Bevor Lipstadt seinen Senf dazu gab, war Carter (wie wir gesehen haben) bereits mehrfach als „Antisemit" bezeichnet worden, der „antijüdische Verschwörungstheorien" fördere, aber es war Lipstadt, der das H-Wort in den Zornrausch über Carters Buch einbrachte, das trotz Widerstand oder vielleicht gerade wegen ihm wochenlang auf der Bestsellerliste der New York Times stand.

Lipstadt war nicht die einzige Persönlichkeit, die Carter angriff. Abe Foxman, Leiter der Anti-Defamation League (ADL) von B'nai B'rith - der mächtigen Lobby für Israel und de facto ein Zweig des israelischen Geheimdienstes Mossad - verurteilte Carters, wie er es nannte, „antiisraelische Voreingenommenheit".

Die ADL veröffentlichte ganzseitige Anzeigen, in denen Carter beschuldigt wurde, „Mythen über jüdische Macht zu verbreiten". Foxman erklärte, es sei „besonders beunruhigend und gefährlich, dass jemand wie Jimmy Carter" zu einer Atmosphäre beitrage, in der, so Foxman, „antijüdische Verschwörungstheorien" allgegenwärtig seien. Die Bemerkungen von Jimmy Carter, der sein Buch gegen die Angriffe jüdischer Organisationen verteidigte, waren laut Foxman „ein Spiel mit dem Feuer".

Überraschenderweise trotz Carters Bemühungen, der jüdischen Gemeinschaft zu versichern, dass er die Juden nicht hasse, insbesondere während einer öffentlichen Rede an der Brandeis University, in der er erklärte, er habe einen Fehler gemacht, indem er in seinem Buch Begriffe verwendet habe, die darauf schließen ließen, dass er glaube, die Palästinenser seien gerechtfertigt, Terrorismus einzusetzen, um Israel für seine Untaten zu erwidern, Die Jewish Telegraphic Agency berichtete jüdischen Lesern in ganz Amerika und der ganzen Welt, dass Carter „nicht viel getan hat, um die zahlreichen Kritiker zu besänftigen".

Um die Beleidigung noch zu steigern, veröffentlichte die internationale Politikberaterin Jennifer Laszlo Mizrahi - Gründerin des Israel Project und langjährige Figur der Zionistischen Organisation Amerikas - einen scharfen Angriff auf Carter und behauptete, er betreibe eine „umgekehrte Diskriminierung", weil er christliche und muslimische Palästinenser mit dunklerer Hautfarbe gegenüber den „hellhäutigen" Juden in Israel bevorzuge. Mizrahi beschwerte sich sogar, dass Carter - wie sie es beschrieb - „den dunkelhäutigen Präsidenten Hugo Chavez" für die Präsidentschaft Venezuelas unterstützte, anstatt einen „hellhäutigen, besser qualifizierten und erfahreneren Kandidaten".

Laut dieser zionistischen Sprecherin - die von Forward, einer prominenten jüdischen Zeitung, als eine der 50 mächtigsten jüdischen Persönlichkeiten Amerikas gefeiert wurde - habe Carter diese „umgekehrte Diskriminierung" praktiziert, um „sich vor seinem Gott von den rassistischen Sünden seiner Jugend zu reinigen".

Allein die Vorstellung, dass ein zionistischer Führer Carter des antiweißen Rassismus beschuldigen könnte, zeigt, wie hysterisch Carters Kritiker geworden sind. Und die Wahrheit ist, dass die Reihen der prominenten amerikanischen Juden, die Carter auf ihre Feindesliste gesetzt haben, von Tag zu Tag länger werden.

Die Ironie ist, dass Carters Buch keineswegs die antisemitische Brandschrift ist, die die Kritiker suggerieren. Tatsächlich sagt Carter nur, was er sagt - und was Millionen und Abermillionen wohlmeinender Menschen seit Jahren sagen: dass Israel aufhören sollte, muslimische und christliche Palästinenser zu unterdrücken und zu diskriminieren, und dass Israel zu seinen offiziellen Grenzen von vor 1967 zurückkehren sollte. Und es bedeutet nicht, zu fordern, dass Israel von der Landkarte getilgt wird, wie viele von Carters Kritikern implizit nahelegen, dass er dies befürwortet.

Es ist in der Tat eine positive Entwicklung, dass ein ehemaliger US-Präsident - der international immer noch hohes Ansehen genießt und von vielen Amerikanern für seine Offenheit bewundert wird - sich heute so nachdrücklich über die Missetaten Israels (und seinen schädlichen Einfluss über seine US-Lobby auf die Gestaltung der US-Außenpolitik) äußert.

Wie JFK vor ihm sieht sich Jimmy Carter jedoch einer starken Opposition gegenüber. Für die Geschichte ist auch erwähnenswert, dass ein anderer demokratischer Präsident (kein Geringerer als Bill Clinton) sich während seiner Präsidentschaft eindeutig gegen Israel gestellt hat. Im folgenden Kapitel werden wir Bill Clintons „geheimen Krieg" gegen Israel untersuchen.

KAPITEL 14

Hat Bill Clinton Israel „den Rücken gekehrt"? Zionistische Intrigen hinter dem „Monica-Gate"

Selbst der ehemalige Präsident Bill Clinton - der in der jüdischen Gemeinschaft der USA allgemein als äußerst beliebt gilt - hat es geschafft, sich in der Frage des israelischen Atomwaffenprogramms den Zorn organisierter jüdischer Gruppen in den USA zuzuziehen.

Es schaffte es nicht auf die Titelseiten der nationalen Zeitungen, aber Clintons Auseinandersetzungen mit der jüdischen Gemeinschaft waren im Frühjahr 1999 Gegenstand zahlreicher Diskussionen in den höchsten Kreisen des jüdischen Establishments. Dies geschah kurz nachdem Clinton vom Senat von den Vorwürfen des Meineids und der Behinderung der Justiz freigesprochen worden war, die sich aus dem mittlerweile berühmten Skandal um Clintons Liebesabenteuer mit der berüchtigten „jüdisch-amerikanischen Prinzessin" Monica Lewinsky ergaben.

Und wie wir sehen werden, legt eine sorgfältige Prüfung der Umstände rund um die Lewinsky-Affäre stark nahe, dass der Skandal von harten proisraelischen Elementen in den USA inszeniert wurde, die direkt mit ihren gleichgesinnten israelischen Verbündeten zusammenarbeiteten.

Der Lewinsky-Skandal hatte weitaus größere Auswirkungen, als die meisten Menschen glauben, und in diesem Kapitel werden wir den Fall auf eine Art und Weise betrachten, wie er noch nie zuvor behandelt wurde.

Doch zunächst ein kurzer Rückblick auf Bill Clintons Auseinandersetzungen mit Israel wegen seines Atomwaffenprogramms.

Am 14. Mai 1999 veröffentlichte die einflussreiche jüdische Wochenzeitung mit Sitz in New York, Forward, einen Artikel, in dem sie ihre Empörung und Besorgnis darüber zum Ausdruck brachte, dass „Präsident Clinton zum ersten Mal öffentliche Bedenken über Israels Atomprogramm äußert".

Der Artikel hob hervor, dass etwa 35 Mitglieder des US-Kongresses einen Brief an Frau Clinton geschrieben hatten, in dem sie ihre Besorgnis über den inhaftierten israelischen Atomingenieur Mordechai Vanunu zum Ausdruck brachten, der als erster Israels Programm zur Herstellung von Atombomben öffentlich und aus erster Hand offengelegt hatte.

In einem Brief vom 22. April 1999 an die Abgeordnete Lynn Rivers (CD-Mich.) drückte Präsident Clinton nicht nur seine eigene Besorgnis über das Schicksal von Herrn Vanunu aus. Und das war es, was Israel und seine Unterstützer besonders schockierte: Clinton sagte auch: „Ich teile Ihre Besorgnis über das israelische Atomprogramm. Wir haben Israel und andere Länder, die den Atomwaffensperrvertrag nicht unterzeichnet haben, wiederholt aufgefordert, dem Vertrag beizutreten und die umfassenden Sicherungsmaßnahmen der Internationalen Atomenergiebehörde zu akzeptieren".

Die Zeitung Forward berichtete wie folgt: Die jüdischen Führer waren schockiert, als sie erfuhren, dass Herr Clinton sich zu Herrn Vanunu und dem israelischen Atomprogramm geäußert hatte", und zitierten die Reaktion des Direktors der Anti-Defamation League, Abe Foxman, der Herrn Clinton mit den Worten angriff: „Ich kann nicht glauben, dass der Präsident einen solchen Brief geschickt hat": „Ich kann nicht glauben, dass der Präsident einen solchen Brief geschickt hat. Es handelt sich um sehr sensible Themen. Es geht um ein Urteil. Foxmans Abneigung gegen Präsident Clinton ist jedoch nicht einzigartig.

Malcolm Hoenlein, Executive Vice President der Conference of Presidents of the Major American Jewish Organizations, sagte: „Der Hinweis des Präsidenten auf Israels Atomprogramm ist überraschend und beunruhigend: „Der Hinweis des Präsidenten auf Israels Atomprogramm ist überraschend und beunruhigend - soweit wir wissen, ist er beispiellos."

Die Tatsache, dass Clinton es wagte, in die Fußstapfen seines langjährigen Helden John F. Kennedy zu treten und Israel in der Frage seines nuklearen Golems herauszufordern - und sogar noch weiter als JFK zu gehen und öffentlich über Israels Atomwaffenarsenal zu sprechen -, ist in der Tat bemerkenswert. Da Clinton den Amtsenthebungsversuch jedoch bereits überlebt hatte, verfügte der Präsident offensichtlich über den sprichwörtlichen „Spielraum", den er für seine Position benötigte.

Trotz der weit verbreiteten (und völlig unzutreffenden) Ansicht - insbesondere der vielen „konservativen" Kritiker Clintons -, dass die „liberalen Medien" Clinton während ihrer Präsidentschaft hochleben ließen, könnte nichts weiter von der Wahrheit entfernt sein. Tatsächlich ist die Wahrheit, dass Clinton während seiner gesamten Präsidentschaft von den amerikanischen Medien stark kritisiert wurde.

Die Akte belegt, dass es dieselben Medien waren - von denen alle ehrlichen Menschen zugeben, dass sie ungeachtet gegenteiliger Behauptungen von jüdischen Familien und Finanznetzwerken kontrolliert werden, die den Interessen Israels wohlgesonnen sind -, die eine so wichtige Rolle dabei gespielt haben, dass die Öffentlichkeit insbesondere den Lewinsky-Skandal kannte und diskutierte.

Die Ausgabe von The Nation vom 4. Januar 1999 enthielt einen aufschlussreichen Artikel von Michael Tomasky, der sich ausführlich mit diesem Phänomen auseinandersetzte. Tomasky wies darauf hin, dass es tatsächlich die New York Times war - die führende „liberale" Zeitung - die nicht ohne Grund auch Amerikas führende pro-israelische Zeitung ist -, die eine wichtige Rolle dabei spielte, dass viele der peinlichen und schädlichen Enthüllungen aus den langwierigen Ermittlungen des Sonderermittlers Ken Starr gegen Präsident Clinton und First Lady Hillary Clinton durchsickerten. Tomasky schrieb: „An jedem entscheidenden Wendepunkt und Drehpunkt marschierte die redaktionelle Seite der Times im Gleichschritt mit dem Staatsanwalt und seiner Abteilung von Unterstützern".

„Warum ist das bemerkenswert?", fragte Tomasky. Weil, so betonte er, „bei nationalen Fragen die [redaktionelle] Seite der Times eher als ideologischer Baedeker fungiert, der der Elite des Landes sagt, was eine verantwortungsvolle liberale Meinung ist".

Mit anderen Worten: Die New York Times - die Stimme der pro-israelischen Elite - teilte ihren Lesern mit, dass es „normal" sei, Ken Starrs Manöver gegen Präsident Clinton zu unterstützen. Die Frage war also, warum einer der liberalsten Präsidenten der USA zur Zielscheibe des redaktionellen Zorns der sehr liberalen New York Times wurde.

Offensichtlich lag es daran, dass Bill Clinton als jemand wahrgenommen wurde, der die Forderungen Israels nicht ausreichend unterstützte.

Als Hillary Clinton während der Aufregung um die Machenschaften ihres Mannes die Theorie einer „rechten Verschwörung" aufstellte, die ihren Mann vernichten sollte, hatte Frau Clinton Recht.

Clinton erwähnte jedoch nicht, welche „Rechte" hinter dieser Verschwörung steckte oder wie der Skandal um „Monica-gate" zur Manipulation der US-Politik im Nahen Osten genutzt wurde.

Hillary Clintons Argument, dass eine „rechte Verschwörung" in den USA hinter dem Meineid- und Sexskandal stecke, der ihren Mann zu stürzen drohte, hatte einen großen Fehler, auf den wir bereits hingewiesen hatten: Schließlich waren es die großen US-Medien - allen voran die Washington Post und Newsweek, gefolgt von der New York Times und dem Time Magazine - sowie die großen Fernsehsender, die den Skandal aufbauschten und suggerierten, er könne Bill Clinton zum Verhängnis werden.

Newsweek selbst ließ George Stephanapolous, einen langjährigen Vertrauten Clintons, über Clintons „Verrat" schreiben, und der junge Stephanapolous, der inzwischen Kommentator bei ABC ist, ging sogar auf Sendung, um die Möglichkeit eines Rücktritts und/oder einer Anklage Clintons zu erwähnen.

Und niemand hatte jemals eine dieser großen Medien beschuldigt, das Sprachrohr der „Rechten" - oder zumindest der amerikanischen „Rechten" - zu sein.

Die First Lady hat jedoch eindeutig den Finger auf etwas gelegt, als sie behauptete, dass eine „rechte Verschwörung" den Skandal um „Monica-gate" anheize. Wenn man ein wenig tiefer gräbt, stellt man sogar fest, dass die Verschwörung, von der Frau Clinton spricht, bis zu den Hardlinern der „Rechten" in Israel zurückreicht.

Es ist kein Zufall, dass zur gleichen Zeit, als die amerikanischen Anhänger der israelischen Rechten (der Likud-Block) eine breite (und bittere) PR-Kampagne gegen Präsident Clinton starteten, die pro-israelischen US-Medien den Ball aufnahmen und plötzlich Behauptungen über eine neue „Sexcapade" Clintons hinausposaunten.

Betrachten wir einige grundlegende Fakten (die von den Mainstream-Medien selbst berichtet wurden), die inmitten des ganzen Trubels um die Lewinsky-Affäre untergegangen sind.

Erstens: Obwohl sich die Medien auf die ehemalige Mitarbeiterin des Weißen Hauses, Linda Tripp, und ihre Freundin Lucianne Goldberg als Hauptinitiatoren des „Monica-gate" konzentrierten, wies die Washington Post in einem am 28. Januar 1998 am Ende der Zeitung begrabenen Artikel eher umwegig darauf hin, dass die Anwälte von Paula Jones „zunächst mehrere anonyme Informationen erhielten, wonach Lewinsky eine sexuelle Beziehung mit dem Präsidenten gehabt haben könnte".

(Miss Jones war die junge Frau, die Präsident Clinton wegen sexueller Belästigung verklagt hatte, als er Gouverneur von Arkansas ( ) und sie Angestellte des Staates war. Es war während einer Aussage in diesem Fall, dass Präsident Clinton unter Eid log und bestritt, eine sexuelle Beziehung zu Monica Lewinsky gehabt zu haben). Offenbar erst danach nahmen die Anwälte von Paula Jones Kontakt zu Miss Lewinsky auf und informierten den Präsidenten darüber, dass ihre (damals der Öffentlichkeit unbekannte) Beziehung zu Lewinsky aufgedeckt worden war.

Zu diesem Zeitpunkt scheint es klar zu sein, dass weder Tripp noch Goldberg die Quellen waren, da sie andere Interessen hatten, die sie in der Clinton-Lewinsky-Affäre ausnutzen konnten. Vielmehr wandte sich Tripp direkt an den Sonderstaatsanwalt Kenneth Starr.

Die große Frage lautete also: Wer informierte die Anwälte von Paula Jones darüber, dass es in der Beziehung des Präsidenten zu Monica Lewinsky eine „rauchende Pistole" geben könnte

Monica Lewinsky war eine treue Anhängerin Clintons und es war sicherlich nicht sie, die den Anwälten die Geschichte offenbarte. Folglich muss jemand aus dem engen Kreis des Präsidenten die Beziehung des Präsidenten zu Miss Lewinsky (ob sie nun unschuldig ist oder nicht) gegenüber Jones' Anwälten offengelegt haben - oder ausspioniert haben.

Aber gehen wir noch einen Schritt weiter. Obwohl Michael Isikoff von Newsweek (herausgegeben vom Meyer-Graham-Imperium, dem auch die Washington Post gehört) der erste Journalist war, der die Geschichte offiziell „ausgrub", stellt sich nun heraus, dass laut der Post, die am 28. Januar 1998 beiläufig berichtete, ein gewisser William Kristol - allgemein als „Chefredakteur des konservativen Weekly Standard" beschrieben - einer der ersten gewesen war, der die Behauptungen „öffentlich erwähnte".

Kristols Rolle als einer der „Ersten", der die Geschichte veröffentlichte, ist für das Verständnis der Gesamtsituation von entscheidender Bedeutung.

Kristol ist nicht nur der Strohmann des milliardenschweren Medienmoguls Rupert Murdoch, eines wichtigen Verbündeten des israelischen Likud, sondern Kristol selbst ist der Sohn des Journalisten Irving Kristol und der Historikerin Gertrude Himmelfarb, zweier selbsternannter „Altmarxisten", die sich als „neokonservative" Figuren etabliert haben, die seit langem enge Verbindungen zur israelischen „antikommunistischen Rechten" pflegen.

Der junge Kristol, ein „Likudnik" wie seine Eltern, kritisierte heftig die sogenannte Entscheidung Clintons, Israel „den Rücken zu kehren". Tatsächlich war das Thema, dass Clinton „Israel den Rücken gekehrt" habe, genau die spezifische rhetorische Achse einer breit angelegten, muskulösen Werbekampagne, die von den Likud-Anhängern in den USA in den Wochen vor dem Ausbruch des Lewinsky-Skandals durchgeführt wurde.

Die Akte zeigt, dass mindestens sechs Tage bevor die ersten Nachrichten über den Lewinsky-Skandal am Dienstag, den 20. Januar 1998, um Mitternacht in den Medien erschienen, in der Ausgabe vom 15. Januar der angesehenen Zeitung Washington Jewish Week eine Anzeige erschien, in der Präsident Clinton beschuldigt wurde, „Israel den Rücken gekehrt" zu haben.

Was diese Werbung so auffällig machte, war, dass sie eine Rückansicht von Präsident Clinton verwendete (die erstmals 1996 auf Video festgehalten wurde), die nie zuvor veröffentlicht worden war, aber nach dem Lewinsky-Skandal sehr vertraut geworden ist. Es handelt sich um eine Ansicht des Präsidenten mit dem Rücken zur Kamera, die eindeutig dem Video entnommen ist, in dem er die bald berüchtigte Miss Lewinsky umarmt, als sie sich etwa zwei Jahre zuvor in einer Warteschlange vor dem Weißen Haus befand. Miss Lewinsky wusste von der Existenz des Videos und hatte sich vor dem Skandal bei ihren Geschäftspartnern damit gebrüstet.

Damit ist klar, dass Clintons Kritiker unter den pro-Netanjahu-Kräften in den USA - die die Werbung sponserten - bereits von der Lewinsky-Clinton-Affäre wussten und, was noch wichtiger ist, von der Tatsache, dass sie bald auf den Präsidenten losgehen würde.

Dass es einer der wichtigsten amerikanischen Unterstützer Netanjahus, der bereits erwähnte William Kristol, war, der als Erster den bevorstehenden Skandal ankündigte, ist natürlich kein Zufall.

Damals veröffentlichte dieser Autor (Michael Collins Piper) die Geschichte der Beweise für die Rolle der Likudniks im Lewinsky-Skandal in der Ausgabe der Zeitung The Spotlight vom 2. Februar 1998 und bildete Clintons „Rückansicht" auf dem Videoband (wie sie in Zeitungen in den gesamten USA veröffentlicht wurde) Seite an Seite mit demselben Rückbild ab, das in der Propagandakampagne der Likudniks gegen den Präsidenten verwendet wurde.

Dieser Spotlight-Artikel schließt an einen früheren Artikel des Autors in der Ausgabe vom 9. Februar 1998 derselben Zeitung an, in dem andere frühere Hinweise auf eine Orchestrierung des Skandals durch die Israelis und die Likudniks beschrieben wurden.

Kurz nach der Veröffentlichung dieser Artikel, die Kritiker als „Verschwörungstheorie" beschuldigten, leitete ein Freund des Autors - der zufällig ein alter Freund des Präsidenten und der Präsidentin Clinton in Arkansas ist - die Spotlight-Artikel an Personen weiter, die er als „meine Freunde" bezeichnete, und sagte dann zum Autor: „Sie glauben, dass Sie Recht haben: „Ich glaube, dass Sie Recht haben. Und meine Freunde denken, dass Sie Recht haben. Aber wir haben diese Unterhaltung nie geführt".

So kann man in vielerlei Hinsicht sagen, dass die Lewinsky-Affäre „in Israel fabriziert" wurde - wahrscheinlich im Büro des damaligen Premierministers Binyamin Netanyahu selbst.

Es ist daher kein Zufall, dass der amerikanische Likudnik William Kristol am 26. Januar 1998, als die Lewinsky-Affäre sich auszuweiten und Clinton zu verschlingen begann, einen an Clinton gerichteten Brief veröffentlichte, in dem er den Präsidenten drängte, einen Militärschlag gegen Israels verhassten Feind, den Irak, zu starten.

Zu den Unterzeichnern des Briefes gehören neben Kristol eine Reihe weiterer bekannter amerikanischer Unterstützer des „rechten Flügels" Israels ( ), darunter der ehemalige Kongressabgeordnete Vin Weber, ein langjähriger enger Verbündeter des damaligen Sprechers des Repräsentantenhauses Newt Gingrich, und Richard Perle, ehemaliger stellvertretender Verteidigungsminister, der damals ein hoch bezahlter Berater für israelische Rüstungsinteressen war (und unter der Regierung von George W. Bush, Leiter des Defense Policy Board, eine Position, von der aus er den Krieg der USA gegen den Irak förderte).

Zweitens ist es angesichts der Verbindung zwischen Kristol und Murdoch von entscheidender Bedeutung, dass Murdochs Fernsehsender Fox die Schleuder der Establishment-Medien gegen Clinton anführte und die anderen Sender zwang, im Wettlauf um die neuesten „Nachrichten" über die Lewinsky-Affäre zu konkurrieren.

Der Sender Fox News sendete den Fall fast ununterbrochen, 24 Stunden am Tag, selbst wenn andere Sendungen ausgestrahlt wurden. Selbst wenn andere Beiträge ausgestrahlt wurden, wurden sie wegen der neuesten Entwicklungen des Skandals unterbrochen, so banal sie auch sein mögen. Fox ließ sogar einen Spezialisten für „Körpersprache" das Video von Clinton und Lewinsky in der Empfangsleitung anschauen, woraufhin der „Spezialist" erklärte, Clinton behandle das Mädchen, als sei sie „die First Lady".

Darüber hinaus ist es nicht überraschend, dass einige der schmutzigsten Geschichten, die im Rahmen dieses aufkeimenden Skandals veröffentlicht wurden, in der New York Post sowie in anderen Nachrichtenpublikationen, die Murdoch gehören, veröffentlicht wurden.

Bei einer öffentlichen Veranstaltung in Charlotte, North Carolina, erhielt der Sprecher des Repräsentantenhauses, Newt Gingrich (R-Ga.), ein glühender Anhänger des israelischen Regimes von Netanjahu, eine begeisterte Antwort von einem überwiegend republikanischen Publikum, als er sagte, dass die Behandlung des israelischen Premierministers durch den Präsidenten „unter der Würde Amerikas" liege.

Gingrich bezog sich auf Clintons Bemühungen, den israelischen Führer zu einer versöhnlicheren Haltung im Hinblick auf ein Friedensabkommen im Nahen Osten zu bewegen.

Inzwischen nannte die First Lady in ihrem Bemühen, ihren Mann ein weiteres Mal zu unterstützen, den Prediger Jerry Falwell und seinen Freund, Senator Jesse Helms (R-N.C.), als Teil der „rechten Verschwörung", die ihren Präsidenten „haben" wolle.

Was Hillary nicht erwähnte, war, dass Falwell und Helms - wieder einmal - der harten „Rechten" des Likud in Israel besonders nahe standen und beide strikt gegen die Unterstützung waren, die Präsident Clinton den Rivalen des

Likud in der israelischen Arbeitspartei zu geben schien, die sich viel stärker für den Friedensprozess ausgesprochen hatte.

Da Clinton bei den jüngsten israelischen Wahlen mehr oder weniger offen Netanyahus Rivalen Shimon Peres unterstützt hatte, wurde sie durch Netanyahus Sieg politisch blamiert. Die amerikanischen Anhänger Netanjahus taten alles, was in ihrer Macht stand, um im Gegenzug Clintons Präsidentschaft zu schaden. Die Lewinsky-Affäre wurde zu einem wesentlichen politischen Instrument in ihren Bemühungen.

Bemerkenswerterweise hatte sich der israelische Premierminister bereits vor seinem offiziellen Treffen mit Präsident Clinton mit Jerry Falwell, einem der schärfsten Kritiker Clintons, getroffen (und zusammen mit ihm an einer Pro-Likud-Veranstaltung teilgenommen).

Sogar die Washington Post enthüllte am 22. Januar 1998, dass „ein hoher Beamter Netanjahus erklärt hatte, dass der israelische Führer bereit sei, auf den Widerstand des Weißen Hauses zu reagieren, indem er seine „eigene Munition" in den politischen Kreisen der USA zeige" - nämlich Falwell und die plakative pro-zionistische „christliche Rechte".

In Israel selbst, so die Post vom 24. Januar 1998, habe die Presse „Clintons Behauptungen aufgesogen". Die Post führt weiter aus, dass „das Interesse besonders groß zu sein scheint, weil Monica Lewinsky Jüdin ist".

In der Ausgabe der israelischen Tageszeitung Yedioth Aharonoth vom 22. Januar 1998 kommentierte Nahum Barnea ironisch: „Wir dachten unschuldig, das Schicksal des Friedensprozesses liege in den Händen einer in Prag geborenen Jüdin namens Madeleine Albright: „Wir dachten unschuldig, das Schicksal des Friedensprozesses liege in den Händen einer in Prag geborenen Jüdin namens Madeleine Albright [gemeint ist die US-Außenministerin jüdischer Abstammung]. Offenbar liegt das Schicksal des Friedensprozesses in nicht geringerem Maße in den Händen einer anderen Jüdin, der 24-jährigen Monica Lewinsky aus Beverly Hills, die vor drei Jahren einen lustigen Sommer als Praktikantin im Weißen Haus verbracht hat".

Interessant ist, dass zu dem Zeitpunkt, als Barneas Kommentare in der Newsweek-Ausgabe vom 2. Februar 1998, die dem Skandal eine Sonderausgabe widmete, wiederholt wurden, Newsweek Barneas Worte sorgfältig editiert hatte, so dass sie nun wie folgt lauteten: „Es stellt sich heraus, dass das Schicksal des Friedensprozesses von einer anderen Frau abhängt": „Es stellt sich heraus, dass das Schicksal des Friedensprozesses von einer anderen Frau abhängt". Der jüdische Aspekt der Lewinsky-Affäre war somit vollständig ausgelöscht worden.

Tatsächlich zwang der Lewinsky-Skandal den Präsidenten dazu, sich in Bezug auf die Förderung Israels zurückzuziehen, sehr zur Freude des israelischen Likud.

Am 27. Januar 1998 ließ die Washington Post erneut die Katze aus dem Sack, indem sie erklärte: „Letzte Woche hat Clinton bewiesen, dass er die Israelis nicht dazu zwingen kann, ihre Verantwortung für den militärischen Rückzug zu übernehmen. Diese Woche [nach dem Skandal] ist er noch weniger in der Lage, allein schon deshalb, weil die Mitglieder seiner eigenen Partei, ganz zu schweigen von den Republikanern, eine Politik des verstärkten Drucks auf Israel nicht unterstützen werden".

Falls noch Zweifel daran bestanden, dass Bill und Hillary Clinton sich sicherlich bewusst waren, dass die Lewinsky-Affäre von den israelischen Likudniks und ihren amerikanischen Verbündeten im Rahmen der „rechten" Verschwörung, auf die Hillary hingewiesen hatte, gefördert wurde, sollte man nicht vergessen, dass die First Lady auf dem Höhepunkt des Lewinsky-Rausches öffentlich die Gründung eines palästinensischen Staates forderte. Dies war ein klarer Schlag gegen den Bogen Israels. Die First Lady wurde infolgedessen von den Anhängern Israels unerbittlich geschlagen, aber es besteht kein Zweifel daran, dass es sich um eine offensichtliche und kalkulierte Provokation Hillarys (und sicherlich auch ihres Mannes) handelte, die den Feinden ihres Mannes zeigen sollte, dass die Clintons Israel und seine amerikanischen Freunde notfalls mit harten Bandagen schlagen können.

Schließlich kam rund sieben Jahre später, im Dezember 2005, die Wahrheit über die sehr reale Rolle Israels bei der Nutzung der Lewinsky-Affäre, um Druck auf Präsident Clinton auszuüben, ans Licht.

Der Evangelist Jerry Falwell konnte es nicht lassen, zu prahlen und endlich die Wahrheit zuzugeben: Er und der ehemalige israelische Premierminister Benjamin „Bibi"...

Netanjahu hat sich tatsächlich - in einem kritischen Moment - verschworen, um Präsident Clinton eine Falle zu stellen und insbesondere den Druck des Monica-Lewinsky-Sexskandals zu nutzen, um Clinton zu zwingen, darauf zu verzichten, Israel zum Rückzug aus dem besetzten Westjordanland zu drängen.

Falwells Beichte schaffte es nicht auf die Titelseiten der nationalen Zeitungen, wie es hätte der Fall sein sollen. Stattdessen wurde die Beichte des Predigers in einem langen Artikel in der Dezemberausgabe 2005 von Vanity Fair beerdigt. Unter dem Titel „American Rapture" beschrieb der Artikel (von Craig Unger) die alte und immer noch blühende Liebesgeschichte zwischen amerikanischen evangelikalen Dispensationalisten wie Falwell und den extremistischen jüdischen Hardliner-Kräften in Israel, die damals von Binyamin „Bibi" Netanyahu angeführt wurden.

Falwells Geständnis bestätigt genau das, was dieser Autor erstmals 1998 in The Spotlight enthüllte und dann im März 2003 bei einem Vortrag vor dem offiziellen Think Tank der Arabischen Liga, dem Zayed Centre in Abu Dhabi, berichtete.

Obwohl die Anti-Defamation League (ADL) der Israel-Lobby B'nai B'rith nach meinem Vortrag im Zayed Centre meinen Vorwurf, dass „Monica-gate" tatsächlich israelische Wurzeln habe, als „seltsame Verschwörungstheorie" verurteilte, bestätigte Falwells Behauptung, dass die öffentliche Aufdeckung der Lewinsky-Affäre Clinton dazu gezwungen habe, auf Druck auf Israel zu verzichten, genau das, was ich vorgebracht hatte.

In Bezug auf Falwells Erzählung, wie er mit Netanjahu zusammenarbeitete, um Clintons Druck auf Israel zu untergraben, berichtete Vanity Fair Folgendes: Bei einem Besuch in Washington im Jahr 1998 traf Netanjahu Jerry Falwell im Mayflower Hotel in der Nacht vor dem geplanten Treffen zwischen Netanjahu und Clinton. „Ich habe tausend Leute zusammengetrommelt, um Bibi [Netanjahu] zu treffen, und er hat in dieser Nacht mit uns gesprochen", erinnerte sich Falwell. „Das Ganze war von Netanjahu als Affront gegen Herrn Clinton geplant worden...".

Am nächsten Tag traf Netanjahu mit Clinton im Weißen Haus zusammen. „Bibi hat mir später erzählt", erinnert sich Falwell, „dass am nächsten Morgen Bill Clinton sagte: „Ich weiß, wo Sie letzte Nacht waren". Es wurde wirklich Druck auf Netanjahu ausgeübt, den Hof in Israel abzutreten.

Es war während des Monica Lewinsky-Skandals, dass Clinton sich retten musste, und so stoppte er die Forderungen [nach Abtretung von Gebieten im Westjordanland], die bei diesem Treffen gestellt worden wären und die für Israel sehr schädlich gewesen wären".

Was Falwell nicht erwähnte - zumindest wie von Vanity Fair berichtet - war, dass sein Treffen mit dem israelischen Führer am selben Abend stattfand, bevor die US-Medien mit einem Paukenschlag den Monica Lewinsky-Skandal eröffneten.

Falwell erwähnte auch nicht - wie dieser Autor damals bemerkte und wie wir auf diesen Seiten noch einmal feststellten -, dass einer von Netanjahus wichtigsten amerikanischen Publizisten, der neokonservative Power Broker William Kristol, als erste amerikanische Medienpersönlichkeit öffentlich (in den Tagen vor der offiziellen Enthüllung des Skandals) andeutete, dass es Enthüllungen über einen Sexskandal im Weißen Haus geben werde, der kurz vor der Aufdeckung zum Nachteil von William Jefferson Clinton stehe.

Die Geschichte der Verstrickung zwischen Bill Clinton und Israel ist wahrscheinlich etwas, das Bill und Hillary Clinton am liebsten vergessen würden, aber die Lehre aus Israels Erfolg, einen Skandal wie die Lewinsky-Affäre zu nutzen, um Präsident Clinton zu treffen, ist nichts, was Israel und seine amerikanische Lobby wahrscheinlich vergessen werden. Sollte Hillary Clinton auf die eine oder andere Weise zur Präsidentin aufsteigen, muss sie bereit sein, die Konsequenzen zu tragen.

KAPITEL 15

Der Aufstand der Generäle: Die militärische Elite der USA bezieht Stellung gegen amerikanische Unterstützer Israels

Die gute Nachricht für diejenigen, die sich über die Gefahren von Amerikas Sonderbeziehung zu dem als Israel bekannten atomaren Garnisonsstaat Sorgen machen, ist, dass viele führende amerikanische Militärs - sowohl öffentlich als auch privat - entschieden gegen die amerikanisch-israelische Sonderbeziehung Stellung beziehen. Zwar hat noch kein Militär gesagt „Keine Kriege mehr für Israel", aber ihre Rhetorik in Schriften und öffentlichen Erklärungen sagt im Wesentlichen genau das.

Und im Zuge des Berichts des U.S. Army War College, in dem eine internationale Inspektion des israelischen Atomgolems gefordert wird (im vorherigen Kapitel erwähnt), handelt es sich um eine positive Entwicklung, die sich in den kommenden Tagen zu einer ernstzunehmenden politischen Kraft entwickeln könnte. Es handelt sich um eine positive Entwicklung, die sich in den kommenden Tagen zu einer ernstzunehmenden politischen Kraft entwickeln könnte. Ironischerweise, obwohl die Republikaner seit Generationen glühende Verfechter des US-Militärs sind, rebellieren hochrangige Militärs offen gegen die zivilen Salon-Kriegsfalken, die harten pro-israelischen Ideologen, die Präsident George Bush befohlen haben, ein Programm zur Unterstützung von Militär und Verteidigung aufzulegen, jetzt, da hochrangige Militärs offen gegen die zivilen Salon-Kriegsfalken rebellieren - die pro-israelischen Hardcore-Ideologen, die Präsident George Bush dazu veranlassten, die Invasion des Irak anzuordnen, und die jetzt Krieg gegen den Iran führen wollen - kommen die wütendsten Stimmen, die das Militär verurteilen, aus Kreisen der GOP.

Nach dem Vorbild der Neokonservativen, die als Fanatiker gelten, aber immer noch die Bush-Regierung und die wichtigsten Think Tanks und politischen Gruppen der GOP sowie die Beiräte aller wichtigen republikanischen Kandidaten für die Präsidentschaftswahlen 2008 dominieren, haben viele republikanische Loyalisten damit begonnen, den Generälen, Admirälen und anderen bewährten Militärhelden den Krieg zu erklären, die sagen: „Genug ist genug".

Konservative haben den ehemaligen Marinegeneral Anthony Zinni als „Antisemiten" denunziert, weil er darauf hingewiesen hat, dass die pro-israelischen Neokonservativen die treibende Kraft hinter dem Irakkrieg waren und dass jeder in Washington das wusste. Zinni wusste, wovon er sprach: Er hatte einst das Kommando über alle US-Streitkräfte im Irak.

die Israel im Nahen Osten schützen.

Ein anderer pensionierter Marine, Generalleutnant Greg Newbold, ehemaliger Direktor für Operationen im Generalstab, schrieb in Time, dass der Krieg im Irak „sinnlos" gewesen sei und dass die Rechtfertigung des Krieges durch diejenigen, die er als „Eiferer" bezeichnet, keinen Sinn mache. Newbolds Wahl des Wortes „Zeloten" ist bedeutungsschwer. Der Begriff stammt aus der Legende der Zeloten, einer alten Sekte jüdischer Fanatiker.

Newbold verließ den Dienst vier Monate vor der Invasion des Irak, teilweise, wie er sagte, weil er gegen diejenigen war, die die Tragödie vom 11. September ausnutzten, „um unsere Sicherheitspolitik zu hintertreiben" - womit er sich auf die neokonservativen Fanatiker bezog. Er fügte hinzu: „Bisher habe ich mich gegen den Gedanken gesträubt, mich öffentlich zu äußern". Aber, so fügte er hinzu, „ich habe lange genug geschwiegen".

Was Newbolds Kritiker besonders störte, war seine Aussage, dass er sich „mit der Ermutigung einiger Personen, die noch immer militärische Führungspositionen innehaben", äußerte.

Er prangerte auch an, was er als „Geheimdienstverzerrung bei der Kriegsvorbereitung" bezeichnete - ein Angriff auf die Neokonservativen und ihre israelischen Verbündeten, die als „Geheimdienst" getarnten Müll ablieferten und ihn zur Rechtfertigung des Krieges benutzten.

Newbold schwang seine Wut über die zivilen Kriegsfalken, von denen die meisten nie in der Armee gedient hatten (und von denen die meisten Juden sind, obwohl Newbold diesen Punkt nicht erwähnte), indem er erklärte, dass „der Einsatz unserer Streitkräfte in diesem Kampf mit einer Lässigkeit und Arroganz erfolgte, die denen eigen ist, die diese Missionen nie ausführen mussten - oder deren Ergebnisse begraben mussten".

Newbolds Äußerungen fanden große Beachtung in den Medien, und die neokonservativen Eiferer schossen zurück.

Der vielleicht wortgewaltigste Angriff auf die Generäle stammt von Stephen Herbits, einem ehemaligen Topmanager des Spirituosenimperiums Seagram, der Heimat des Präsidenten des Jüdischen Weltkongresses Edgar Bronfman, der ein großer Förderer Israels ist.

Dieser langjährige Handlanger Bronfmans wurde von Verteidigungsminister Donald Rumsfeld dazu ernannt, in der Armee „Köpfe rollen zu lassen", indem er alle Beförderungen und Ernennungen im Pentagon überprüfte, um das Programm zur schrittweisen Durchsetzung der zionistischen Kontrolle über die US-Kriegsmaschinerie zu implementieren.

In der Ausgabe der offensichtlich pro-israelischen Washington Times vom 2. April 2006 forderte Herbits die Medien auf, mit der Untersuchung von Militärführern zu beginnen, die es gewagt haben, die Regierung anzugreifen. Herbits erklärte, es wäre „ein Dienst an diesem Land, wenn die Medien ein wenig unter diesen Angriffen graben und die Generäle untersuchen würden".

Herbits beauftragte offensichtlich Spionageagenturen wie die Anti-Defamation League (ADL), ein Ableger des israelischen Mossad, damit diese „Daten" über das Militär finden und an die Medien weitergeben, um Andersdenkende in die Schranken zu weisen.

Da Herbits offen schwul ist und sich seit langem für die Rechte von Homosexuellen einsetzt, glauben einige, dass der eigentliche Grund, warum Herbits von der Bush-Regierung angeworben wurde, um eine sogenannte „Reform" im Pentagon einzuführen, darin bestand, dass Militärs, die sich Herbits' Intrigen im Pentagon im Auftrag des zionistischen Apparats widersetzten, weniger geneigt sein würden, den Handlanger der Bronfman-Familie zu kritisieren, aus Angst, der schwulenfeindlichen Voreingenommenheit bezichtigt zu werden, wenn sie es wagten, Herbits' Haupttagesordnung in Frage zu stellen: Die Beseitigung der wahrgenommenen Feinde Israels innerhalb der amerikanischen Militär-Elite.

Es sei darauf hingewiesen, dass Herbits nach seinem Ausscheiden aus der Bush-Regierung in Bronfmans Schoß zurückkehrte und den Posten des Generalsekretärs des Jüdischen Weltkongresses ( ) übernahm, was deutlich macht, wo Herhits' wichtigste politische Sympathien liegen.

Es wird jedoch schwierig sein, die gesamte Armee zu knacken. Am 18. April 2006 enthüllte David Broder, Hauptkommentator der Washington Post, dass Broder einige Monate zuvor, nachdem er darüber geschrieben hatte, wie der Abgeordnete Jack Murtha (D-Pa.) - ein ehemaliger Oberst der Marines, der in Vietnam gedient hatte - den Rückzug der USA aus dem Irak gefordert hatte, von einem Offizier des Pentagon kontaktiert worden war, der ihm seinen Namen und seinen Dienstgrad nannte und sagte:

„Es handelt sich um ein privates Gespräch. Ich melde mich nicht offiziell zu Wort. Aber ich habe Ihren Artikel gelesen und finde es wichtig, dass Sie wissen, dass Jack Murtha uns sehr gut kennt und im Namen vieler von uns spricht".

Das war kein Geheimnis für diejenigen, die das offizielle Washington kennen, denn Murtha ist seit Jahren einer der wichtigsten Sprecher der Armee auf dem

Kapitol. Das macht die Angriffe der pro-israelischen Republikaner auf Murtha so irreführend: Sie stellen Murtha als „Pazifisten", „Defätisten" und „liberalen" Ideologen dar.

Er ist alles andere als das, trotz der lautstarken Behauptungen der Verteidiger Israels, die so fleißig daran gearbeitet haben, Murtha zu diffamieren.

Die Washington Post erklärte ihrerseits in einem Leitartikel vom 18. April 2006 mit dem Titel „Der Aufstand der Generäle", dass „die Rebellion problematisch" sei und „das wesentliche demokratische Prinzip der Unterordnung der Armee unter die zivile Kontrolle bedroht, zumal einige Offiziere behaupten, im Namen derer zu sprechen, die noch im aktiven Dienst sind".

Am selben Tag erklärte ein Redakteur der Washington Times, Tony Blankley - ein Befürworter eines totalen Krieges gegen die muslimische Welt -, dass die noch im Dienst befindlichen Generäle, die aus Protest gegen Bushs Politik einen gemeinsamen Rücktritt in Erwägung ziehen würden, sich möglicherweise „illegal verschwören" würden.

Blankley warf den US-Militärführern nicht nur Aufruhr vor, sondern wiederholte seine Verleumdungen am nächsten Tag und forderte ein Untersuchungsgericht, das feststellen sollte, ob die Militärführer sich der Befehlsverweigerung schuldig gemacht hätten.

In Anlehnung an Blankley ereiferte sich der pro-israelische Agitator Charles Krauthammer, von Beruf Psychiater und kein Soldat, am 21. April 2006 in einer Kolumne in der Washington Post mit dem Titel „Das gefährliche Flüstern des Generals". Dies ist keine Überraschung für diejenigen, die Krauthammers traditionell hetzerische Rhetorik kennen.

Am interessantesten ist letztlich, dass vor der Explosion der Berichte über unzufriedene Generäle in den Mainstream-Medien - vier Jahre nachdem die in Washington ansässige American Free Press die Geschichte zum ersten Mal auf nationaler Ebene aufgedeckt hatte, noch vor der Invasion des Irak - die April-Ausgabe 2006 der ältesten und angesehensten amerikanischen Zeitschrift Harper's eine provokante Titelgeschichte enthielt: „American Coup d'Etat": Militärische Vordenker diskutieren das Undenkbare".

Dies geschah einen Monat, nachdem Harper's in einer anderen Titelgeschichte die Absetzung von Präsident Bush gefordert hatte. Offensichtlich waren - und sind - einige hochrangige Personen mit dem pro-israelischen Internationalismus (und der kriegstreiberischen Politik) des Bush-Regimes unzufrieden.

Erst am 27. Mai 2007 bekräftigte ein anderer ehemaliger Soldat, Oberst a. D. Andrew Bacevich, ein West Point-Absolvent, der in Vietnam gedient hatte und heute Professor für internationale Beziehungen an der Boston University ist, in der Washington Post seine langjährige Ablehnung des Irakkriegs. Er tat dies in einem ergreifenden Kommentar über die Tatsache, dass sein Sohn kürzlich im Irak getötet worden war.

Obwohl die Wahlen im November 2006 „eine klare Absage an die Politik bedeuteten, die uns in unsere gegenwärtige Situation gebracht hat", betonte Bacevich, dass „das Volk gesprochen hat... nichts Wesentliches hat sich geändert [und] sechs Monate später geht der Krieg ohne jedes Ende weiter".

Stattdessen, so sagte er, „hat Bush durch die Entsendung weiterer Truppen in den Irak (und die Verlängerung der Einsätze derer, die wie mein Sohn bereits dort waren) seine völlige Missachtung dessen gezeigt, was man früher malerisch als den Willen des Volkes bezeichnete".

Bacevich schob die Verantwortung für den andauernden Krieg aber auch auf die Führer der Demokratischen Partei, die im Mai 2007 trotz all ihrer parteipolitischen Rhetorik, die gegen den Krieg gerichtet war, den Krieg weiterhin effektiv unterstützten. Bacevich schrieb: Um fair zu sein, liegt die Verantwortung für die Fortsetzung des Krieges nicht weniger bei den Demokraten, die den Kongress kontrollieren, als beim Präsidenten und seiner Partei.

Nach dem Tod meines Sohnes riefen die Senatoren meines Staates, Edward M. Kennedy und John F. Kerry, an, um ihr Beileid auszudrücken. Stephen F. Lynch, unser Abgeordneter, nahm an der Trauerfeier für meinen Sohn teil. Kerry war bei der Trauerfeier anwesend.

Meine Familie und ich haben diese Gesten sehr geschätzt. Aber als ich jedem von ihnen die Notwendigkeit vorschlug, den Krieg zu beenden, wurde ich gegen den Strich gebürstet. Genauer gesagt, nachdem ich kurz so getan hatte, als würde ich zuhören, gab mir jeder eine abgehackte Erklärung, die im Wesentlichen lautete: „Geben Sie mir nicht die Schuld: Geben Sie mir nicht die Schuld.

Auf wen hören Kennedy, Kerry und Lynch? Wir kennen die Antwort: die gleichen Leute, die auch das Ohr von George W. Bush und Karl Rove haben, nämlich reiche Privatpersonen und Institutionen. [Hervorhebung durch den Autor].

Wenn Bacevich von „reichen Einzelpersonen und Institutionen" spricht, bezieht er sich zweifellos auf die Personen und Institutionen - allesamt reich - , die die mächtige israelische Lobby in Amerika bilden. Seine späteren Kommentare haben dies noch verstärkt: Geld kauft Zugang und Einfluss. Mit

Geld lässt sich der Prozess schmieren, der zur Wahl eines neuen Präsidenten im Jahr 2008 führen wird. Was den Irak betrifft, garantiert Geld, dass die Anliegen der großen Konzerne, der großen Ölgesellschaften, der kriegerischen Evangelikalen und der Verbündeten im Nahen Osten gehört werden. (Hervorhebung durch den Autor).

Als Bacevich deutlich „kriegslüsterne Evangelikale und Verbündete im Nahen Osten" erwähnte, war dies natürlich ein direkter Hinweis auf die christlich-fundamentalistischen Anhänger Israels in Amerika und auf Israel selbst, da der einzige Verbündete der USA im Nahen Osten, der die amerikanische Intervention im Irak begünstigte, Israel war.

Um die Dominanz all dieser wohlhabenden Interessen über das politische System der USA noch weiter zu unterstreichen, fügte Bacevich noch hinzu

Das Geld hält das republikanisch-demokratische Duopol der banalisierten Politik aufrecht. Es beschränkt die Debatte über die amerikanische Politik auf eingespielte Kanäle. Es bewahrt die Klischees von 1933-1945 über Isolationismus, Appeasement und den Ruf der Nation nach einer „globalen Führungsrolle". Sie verhindert eine seriöse Buchführung über die genauen Kosten unseres Missgeschicks im Irak. Sie ignoriert völlig die Frage, wer tatsächlich dafür bezahlt. Sie leugnet die Demokratie, indem sie das Recht auf freie Meinungsäußerung zu einem bloßen Mittel macht, um abweichende Meinungen zu registrieren.

Bacevich war sich der Tatsache bewusst, dass er für solche Äußerungen durchaus als „Verschwörungstheoretiker" oder gar „Antisemit" angeklagt werden könnte, und schloss kurz und bündig: „Es geht nicht um eine große Verschwörung. Es ist die Art und Weise, wie unser System funktioniert".

Herr Bacevich ist nicht allein. Seine Bedenken werden von vielen Militärs und anderen US-Institutionen geteilt. Deshalb sind Israel und seine Unterstützer sehr besorgt. Ihnen ist bewusst, dass es eine wachsende Opposition gegen Israel und seine Fähigkeit gibt, die USA mit der Drohung, seinen nuklearen Golem einzusetzen, zu erpressen und sich auf das Gewicht seiner Lobby in Washington zu stützen.

Deshalb bemüht sich Israel heute, wie wir im nächsten Kapitel sehen werden, diese abweichenden Stimmen in die Schranken zu weisen.

KAPITEL 16

Die große Hexenjagd des 21. Jahrhunderts: Zionisten fordern die Ausweisung von Israelkritikern aus der US-Regierung und dem US-Militär

Einer der wichtigsten Vertreter der pro-israelischen Lobby drängt auf eine „Hexenjagd" nach altem Muster - unter dem Deckmantel der allgegenwärtigen Propaganda der „inneren Sicherheit" -, um Mitglieder der US-Regierung und des US-Militärs zu identifizieren (und auszuweisen), die im Verdacht stehen, Israel gegenüber feindlich eingestellt zu sein.

Der zionistische Aufruf zur Hexenjagd stützt sich auf die hanebüchene These, dass „islamische Faschisten" und muslimische Agenten „Dschihadisten" und vielleicht insbesondere deren „Sympathisanten" - wie auch immer die vage Definition der Angstverkäufer lauten mag - die Verteidigung, die nationale Sicherheit und die Bundespolizei der Vereinigten Staaten befallen haben.

Die Hexenjagd wurde in der Herbstausgabe 2006 der auflagenschwachen, aber sehr einflussreichen Zeitschrift Journal of International Security Affairs vorgeschlagen, die vom Jewish Institute for National Security Affairs (JINSA) herausgegeben wird, einer der Frontkräfte der fanatisch pro-israelischen „neokonservativen" Kreise, die die Außenpolitik unter George W. Bush leiten.

Nicht nur Vizepräsident Dick Cheney, sondern auch UN-Botschafter John Bolton, der ehemalige stellvertretende Verteidigungsminister Douglas Feith und Richard Perle, der ehemalige Vorsitzende des Defense Policy Board - um nur einige der großen Namen der Regierung zu nennen - waren alle mit JINSA in Verbindung gebracht worden.

Ein Analyst, Professor Edward Herman von der University of Pennsylvania, beschrieb JINSA korrekt als „organisiert und [geführt] von Personen, die eng mit der Israel-Lobby verbunden sind und als virtuelle Agentur der israelischen Regierung betrachtet werden können".

Was zunächst wie ein Kommentar im JINSA-Journal erscheint, führt oft zu einer sehr realen Politik, die von der Bush-Regierung allein und manchmal gemeinsam mit dem Kapitol betrieben wird, das einige Kritiker bekanntermaßen zynisch als „von Israel besetztes Gebiet" bezeichnen.

Der Aufruf des JINSA zur Hexenjagd ist Teil einer Reihe von Kommentaren zu den „Verbündeten... und Gegnern des 21. Jahrhunderts" der USA und Israels, zwei Nationen, die das JINSA natürlich als virtuelle Verlängerungen des jeweils anderen ansieht.

In zionistischen Publikationen wird regelmäßig behauptet, dass „antiisraelische" Gefühle automatisch als „antiamerikanisch" und sogar von Natur aus als „antichristlich" zu betrachten sind - ein Thema, das zuerst lautstark von der Zeitschrift Commentary des American Jewish Committee propagiert wurde.

Die JINSA-Essays bezeichneten erwartungsgemäß Länder wie den Iran, Syrien, Russland und Venezuela als mögliche „Gegner" der Achse USA-Israel. Es war jedoch ein Aufsatz von Walid Phares - der mit einer zionistischen Front für öffentliche Politik verbunden ist, die als Stiftung zur Verteidigung der Demokratien bekannt ist -, der nahelegte, dass es sehr echte „Gegner" auf amerikanischem Boden gibt, und zwar auf hohen Ebenen des US-Militärs und der Geheimdienste. In seinem Artikel „Future Terrorism - Mutant Jihads" stellt Phares die folgende Frage

Inwieweit haben dschihadistische Elemente die US-Regierung und die Bundesbehörden, darunter das Federal Bureau of Investigation, das Department of Homeland Security, das Department of Defense und verschiedene Militärkommandos, infiltriert, sei es durch Sympathisanten oder durch tatsächliche Agenten

Obwohl es sich um eine tendenziöse Frage handelte, war Phares' Implikation nur allzu deutlich: Er glaubt an die Existenz einer solchen „Bedrohung". Der JINSA-Autor verkündete dann die Notwendigkeit eines „nationalen Konsenses", der die „Konfrontation dieser Kräfte" auf der Grundlage „der Kenntnis ihrer Ideologien, ihrer Ziele und ihrer Entschlossenheit" erfordere.

Da es beim FBI, der Heimatschutzbehörde, dem Verteidigungsministerium usw. nur wenige muslimische Amerikaner oder gar arabische Amerikaner in substanzieller Zahl gibt, mag die Vorstellung, dass „dschihadistische" Elemente unsere Regierung „infiltriert" haben, dem Durchschnittsamerikaner absurd erscheinen.

Doch in den fiebrigen Köpfen des JINSA und der auf amerikanischem Boden operierenden zionistischen Hardcore-Elemente, die entschlossen sind, den Verantwortlichen der amerikanischen Außenpolitik die Forderungen Israels aufzuzwingen, besteht die eigentliche Sorge darin, dass eine wachsende Zahl hochrangiger Mitarbeiter des FBI, der CIA und des Militärs allmählich „genug" von der zionistischen Macht in Amerika haben.

Da hochrangige Militärs die Notwendigkeit eines Krieges gegen den Irak und den Iran - zwei Kriege, die seit langem Ziele der zionistischen Lobby sind - offen abgelehnt haben, stellt dies in den Augen der JINSA-Sphäre eine effektive Zusammenarbeit mit den gefürchteten „Dschihadisten" und eine Sympathie für sie dar.

So berichtete beispielsweise The Forward, eine in New York ansässige Zeitung der jüdischen Gemeinde, am 11. Mai 2005, dass Barry Jacobs vom Washingtoner Büro des American Jewish Committee erklärte, er glaube, dass es in der amerikanischen Geheimdienstgemeinschaft hohe Beamte gebe, die Israel gegenüber feindlich eingestellt seien und einen Krieg gegen die pro-israelischen Lobbyisten und ihre neokonservativen Verbündeten in den internen Kreisen der Bush-Regierung führten.

Unter Berufung auf die laufenden Ermittlungen des FBI zur Spionage gegen Funktionäre des American Israel Public Affairs Committee (AIPAC), der wichtigsten pro-israelischen Lobbygruppe, berichtet Forward, dass dieser hochrangige Vertreter der jüdischen Gemeinschaft laut der Zusammenfassung von Forward der Ansicht ist, dass „die Vorstellung, dass amerikanische Juden und die Neokonservativen im Pentagon sich verschworen haben, um die USA in einen Krieg gegen den Irak und möglicherweise auch gegen den Iran zu drängen, in der Washingtoner Geheimdienstgemeinschaft allgegenwärtig ist".

Es ist klar, dass es bei solchen in proisraelischen Kreisen verbreiteten Gedanken unvermeidlich ist, dass eine führende proisraelische politische Gruppe wie JINSA das Gespenst der „Infiltration" durch diejenigen, die als „Sympathisanten" gelten, heraufbeschwört und vorschlägt, dass sie aus Regierungsbehörden entfernt werden sollten.

Die Gefahr einer Hexenjagd ist also real. Trotz der Unterschiede zwischen der Bush-Regierung und ihren demokratischen Gegnern sind sich beide in einem Punkt einig: die israelische Lobby zu befriedigen, die sowohl die Demokraten als auch die Republikaner über ein Netzwerk von politischen Aktionskomitees finanziert und ihren Einfluss auf dem Kapitol über Lobbygruppen wie APIAC, das American Jewish Committee, den American Jewish Congress und die Anti-Defamation League geltend macht.

Es ist eine Ironie des Schicksals, dass das JINSA eine Anfrage zur Untersuchung ausländischer Agenten und Sympathisanten in der US-Regierung initiiert hat. Der Gründer des JINSA, Stephen Bryen, ein ehemaliger Assistent des Senators im Kapitol, lief Gefahr, wegen Spionage für Israel angeklagt zu werden, bis ihn der Druck auf das Justizministerium dazu zwang, einen Rückzieher zu machen.

Nicht nur Bryen, sondern auch mehrere andere Mitglieder der JINSA-Sphäre waren zu irgendeinem Zeitpunkt Gegenstand von Ermittlungen des FBI wegen ähnlicher Vorwürfe bezüglich ihres möglichen Missbrauchs von US-amerikanischen Verteidigungs- und Geheimdienstinformationen für Israel. Dabei handelt es sich unter anderem um

- Richard Perle, gegen den in den 1970er Jahren ermittelt wurde, als er einer der wichtigsten Mitarbeiter des Senators Henry Jackson war

- Douglas Feith, der zwar später in der Bush-Regierung 2001 in eine hohe Position befördert wurde, aber aus dem Nationalen Sicherheitsrat unter Präsident Ronald Reagan entlassen wurde; und

- Paul Wolfowitz, der kürzlich als Chef der Weltbank entlassen wurde und ehemaliger stellvertretender Verteidigungsminister der Bush-Regierung war, war in den 1970er Jahren Gegenstand von Ermittlungen des FBI, da er im Verdacht stand, geheime Informationen an Israel weitergegeben zu haben.

Die Tatsache, dass so offensichtliche Verräter einen Freifahrtschein erhalten, während Israelkritikern heute eine Hexenjagd droht, sagt viel darüber aus, wie die amerikanischen Geschäfte heute laufen.

Es sind jedoch nicht nur das US-Militär und die Geheimdienste, die sich über den unzulässigen Einfluss Israels und seiner Lobby auf die US-Politik Sorgen machen. Eine wachsende Zahl von Akademikern - darunter auch einige prominente - wagt es nun, ihre Meinung zu äußern, sehr zum Leidwesen der Hexenjäger. Diese Kritiker Israels werden nicht zum Schweigen gebracht.

Im nächsten Kapitel befassen wir uns mit diesem wachsenden Phänomen und der Reaktion, die es bei den heute in den USA operierenden Unterstützern Israels hervorgerufen hat.

KAPITEL 17

Die Revolte der Akademiker: Die besten Akademiker werfen die Frage auf: „Sind die besonderen Beziehungen zwischen den USA und Israel gut für Amerika?"

Im Frühjahr 2006 veröffentlichten zwei der bekanntesten Außenpolitiker der USA - John Mearsheimer von der Universität Chicago und Stephen Walt von der Harvard University - ein Papier mit dem Titel „The Israel Lobby and U.S. Foreign Policy" (Die Israel-Lobby und die Außenpolitik der USA), in dem sie die privilegierten Beziehungen zwischen den USA und Israel scharf kritisierten.

Obwohl er zuerst im Internet veröffentlicht wurde, erschien eine vereinfachte Version am 23. März 2006 in The London Review of Books. Ironischerweise hat der Bericht zwar eine heftige Kontroverse ausgelöst, doch die in New York ansässige jüdische Zeitung Forward stellte zu Recht fest: „Es gibt nicht viel Neues" in dem Bericht. Tatsächlich wusste jeder, der die in Washington ansässige American Free Press oder andere Publikationen wie Liberty Letter oder The Spotlight in den 1960er und 1970er Jahren gelesen hatte, bereits, was von den beiden Akademikern berichtet wurde.

Obwohl die großen US-Medien Israel stets im besten Licht darstellten, warfen Freidenker aus aller Welt dennoch unbequeme Fragen auf, die darauf hindeuteten, dass die Wahrheit über Israel auch anders aussehen könnte. Diese Kritiker der Achse USA-Israel wurden als „antisemitisch" bezeichnet. Selbst der südafrikanische Erzbischof Desmond Tutu, der bis dahin immer eine Ikone der amerikanischen Presse gewesen war, schockierte 2002 viele, als er behauptete, dass in den USA „die israelische Regierung auf ein Podest gestellt wird", weil, wie er sagte, „die jüdische Lobby mächtig, sehr mächtig ist".

Mit der Veröffentlichung ihres Artikels sprachen Meirsheimer und Walt schließlich das an, was Israelkritiker schon seit Jahren sagten. Was für die pro-israelischen Kräfte so beunruhigend war, war die Tatsache, dass Akademiker, wie Forward es ausdrückte, „nicht als Exzentriker außerhalb des Mainstreams abgetan werden können". Wie die jüdische Wochenzeitung es ausdrückte, „sind sie der Mainstream": „Sie sind der Mainstream. Deshalb waren die Zionisten erschrocken. Walt war nicht nur Professor an der Harvard University gewesen, sondern auch der scheidende Dekan der John F. Kennedy School of

Government der Universität, die der Forward als „das renommierteste Zentrum für politische Studien der Nation" anerkennt.

Infolge des Feuersturms in akademischen Kreisen und in einigen Medien gingen Kopien des Artikels per E-Mail um die Welt. So erfuhren viele Menschen, die zuvor geglaubt hatten, dass Kritik an Israel von „Hassern" geäußert werde, dass zwei der angesehensten amerikanischen Außenpolitiker sehr harte Worte über die Gefahren fanden, die sich aus dem mächtigen Einfluss der Israel-Lobby auf die US-Außenpolitik ergeben.

Am 25. März 2006 nahm das heftig pro-israelische „Editorial Board" des Wall Street Journal (WSJ) die Professoren aufs Korn, stellte aber genau fest, dass : „[Ihre Prämisse] ist, dass Israel eine enorme strategische Verantwortung für die Vereinigten Staaten darstellt, die unseren Ruf in der arabischen Welt ruiniert, unsere Diplomatie bei den Vereinten Nationen erschwert, islamischen Fanatismus und Terror inspiriert, uns dazu bringt, unglückliche Kriege zu führen, uns zu Komplizen israelischer Menschenrechtsverletzungen macht und uns jährlich etwa 3 Milliarden Dollar kostet". Obwohl das WSJ behauptete, dass Mearsheimer und Walt nicht unbedingt „antisemitisch" seien, war ihr Artikel „faktisch antisemitisch".

Gleichzeitig priesen pro-israelische Elemente Alan Dershowitz, einen Israel-Publizisten mit Sitz an der Harvard Law School, der behauptete, die beiden hätten sich weitgehend auf „neonazistische" und „antisemitische" Webseiten als Informationsquellen verlassen.

Dershowitz hatte gelogen. Eine schnelle Überprüfung der Zitate ergab, dass es sich um ganz „klassische" Quellen handelte, darunter die Washington Post, die New York Times, die israelische Ha'aretz, die in New York ansässige Jewish Week und der oben erwähnte Forward.

In der Zwischenzeit, am 26. März 2006, veröffentlichte die New York Daily News, die Mort Zuckerman gehört, dem ehemaligen Vorsitzenden der Konferenz der Präsidenten der wichtigsten jüdischen Organisationen der USA - einer wichtigen Kraft der Israel-Lobby -, einen Kommentar, in dem behauptet wird, dass „es keine 'Israel-Lobby' gibt". Diese Behauptung wird in der allerersten Fußnote des Mearsheimer-Walt-Berichts widerlegt, in der es heißt: „Die bloße Existenz der Lobby legt nahe, dass die bedingungslose Unterstützung Israels nicht im nationalen Interesse der Vereinigten Staaten liegt. Wenn dies der Fall wäre, bräuchte es keine organisierte Interessengruppe, um dies zu erreichen. Weil Israel aber ein strategischer und moralischer Nachteil ist, bedarf es unaufhörlichen politischen Drucks, um die Unterstützung der USA aufrechtzuerhalten".

Soweit die Kritik an den Grundlagen des Berichts. In der Zwischenzeit haben immer mehr Stimmen, hochrangige Akademiker, begonnen, öffentlich Fragen über die eigentliche Gültigkeit der Gründung Israels, des Staates, wie er heute existiert, aufzuwerfen. Zur Bestürzung vieler hat eine angesehene britisch-jüdische Wissenschaftlerin, Professor Jacqueline Rose, ein Buch mit dem Titel The Question of Zion (erschienen bei der renommierten Princeton University Press) veröffentlicht, in dem sie behauptet, dass der Zionismus als historisches Experiment gescheitert sei und dass der Zionismus, wie sie es ausdrückt, „in Gefahr ist, sich selbst zu zerstören".

Als Reaktion auf das Aufbegehren der Akademiker gegen die US-Politik gegenüber Israel begannen Kongressabgeordnete, angetrieben von der Israel-Lobby, Maßnahmen zu ergreifen, um die Bundesmittel für Universitäten zu kürzen, deren Professoren und Studenten sich kritisch gegenüber Israel äußerten. Im Allgemeinen hatte die Kritik des Kongresses an diesen abweichenden Stimmen zum Thema, dass diese Akademiker „antiamerikanisch" seien, weil sie es wagten, Israel und die israelfreundliche US-Politik zu kritisieren. Zu einem bestimmten Zeitpunkt erwog Senator Sam Brownback (R-Kansas), eine Präsidentschaftshoffnung der GOP im Jahr 2008, sogar die Einrichtung eines Gerichts, in dem israelkritische Akademiker tatsächlich vor Gericht gestellt werden könnten, um festzustellen, ob sie sich der Verbreitung von „Antisemitismus" schuldig gemacht haben, weil sie Israel kritisieren (für einen Bericht über Brownbacks Projekt siehe The Judas Goats: The Enemy Within). Im Herbst 2007 veröffentlichten die umstrittenen Professoren Meirsheimer und Walt eine aktualisierte Version ihres Artikels in Form eines Buches mit dem Titel The Israel Lobby and U.S. Foreign Policy (Die Israel-Lobby und die US-Außenpolitik), in dem sie auf die anfängliche Kritik an dem Artikel eingingen und die hysterische Reaktion der jüdischen Lobby auf das, was sie ursprünglich geschrieben hatten, beschrieben. Sie beeilten sich auch, den Lesern zu versichern, dass sie verantwortungsvolle Kritiker Israels und keine unverantwortlichen „Antisemiten" seien, obwohl die wichtigsten Stimmen der jüdischen Lobby weiterhin darauf bestanden, dass die Äußerungen der Akademiker „antisemitisch" seien, auch wenn die beiden Professoren keine „Antisemiten" waren.

Die beiden Professoren erklärten, dass andere Israelkritiker „Verschwörungstheoretiker" seien und dass sie keine seien, obwohl sie in Wirklichkeit das Gleiche sagen wie andere Israelkritiker. Es handelt sich um ein bizarres und etwas amüsantes Spiel, bei dem einige Israelkritiker versuchen, der jüdischen Lobby und den Medien zu beweisen, dass sie nicht so schlecht sind wie andere Israelkritiker.

Was jedoch am beunruhigendsten, wenn nicht sogar regelrecht verstörend an dem neuen Buch von Meirsheimer und Walt ist, ist, dass die beiden trotz der angemessenen Menge an Material in ihrem Band (das viel von dem widerspiegelt, was schon viel früher in dem früheren Werk dieses Autors, The High Priests of War, aufgetaucht war) tatsächlich nur wenig über Israels Intrigen um seinen nuklearen Golem zu sagen haben. Sie haben John F.

Kennedys hartnäckige Bemühungen, Israel am Aufbau eines Atomwaffenarsenals zu hindern, kaum zur Kenntnis genommen und Israels nukleare Positionierung bei der Untersuchung der Rolle der Israel-Lobby und ihrer Auswirkungen auf die Außenpolitik der USA kaum berücksichtigt. Zusammen mit dem sprachlichen Geplänkel über die Definition von „wer antisemitisch ist und wer nicht" ist dies ein schwerwiegender Mangel in einem ansonsten wichtigen Werk.

Der Krieg gegen die Meinungsfreiheit im Bereich der amerikanischen Außenpolitik verschärft sich, zumal immer mehr Menschen - Akademiker, Militärführer, Geheimdienstspezialisten, Theologen und andere - es wagen, Fragen über die amerikanische Politik gegenüber Israel und der muslimischen Welt aufzuwerfen. Es ist fair zu sagen, dass in einem einzigen Bereich - dem Thema Israel und der Macht des Zionismus in der Ausrichtung der US-Außenpolitik - die von Amerika gepriesene „Meinungsfreiheit" immer mehr der Vergangenheit angehört.

Die große Frage ist, ob die Revolte der Generäle (begleitet von der Revolte der Akademiker) letztendlich dazu beitragen wird, Israels Dominanz über die amerikanische Politik zu beenden, oder ob Israel, ausgestattet mit Atomwaffen, schließlich als die größte Weltmacht auftauchen wird, die ihren Einfluss in Amerika nutzt, um den zukünftigen Verlauf der Weltangelegenheiten zu diktieren. Und derzeit befindet sich Israel, wie wir im nächsten Kapitel sehen werden, im Krieg mit der Welt...

KAPITEL 18

Der Krieg des Zionismus gegen die Vereinten Nationen: Einführung eines neuen Mechanismus zur Errichtung eines globalen Imperiums

Die Organisation der Vereinten Nationen (UNO) wurde von den One-World-Träumern, die einst in dieser Weltorganisation das Mittel zur Errichtung eines globalen Hegemons sahen, auf Eis gelegt, ins Abseits gestellt und - zumindest zeitweise - in den Papierkorb geworfen.

Die heutigen Imperialisten, Bannerträger einer alten Philosophie, die jeder Form von Nationalismus außer ihrem eigenen feindlich gegenübersteht, betrachten heute die Vereinigten Staaten als treibende Kraft bei der Umsetzung der neuen Weltordnung, von der sie seit Generationen träumen. Die USA sind ihr „neues Jerusalem" und sie beabsichtigen, die militärische Macht Amerikas zur Erreichung ihrer Ziele einzusetzen.

Fast 50 Jahre lang haben die großen US-Medien den Amerikanern - und den Völkern der Welt - erzählt, dass die Vereinten Nationen „die letzte Hoffnung der Menschheit" seien. Dieses Thema war ein rituelles Mantra in den öffentlichen Schulen der USA.

Jeder, der es wagte, die Vereinten Nationen zu kritisieren, wurde ausgegrenzt und als „Extremist" verurteilt, der der Menschheit selbst feindlich gesinnt war.

In den 1970er Jahren begannen sich die Dinge jedoch zu ändern. Als die Nationen der Dritten Welt ihren kolonialen Status überwanden und Israels Unterdrückung der christlichen und muslimischen Bevölkerung arabisch-palästinensischer Abstammung zu einem weltweiten Thema wurde, bekamen die Vereinten Nationen ein neues Gesicht, zumindest was das Monopol der amerikanischen Medien betraf. Plötzlich wurden die Vereinten Nationen nicht mehr als etwas so Wunderbares angesehen.

Als die Vereinten Nationen 1975 schließlich ihre historische Resolution verabschiedeten, in der sie den Zionismus als eine Form des Rassismus verurteilten, schloss sich der Kreis. Wegen ihrer direkten Herausforderung des Zionismus, der Grundlage für die Gründung des Staates Israel im Jahr 1948, der damals wie heute als geistige Hauptstadt eines aufstrebenden zionistischen

Weltreichs gilt, wurden die Vereinten Nationen von den Medien - von denen sich die meisten in den Händen zionistischer Familien und Finanzinteressen befinden - als unangefochtener Bösewicht dargestellt.

Plötzlich war die Kritik an den Vereinten Nationen durchaus „respektabel". In den Vereinigten Staaten machte eine aufstrebende Bewegung, die sogenannten „Neokonservativen", die von einer eng verbundenen Clique ehemaliger trotzkistischer jüdischer Kommunisten unter der Führung von Irving Kristol und seinem Handlanger Norman Podhoretz, der lange Zeit Chefredakteur der einflussreichen Monatszeitschrift Commentary des American Jewish Committee war, angeführt wird, den aufkommenden Angriff auf die Vereinten Nationen zu einem Kernstück ihrer Agenda.

Doch erst mit dem Amtsantritt der Regierung von Präsident George W. Bush im Januar 2001 wurde das Bestreben, „die USA aus der UNO und die UNO aus den USA herauszuholen" (oder Varianten davon), im offiziellen Washington Teil des realen politischen Rahmens - eines virtuellen „mas ter plan" für die Umsetzung eines weltweiten zionistischen Imperiums, sozusagen.

Die Vereinnahmung des amerikanischen Establishments für nationale Sicherheit durch eine Reihe von Bush ernannter Neokonservativer - jeder von ihnen im Wesentlichen ein Schützling des bereits erwähnten Irving Kristol und seines Sohnes William Kristol, eines mächtigen Medienkommentators und politischen Entscheidungsträgers hinter den Kulissen - garantierte, dass die Kampagne gegen die Vereinten Nationen zum Kernstück der Politik der Bush-Regierung werden würde.

Darüber hinaus fand die Anti-UN-Rhetorik in den amerikanischen Medien zunehmend Unterstützung. In der New York Post beispielsweise, einer Zeitung, die von Mortimer Zuckerman, dem ehemaligen Vorsitzenden der Konferenz der Präsidenten der wichtigsten jüdischen Organisationen Amerikas (dem Führungsgremium der zionistischen Bewegung Amerikas), herausgegeben wird, sprach eine Kolumnistin, Andrea Peyser, von den „antiamerikanischen und antisemitischen Ratten, die die Ufer des East River befallen".

Falls noch jemand daran zweifelt, dass der Grund für die Opposition gegen die UNO darin liegt, dass sich die Weltorganisation den Forderungen Israels widersetzt hat, sei auf den aufschlussreichen Kommentar von Cal Thomas hingewiesen, einem langjährigen Mitarbeiter von Reverend Jerry Falwel, einem der vehementesten Verteidiger Israels im heutigen Amerika.

In einem Artikel, der in der Ausgabe der Washington Times vom 12. Dezember 2004 erschien, griff Thomas seine langjährige Kritik an den Vereinten Nationen auf, die er früher - wie er selbst zugab - als das Werk eines „Randes der Bevölkerung" betrachtet hatte. Thomas erklärte, dass „die Welt ohne diese Organisation besser dran wäre". Mit der Bemerkung, dass viele Amerikaner nie geglaubt hätten, dass die Vereinten Nationen für Amerika von Vorteil wären, sagte Thomas, dass er immer der Meinung gewesen sei, dass diejenigen, die solche Dinge sagen, ignoriert werden sollten.

Thomas schrieb Folgendes

Zu meiner Zeit an der Universität kannte ich sie. Es waren die Randgruppen und sogar darüber hinaus, die glaubten, dass die Fluoridierung des öffentlichen Wassers eine kommunistische Verschwörung sei, um uns zu vergiften, dass Dwight Eisenhower ein verkappter Kommunist sei, dass die Trilaterale Kommission und der Rat für Auswärtige Beziehungen Teil der Kampagne für eine „einzige Weltregierung" seien, dass jüdische Bankiers die Weltwirtschaft lenkten und dass die Vereinten Nationen aufhören sollten zu existieren.

Laut Thomas: „Ohne der Paranoia und den Verschwörungstheorien anzuhängen, bin ich jetzt zu letzteren konvertiert". Thomas' diesbezügliche Behauptung ist eine offene Bloßstellung der Haltung der zionistischen Lobby gegenüber dem RMLJ, nachdem die Weltorganisation nun sehr deutlich aus den Händen der zionistischen Bewegung gefallen ist und ihrer Meinung nach sozusagen als „nicht mehr zu handhaben" oder „nicht mehr zu retten" gilt.

Tatsächlich besteht überhaupt kein Zweifel daran, dass die Zionisten die USA tatsächlich als den neuen Mechanismus wahrnehmen, mit dem sie ihre Ziele zu erreichen versuchen, indem sie die Vereinten Nationen ins Abseits drängen.

Das große Projekt einer neuen Weltordnung - im Zuge der neuen „imperialen" Rolle Amerikas - wurde recht direkt in einem wichtigen zweiteiligen Grundsatzpapier vorgestellt, das in den Sommer- und Winterausgaben 2003 und 2004 des Journal of International Security Affairs, dem Organ des einflussreichen Jüdischen Instituts für Nationale Sicherheitspolitik (JINSA), veröffentlicht wurde.

Früher ein wenig bekannter Think Tank in Washington, wird JINSA nun oft öffentlich als die treibende Kraft hinter Bushs heutiger Außenpolitik anerkannt. Ein Kritiker des JINSA, Professor Edward Herman, ging sogar so weit, das JINSA als „eine virtuelle Agentur der israelischen Regierung" zu bezeichnen.

Der Autor des JINSA-Artikels, Alexander H. Joffe, ein pro-israelischer Akademiker, hat regelmäßig in der JINSA-Zeitung geschrieben, was sicherlich die hohe Wertschätzung widerspiegelt, die seine Ansichten bei der zionistischen Elite genießen.

Seine zweiteilige Serie trug den Titel „Das Imperium, das seinen Namen nicht zu nennen wagt" und schlug folgendes Thema vor: „Amerika ist ein Imperium", womit er andeutete, dass dies, ja, eine sehr gute Sache ist. Das neu zu errichtende Weltregime würde Amerika zum „Zentrum eines neuen internationalen Systems" in „einer Welt, die wie Amerika aussieht und daher für alle sicher ist" machen. Allerdings ist das, wie Amerika „aussieht", das, was die Zionisten wollen, dass es aussieht - nicht unbedingt das, was das amerikanische Volk als Amerika wahrnimmt.

Joffe stellte unmissverständlich fest: Das Ende der Generalversammlung als glaubwürdiges Organ kann plausibel auf die berüchtigte Resolution „Zionismus ist Rassismus" von 1975 zurückgeführt werden" (die übrigens inzwischen aufgehoben wurde). Der JINSA-Autor behauptet, dass die Welt „dankbar" sein sollte, dass die Vereinten Nationen „diskreditiert, zu einer Farce degradiert und letztlich gelähmt" wurden.

Nach der Aufgabe der Vereinten Nationen als Vehikel für eine Weltregierung, schreibt Joffe, „haben wir nun die Gelegenheit und die Verpflichtung, neu anzufangen". Er warnt jedoch, dass selbst die aufstrebende Europäische Union (EU) eine Bedrohung für den Traum von einem Weltreich darstellt (zumindest natürlich aus der Sicht der zionistischen Bewegung).

Der Autor des JINSA behauptet, die EU sei eine „alternative Vision der internationalen Gemeinschaft", eine Vision, die, wie er sagte, offen gesagt „das authentische Gegengewicht zum amerikanischen Imperium" ist.

Joffe zufolge besteht das größte Problem Europas und der EU darin, dass „die Kultur nach wie vor im Mittelpunkt der Probleme Europas steht". Der Nationalismus ist eine Doktrin, die in Europa geboren wurde, genau wie ihre bösartigen Mutanten: Faschismus und Kommunismus. (Als glühender Verfechter des israelischen Supernationalismus sieht der Autor von keine Logik in seinem Angriff auf den Nationalismus anderer Völker). Joffe beschwerte sich, dass, obwohl „das neue europäische Reich in der Theorie multikulturell ist... in Wirklichkeit wird es politisch und kulturell von Frankreich und wirtschaftlich von Deutschland dominiert". In der heutigen Europäischen Union wurde, „getrieben von postkolonialen Schuldgefühlen und der Langeweile der Nachkriegszeit, die Tür für alle Ideen geöffnet. Auf den unheilvollsten Ebenen hat sie eine gewaltige Explosion ungeordneten Denkens und Handelns ermöglicht und sogar legitimiert, nämlich Antiamerikanismus, Antisemitismus und eine Vielzahl von Verschwörungstheorien".

In jedem Fall ist das, was Joffe als „die andere Art des liberalen Internationalismus" beschrieb, das, was die zionistische Bewegung fördert, und Joffe definierte es

„Angesichts unserer Geschichte und unserer Werte besteht diese Zukunft darin, das amerikanische Imperium so zu nutzen, dass es zur Grundlage eines neuen, demokratischen internationalen Systems wird.

Im zweiten Teil seines Essays, der in der Winterausgabe 2004 der Zeitschrift JINSA veröffentlicht wurde, geht Joffe noch weiter und entwickelt seinen Aufruf zu etwas, das er als „ein Imperium, das wie Amerika aussieht" beschreibt.

Doch trotz seiner „Demokratie"-Rhetorik sprach Joffe offen über die Beteiligung der USA an massiven imperialen Eroberungen in den von Unruhen zerrissenen Regionen Afrikas - wahrscheinlich, nachdem die USA bereits in den arabischen Ländern des Nahen Ostens gewütet hatten : Die Bedingungen, unter denen Amerika und seine Verbündeten einfach die Kontrolle über die afrikanischen Länder übernehmen und sie wiederherstellen würden, sind alles andere als klar. Wie hoch sind die Schwellenwerte für eine Intervention

Wie sind die Verfahren und die Ergebnisse? Wer kämpft und wer zahlt? Die Wiederherstellung Afrikas wäre mit langfristigen Verpflichtungen und immensen Kosten verbunden, die nur von Afrika selbst bezahlt werden könnten. Mit anderen Worten: Sie würde wahrscheinlich eine wirtschaftliche Kontrolle durch die USA sowie eine politische und kulturelle Kontrolle erfordern.

Der Kolonialismus zahlt sich immer nach und nach aus, und das ist kein schöner Anblick. Die Frage ist, ob Afrika den Preis zahlen kann (oder es sich leisten kann, es nicht zu tun) und ob Amerika den Magen dafür hat.

Natürlich ist Afrika nicht das einzige Ziel von Joffe und seinesgleichen. Joffe sprach von einem riesigen globalen Programm, das weit über den afrikanischen Kontinent hinausgeht. Letztendlich hat Joffe jedoch die Katze aus dem Sack gelassen, was die wahren Absichten derjenigen betrifft, die die militärische Macht der Vereinigten Staaten als Mechanismus für ein größeres Programm nutzen.

„Unter der Ägide der Vereinigten Staaten müssen neue Vereinbarungen entstehen, um den Staaten, die Rechte und Verantwortung akzeptieren wollen, eine Alternative zu bieten. Joffe träumt von einer neu gegründeten Organisation der Vereinten Nationen unter der imperialen Kraft der Vereinigten Staaten. Schließlich sagt er die Möglichkeit einer Weltregierung voraus, indem er schreibt: Es ist möglich, dass nach einer Periode des Chaos und des Zorns, die ohnehin nur die bestehenden Staaten intensivieren würde, die Institution [Vereinte Nationen]] zu Veränderungen gedrängt wird. [Hervorhebung durch den Autor]

Anstatt eines Clubs, der jeden aufnimmt, könnten die Vereinten Nationen des 21. Jahrhunderts - eines Tages, auf die eine oder andere Weise - in eine exklusive Gruppe auf Einladung umgewandelt werden, die nur aus Mitgliedern besteht, aus freien und demokratischen Staaten, die ähnliche Werte teilen. Oder letztlich durch eine einzige ersetzt werden. Dieser Tag wird jedoch vielleicht erst in Jahrzehnten eintreten.

Wenn man auch nur den geringsten Zweifel daran hat, dass er von einer Weltregierung spricht, braucht man nur Joffes Schlussfolgerung zu lesen

Der beste Weg, das amerikanische Imperium zu erhalten, besteht darin, es letztendlich aufzugeben. Eine Weltordnungspolitik kann nur mit einer amerikanischen Führung und von Amerikanern geleiteten Institutionen der Art, wie sie hier schematisch beschrieben werden, aufgebaut werden.

In Wirklichkeit geht es darum, die militärische Macht Amerikas zu nutzen, um ein ganz anderes (geheimes) Programm voranzutreiben. Hier, auf den Seiten einer zionistischen Zeitung, haben wir genau erfahren, was es mit der „Geschichte hinter der Geschichte" auf sich hat.

Der zionistische Masterplan hat nichts zu tun, weder mit einem „starken Amerika" noch mit Amerika selbst. Die USA sind nur eine - wenn auch mächtige - Schachfigur im Spiel, die von einer hinter den Kulissen agierenden Elite im Rahmen eines Plans zur Erlangung der Weltherrschaft rücksichtslos verschoben wird.

Der ehemalige israelische Botschafter bei den Vereinten Nationen, Dore Gold, ist ein weiterer Beweis dafür, dass dies die Ansicht der zionistischen Bewegung ist.

In seinem Buch Tower of Babble: How the United Nations Has Fueled Global Chaos aus dem Jahr 2004 entwarf Gold ein Szenario für ein neues Weltregime - unter dem Diktat der Vereinigten Staaten -, das die Vereinten Nationen beiseite schieben würde. Botschafter Gold schrieb in sehr klaren Worten Folgendes:

Die USA und ihre westlichen Verbündeten haben den Kalten Krieg gewonnen, aber das gemeinsame Ziel, den sowjetischen Expansionismus einzudämmen, ist offensichtlich nicht mehr der Kitt, der eine Koalition zusammenhält. Dennoch könnte eine Koalition von Verbündeten damit beginnen, die heute größte Bedrohung für den internationalen Frieden zu neutralisieren: den globalen Terrorismus, eine weitere Bedrohung, der die Vereinten Nationen nicht wirksam beggnen konnten...

Die Frage des Terrorismus ist mit einer Reihe anderer Anliegen verbunden, die all diesen Nationen gemeinsam sind: die Verbreitung von

Massenvernichtungswaffen, die Verbreitung sensibler Militärtechnologie, die Finanzierung von Terrorismus und Geldwäsche sowie die Aufstachelung zu ethnischem Hass und Gewalt in den nationalen Medien und in Bildungseinrichtungen. Ihre Verpflichtung, diese Bedrohungen zu verringern, würde Demokratien auf der ganzen Welt dazu bringen, sich zu vereinen und...

Eine solche demokratische Koalition würde den nationalen Willen der Bürger jedes Landes viel stärker repräsentieren, als es die Vereinten Nationen derzeit tun. Interessanterweise würden sich diese Länder bei einem Austritt aus den Vereinten Nationen wieder zu den Grundsätzen bekennen, auf denen die Vereinten Nationen ursprünglich gegründet wurden. Sie würden die in der Charta der Vereinten Nationen verankerten Grundsätze übernehmen und darauf bestehen, dass sich die Koalitionsmitglieder voll und ganz - und nicht nur pro forma - an einen grundlegenden internationalen Verhaltenskodex halten...

Kurz gesagt: Gold und seine zionistischen Verbündeten halten zwar eine Weltregierung für unterstützenswert, sehen aber die Vereinten Nationen nicht als Mittel zum Zweck. Gold beschrieb dann einen neuen Mechanismus, um eine neue Weltordnung zu erreichen

Da die Vereinten Nationen die moralische Klarheit ihrer Gründer verloren haben, müssen die USA und ihre Verbündeten die Initiative ergreifen. Die Welt wird zu gegebener Zeit folgen.

Wenn mehr als hundert Nationen der Gemeinschaft der Demokratien beitreten wollen, muss das demokratische Ideal mächtig sein...

Tatsächlich wurde eine „Gemeinschaft der Demokratien" im Juni 2000 von der Außenministerin der Clinton-Regierung, Madeleine Albright, eingeweiht, obwohl dies damals nicht weithin bemerkt wurde. Der Mechanismus ist also bereits vorhanden.

Gold kam zu dem Schluss, dass die USA und ihre Verbündeten schließlich „die Vereinten Nationen wiederbeleben und das System der kollektiven Sicherheit aus der Organisation machen könnten", aber, so fügte er hinzu, „dieser Tag ist noch lange nicht gekommen".

In der Zwischenzeit haben die Medien der Israel-Lobby das Gold-Konzept dessen gefördert, was man als eine „parallele" UNO unter der Herrschaft der USA und ihrer angeblichen Verbündeten beschreiben könnte.

In der Washington Times warf Clifford D. May beispielsweise die Frage auf: „Ist es nicht höchste Zeit, Alternativen zu den Vereinten Nationen in Betracht zu ziehen? „Ist es nicht höchste Zeit, zumindest Alternativen zu den Vereinten Nationen in Betracht zu ziehen, die Möglichkeit zu erkunden, neue

Organisationen zu entwickeln, in denen demokratische Gesellschaften gegen gemeinsame Feinde und für gemeinsame Ziele zusammenarbeiten?"

Es ist jedoch unbestreitbar, dass es sich hierbei nicht um eine einfache zionistische Propagandalinie handelt. Diese Philosophie leitet das Denken der Bush-Regierung. Als Präsident George Bush in seiner zweiten Antrittsrede zu einer weltweiten „demokratischen" Revolution aufrief, übernahm er lediglich die Ansichten des israelischen Ministers Natan Sharansky, einer einflussreichen Persönlichkeit, die als härter als der regierende israelische Premierminister Ariel Sharon gilt.

Bush unterstützte Sharansky nicht nur öffentlich und herzlich, sondern die Medien enthüllten auch, dass Sharansky eine wichtige Rolle bei der Abfassung von Bushs Antrittsrede gespielt hatte.

Dies ist besonders relevant im Zusammenhang mit Sharanskys scharfen Worten über die Vereinten Nationen und dem, was er in seinem eigenen Buch The Case for Democracy vorgeschlagen hat, das weithin als „Bibel" für Bushs Außenpolitik gepriesen wird. Auf den letzten Seiten seines Buches fasst Sharansky die Situation zusammen: Um die Demokratie in der Welt zu schützen und zu fördern, glaube ich, dass eine neue internationale Institution, in der nur die Regierungen, die ihrem Volk das Recht geben, gehört und gezählt zu werden, selbst das Recht haben, gehört und gezählt zu werden, eine äußerst wichtige Kraft für den demokratischen Wandel darstellen kann... Diese Gemeinschaft freier Nationen wird nicht von selbst entstehen...

Ich bin davon überzeugt, dass eine erfolgreiche Anstrengung zur Ausbreitung der Freiheit in der Welt von den Vereinigten Staaten inspiriert und angeführt werden muss.

Es ist wieder einmal so weit: Das Konzept, dass die USA die Kraft der globalen Neuausrichtung sind. Und obwohl Bushs Aufruf zu einer weltweiten demokratischen Revolution auf der Grundlage des Sharansky-Modells weltweit kritisiert wurde - sogar von den so genannten „Demokratien" -, stellte die amerikanisch-jüdische Zeitung Forward fest, dass „ein globaler Führer Bushs Ansatz vorbehaltlos zugestimmt hat" - der ehemalige israelische Premierminister (und derzeitige Finanzminister) Benjamin Netanjahu. Unter Berufung auf eine Rede, die der israelische Politiker in Florida gehalten hatte, erklärte der Forward, Netanjahu habe verkündet: „Präsident Bush hat zur Demokratisierung und zur Demokratie aufgerufen: Präsident Bush hat zur Demokratisierung aufgerufen, und er befindet sich auf einer sehr tiefen Spur. Kann die arabische Welt demokratisiert werden? Ja, langsam und mühsam. Und wer kann sie demokratisieren? Wie überall auf der Welt, in allen Gesellschaften, ob in Lateinamerika, der ehemaligen Sowjetunion oder Südafrika, wurde die Demokratie immer durch Druck von außen erreicht. Und wer übte diesen Druck aus

Ein Land: die Vereinigten Staaten.

Mehr zu sagen würde bedeuten, diese einfache Schlussfolgerung zu verkomplizieren: Obwohl die Zionisten jahrelang amerikanische Patrioten denunzierten, die sagten, es sei an der Zeit, „die USA aus den Vereinten Nationen und die Vereinten Nationen aus den USA herauszuholen", nehmen die Zionisten nun, da sie die Kontrolle über die Vereinten Nationen verloren haben - die sie ursprünglich als ihr Vehikel zur Errichtung einer neuen Weltordnung betrachteten -, die Vereinten Nationen ins Visier, eben weil sie festgestellt haben, dass die militärischen und finanziellen Ressourcen der USA ihre beste Chance sind, die neue Weltordnung zu errichten, von der sie schon lange geträumt haben. Die Zionisten wollen, dass die USA als Motor für den Aufbau eines Weltreichs unter ihrer Kontrolle dienen.

Inzwischen gehört zu den Kernpunkten der zionistischen Kampagne für ein globales Imperium - wie schon seit vielen Jahren - die Absicht, die Islamische Republik Iran zu Fall zu bringen. Ähnlich wie der Krieg gegen das säkulare Regime des ehemaligen Machthabers Saddam Hussein im Irak - ein blutiger Krieg, der die einst blühende Republik in die Knie zwang - zielt die aktuelle Kampagne Israels und seiner Unterstützer in Washington - für die Präsident George W. Bush selbst das beste Beispiel ist - darauf ab, das islamische Regime im Iran aus dem Amt zu entfernen. Dieser Krieg wird im Namen der Notwendigkeit geführt, den Iran daran zu hindern, ein eigenes Atomwaffenarsenal aufzubauen, während der israelische Golem - einer der fortschrittlichsten auf dem Planeten - bestehen bleibt, ein zentrales Element des Problems der Verbreitung von Atomwaffen, das die USA absolut nicht angehen wollen.

In den folgenden Kapiteln werden wir die ganz klare Rolle Israels und seiner US-Lobby bei der Eskalation der Bemühungen, die iranische Unabhängigkeit auf der Weltbühne zu konfrontieren, untersuchen. Es besteht kein Zweifel: Israel und die internationale zionistische Bewegung sind die Hauptanstifter des Krieges gegen den Iran. Lassen Sie uns die Fakten prüfen...

KAPITEL 19

Irak und Iran als Ziele: Ein Schlüsselelement in der langfristigen Strategie des Zionismus zur Beherrschung des Nahen Ostens und der Welt

Die aktuellen Bemühungen, einen amerikanischen Krieg gegen den Iran zu entfachen, sind schon seit langem im Gange. Sie ist Teil einer Politik, die als „Zurückdrängen von Schurkenstaaten" bezeichnet wird - ein Plan, der von den höchsten Ebenen der zionistischen Lobby in Amerika stammt - und der gerade mit dem Angriff auf Irans langjährigen arabischen Feind, den Irak, seine erste Umsetzung erlebt hat. So unglaublich es auch klingen mag, es ist der Iran, der ins Visier genommen wird, trotz des amerikanischen Sumpfes im Irak.

Der Ausdruck „Schurkenstaaten" ist ein Brandbegriff, der von Israel und seiner Lobby in Amerika - sowie von denen, die die imperialistische Propagandalinie vertreten - verwendet wird, um größtenteils islamische Länder wie Iran, Irak, Libyen, Syrien, Sudan und andere Länder zu beschreiben, die (zu Recht oder zu Unrecht) als Bedrohung für Israel wahrgenommen werden.

Der Krieg gegen die „Schurkenstaaten" ist Teil der Errichtung einer „neuen Weltordnung", in der keine Nation ihre nationale Souveränität gegenüber der militärischen Macht der USA bewahren kann, die von einer Kombination aus „israelzentriertem" Kriegseinfluss auf den höchsten Ebenen der US-Regierung gehalten und von den Mainstream-Medien unterstützt wird.

Das Projekt „Rückzug der Schurkenstaaten" ist tatsächlich Teil eines langfristigen Plans, der von den oberen Rängen der internationalen politischen Elite, insbesondere den Hardcore-Unterstützern Israels, ausgearbeitet wurde.

Dieser Plan für den „Rückzug der Schurkenstaaten" - der speziell auf den Irak und den Iran abzielte - wurde erstmals am 22. Mai 1993 in einer damals geheimen Rede des ehemaligen israelischen Regierungspropagandisten Martin Indyk vor dem Washington Institute on Near East Affairs, einer privaten pro-israelischen Lobbygruppe, dargelegt. Damals war die kleine, freimütige amerikanische Zeitung The Spotlight die einzige Publikation, die den Aggressionsplan aufdeckte.

Was Indyks strategischen Kriegsplan so brisant machte, war die Tatsache, dass er zu dem Zeitpunkt, als Indyk diese Politik definierte, der von Präsident Clinton handverlesene „Experte" für Mittel- Ostpolitik des Nationalen Sicherheitsrats war.

Der in England geborene und in Australien aufgewachsene Indyk ließ sich in Israel nieder, erhielt dann aber „augenblicklich" die amerikanische Staatsbürgerschaft durch eine Sonderproklamation Clintons wenige Stunden nach dessen Vereidigung am 20. Januar 1993 - eine der ersten Amtshandlungen Clintons. Später wurde der ehemalige israelische Propagandist trotz seines offensichtlichen Interessenkonflikts zum Botschafter der Vereinigten Staaten in Israel ernannt.

Innerhalb eines Jahres wurden die Grundzüge von Indyks Kriegsplan gegen den Irak und den Iran offiziell vom mächtigen Council on Foreign Relations (CFR) mit Sitz in New York gefördert - dem amerikanischen Zweig des Royal Institute for International Affairs mit Sitz in London, dem de facto bewaffneten Arm der Außenpolitik der internationalen Bankendynastie der Rothschilds, den Hauptmäzenen des Staates Israel und des weltweiten zionistischen Netzwerks. Dieses Projekt wurde zur gleichen Zeit auch öffentlich als offizielle Politik der Clinton-Regierung angekündigt, obwohl es bereits seit über einem Jahr in Vorbereitung war.

Ein Bericht der Associated Press, der in der Ausgabe der Washington Post vom 28. Februar 1994 veröffentlicht wurde, gab bekannt, dass W. Anthony Lake, der nationale Sicherheitsberater von Präsident Clinton, einen Plan für eine „doppelte Eindämmung" des Irak und des Iran ausgearbeitet hatte, die beide von Lake als „gesetzlose" und „zurückgezogene" Staaten bezeichnet wurden.

Lakes überlieferte Kommentare stammen aus einem Artikel Lakes, der soeben in der März/April 1994 Ausgabe von Foreign Affairs, der vierteljährlich erscheinenden Zeitschrift des CFR, veröffentlicht wurde.

Am 30. Oktober 1993 beschrieb die Post den CFR offen als „das, was einer Macht in den Vereinigten Staaten am nächsten kommt", und behauptete, es handele sich um „die Leute, die seit mehr als einem halben Jahrhundert unsere internationalen Angelegenheiten und unseren militärisch-industriellen Komplex verwalten". Vierundzwanzig wichtige Mitglieder der Clinton-Regierung - und auch Clinton selbst - waren Mitglieder des CFR.

Es gab einen kleinen Unterschied in der von Lake definierten Politik: Die Zerstörung des Irak war das erste Ziel. Der Iran würde später kommen.

Herr Lake sagte, die Clinton-Regierung habe irakische Exilanten unterstützt, die den irakischen Machthaber Saddam Hussein stürzen wollten. Obwohl der Iran das ist, was er „den Hauptsponsor von Terrorismus und Mord in der Welt" nennt, sagte Herr Lake, dass die Clinton-Regierung die Möglichkeit in Betracht ziehe, ihre Beziehungen zum Iran zu verbessern.

Anfang 1995 hielt Newt Gingrich, der neu gewählte republikanische Sprecher des Repräsentantenhauses und langjährige glühende Verfechter Israels, in Washington vor einer Versammlung von Armee- und Geheimdienstoffizieren eine wenig beachtete Rede, in der er eine Nahostpolitik forderte, die nach seinen Worten „darauf angelegt sein sollte, die Ablösung des gegenwärtigen Regimes im Iran zu erzwingen... die einzige langfristige Lösung, die Sinn macht".

Dass der De-facto-Führer der „oppositionellen" Republikanischen Partei dieser Politik zustimmte, ist nicht wirklich überraschend, denn Gingrichs Frau wurde damals von der Israel Export Development Company, einer Organisation, die amerikanische Unternehmen außerhalb der USA in einen High-Tech-Industriepark in Israel lockte, mit 2500 Dollar pro Monat entlohnt.

Im nächsten Kapitel werden wir sehen, dass trotz der lautstarken Behauptungen jüdischer Zeitungen, die jüdische Gemeinschaft in den USA (und auch Israel) betrachte den Irakkrieg als schweren Fehler der USA, die Wahrheit darin besteht, dass Israel selbst einer der Hauptanstifter (und Hauptnutznießer) des blutigen Abenteuers der USA im Irak war und heute in ähnlicher Weise auf einen Krieg gegen den Iran drängt.

KAPITEL 20

Wer ist Bono? Israel als einziger Nutznießer der US-Politik gegenüber dem Irak und dem Iran

Ein angesehenes Medium mit kleiner Auflage und Sitz in New York lieferte einen privilegierten Blick „von innen" auf die Kräfte, die eine Rolle dabei spielten, die USA in den Irakkrieg zu ziehen, den fast die gesamte Welt ablehnte.

Es stellt sich heraus, dass ein anderes Land - nicht die USA - „einzigartig" von dem Krieg profitiert hat, obwohl immer noch junge Amerikaner sterben und die amerikanische Besetzung des Irak sich immer mehr in Richtung eines neuen vietnamesisch-ähnlichen Sumpfes zu entwickeln scheint.

Am 16. April 2004 verschaffte Forward - die vielleicht angesehenste jüdische Gemeindewochenzeitung Amerikas - ihren Lesern einen faszinierenden Einblick in die Umstände, die zum Irakkrieg führten, indem sie eine deutlich andere, aber sicherlich zutreffendere Nacherzählung der Ereignisse präsentierte, die von den amerikanischen Print- und audiovisuellen Medien im vergangenen Jahr fast völlig verschwiegen wurden.

Forward stellt fest, dass „Israel am Vorabend des Krieges ein stiller, aber enthusiastischer Unterstützer der amerikanischen Kriegspläne war. Saddam Husseins militärische Stärke machte ihn nach allgemeiner Ansicht zu einem der gefährlichsten Gegner des jüdischen Staates..... Sein Sturz wurde als Beseitigung der ernsthaftesten existenziellen Bedrohung für Israel gesehen...".

Diese Aussage steht in starkem Kontrast zu der in Amerika weit verbreiteten Ansicht, dass Saddam eine Bedrohung für die Vereinigten Staaten darstellte. Die Tatsache, dass Israel Saddam als solche betrachtete, wurde praktisch nie hervorgehoben. Auch Präsident Bush wagte es nicht, die angebliche Bedrohung Israels durch Saddam zu nennen, zumindest nicht vor der breiten Öffentlichkeit. Bestenfalls sagte Bush, Saddam sei eine Bedrohung für „Amerika und unsere Verbündeten", ohne jemals den einzigen Verbündeten - Israel - zu nennen, der Saddam als Bedrohung wahrnahm.

Forward betonte, dass die offiziellen Sprecher Israels „in den Monaten vor der Invasion im letzten Jahr darauf geachtet haben, sich bedeckt zu halten", und sagte, sie befürchteten, „dass ein aggressives Plädoyer die Anschuldigungen nähren könnte, dass Israel oder seine jüdischen Verbündeten Amerika zugunsten Israels in den Krieg trieben".

In Bezug auf Saddams viel zitierte „Massenvernichtungswaffen" enthüllte Forward, dass die Geheimdienste der israelischen Armee „begeistert mit den amerikanischen und britischen Agenturen zusammenarbeiteten und Informationen über die Fähigkeiten und Absichten des Irak austauschten... die dazu bestimmt waren, die amerikanische Aktion zu unterstützen". Forward beeilte sich jedoch zu bemerken, dass Quellen in Israel „bestreiten, dass Israel voreingenommene Informationen geliefert hat".

Doch die Tatsache, dass im Irak keine Massenvernichtungswaffen gefunden wurden - eine Tatsache, die George W. weiterhin unangenehm ist. Bush - wirft natürlich die folgende Frage auf: es: Warum hat die Bush-Regierung, wenn der israelische Geheimdienst „der beste der Welt" ist (wie viele amerikanische Unterstützer Israels großspurig verkünden), darauf bestanden, dass die Waffen im Irak waren, obwohl selbst der israelische Geheimdienst - der bekanntlich seine Tentakel in der gesamten arabischen Welt und sogar innerhalb Saddams Irak ausstreckt - nicht in der Lage war, sie zu finden

Andererseits könnten die Kritiker nahelegen, dass die Tatsache, dass Israel bestreitet, voreingenommene Informationen geliefert zu haben, in Wirklichkeit schlichtweg falsch sein könnte.

Forward beschrieb jedoch die offizielle israelische Entschuldigung für die scheinbare Diskrepanz zwischen Wahrheit und Wirklichkeit als ziemlich kreativ: Der Ausschuss für auswärtige Angelegenheiten und Verteidigung des israelischen Parlaments behauptet, dass der Informationsaustausch zwischen den USA und Israel „einen negativen Rückkopplungseffekt erzeugt hat: Die Informationen, die Israel an westliche Agenturen weitergegeben hat, wurden anschließend an die israelische Geheimdienstgemeinschaft weitergeleitet und bewiesen damit auffällig die Richtigkeit des ursprünglichen Berichts".

Nach Kriegsbeginn schließlich, so Forward, „zeigten israelische Politiker und Militärs schlecht verhohlene Gefühle des Hochgefühls", und nun, so Forward, „hat Israel, unabhängig von den Analysen, die noch aus Washington oder anderen Hauptstädten auftauchen mögen, eindeutig von Saddams Beseitigung als militärische Kraft an der Ostfront profitiert".

Mit bemerkenswerter Offenheit erklärte Forward unumwunden, Israel habe „auf einzigartige Weise" von dem Krieg profitiert - ein Punkt, der viele amerikanische Familien überraschen mag, die Söhne und Töchter in einem Krieg verloren haben, von dem sie dachten, er diene strikt der Verteidigung Amerikas. Forward zufolge haben die wachsenden Schwierigkeiten Amerikas in der Region, die eine direkte Folge des Krieges sind, dazu geführt, dass

Israelis und ihre Unterstützer Amerikaner, die den Krieg begrüßt haben, noch mehr Angst davor haben, ihre Meinung zu äußern, als sie es vor dem Ausbruch des Krieges getan haben.

Offensichtlich wäre es den Israelis lieber, die Amerikaner würden denken, der Krieg sei geführt worden, weil Saddam Hussein laut George W. Bushs scheinbar unbegründeter Behauptung „der Typ, der versucht hat, meinen Vater zu töten" war, oder wegen der Volksseuche „großes Öl". Aber niemand darf das Wort erwähnen, das die zugrunde liegende Ursache des Krieges wirklich zusammenfasst: „Israel": „Israel".

Damit nicht der Eindruck entsteht, es handele sich „nur" um Forwards' Meinung, sei darauf hingewiesen, dass Philip Zelikow - später Exekutivdirektor der Kommission, die die Terroranschläge vom 11. September „untersuchte" - fast zwei Jahre zuvor öffentlich das Gleiche behauptet hatte (obwohl seine Kommentare in den Mainstream-Medien keine Beachtung fanden).

In einer Rede an der Universität von Virginia am 10. September 2002 auf einem Forum über die Auswirkungen der Terroranschläge vom 11. September erklärte Zelikow - damals Mitglied des von Bush ernannten Presidential Advisory Council on Foreign Intelligence - unumwunden, dass der Irakkrieg hauptsächlich zum Schutz Israels geführt worden sei ( ) und dass der Irak niemals die Bedrohung für die USA gewesen sei, die die Bush-Regierung proklamiert hatte. Da er sich in aller Offenheit äußerte, stellte Zelikow die Dinge einfach dar, indem er kommentierte

Warum sollte der Irak Amerika angreifen oder Atomwaffen gegen uns einsetzen? Ich werde Ihnen sagen, was meiner Meinung nach die wahre Bedrohung ist, und das seit 1990: Es ist die Bedrohung Israels. Und es ist die Bedrohung, die sich nicht traut, ihren Namen zu nennen, denn die Europäer kümmern sich nicht sehr um diese Bedrohung, das sage ich Ihnen ganz offen. Und die US-Regierung will sich nicht zu stark auf die Rhetorik verlassen, weil es kein beliebtes Thema ist.

Obwohl Zelikows aufschlussreiche Kommentare damals nicht die Aufmerksamkeit der Medien auf sich zogen, fand Emad Mekay von der unabhängigen Agentur Inter Press Service Zelikows Aussage in einer Abschrift seiner Bemerkungen und hat sie seitdem Interessierten zur Verfügung gestellt. Doch die Mainstream-Medien unterdrücken weiterhin diese äußerst sachdienlichen Bemerkungen, die in ihrer Gesamtheit auf eine andere Motivation für den Irakkrieg hindeuten, als sie der Durchschnittsamerikaner kennt.

Trotz alledem sind die Auswirkungen der schrecklichen und verheerenden Eurokrise in den USA immer noch präsent.

Die Invasion des Irak sorgt weiterhin für ein weltweites Echo. Je mehr Zeit vergeht, desto deutlicher wird die Wahrheit über die Gründe, warum die USA den Krieg gegen den Irak geführt haben: Es handelte sich um eine Bevorzugung Israels durch die USA.

Ein Buch des erfahrenen internationalen Korrespondenten John Cooley mit dem Titel An Alliance Against Babylon: The U.S., Israel, and Iraq (Pluto Press, 2005).

Als ehemaliger Korrespondent von ABC News und Christian Science Monitor betonte Cooley, dass die meisten Medien, die über die beiden Kriege berichten, die die USA gegen den Irak geführt haben, „einen wichtigen Faktor ignorieren", nämlich „die Rolle, die Israel gespielt hat, und die Beziehungen - ob antagonistisch oder nicht - des jüdischen Volkes zu den Völkern und Staaten des ehemaligen Mesopotamiens, dem heutigen Irak, von der Zeit der Bibel des Alten Testaments bis heute".

Obwohl viele Kritiker des Krieges lauthals verkünden, dass es sich um ein „Ölgeschäft" handelte, zeigt Cooleys solide argumentierte historische Arbeit deutlich, dass der Krieg genau das war - wie der ehemalige Senator Ernest Hollings (D-S.C.) kurz vor seiner Pensionierung sagte - eine „Politik von Präsident Bush, um Israel zu schützen".

In seiner Darstellung des israelischen Terrorkriegs gegen die britischen Besatzungstruppen in Palästina in den späten 1940er Jahren geht Cooley nicht gerade zimperlich vor. Er betont, dass die britischen Besatzungstruppen, als die jüdischen Untergrundkräfte unter der Führung des späteren israelischen Premierministers Menachem Begin und seiner Kollegen von der „Stern Gang" begannen, das Land mit Terror zu überziehen, begannen, das Land mit Terror zu überziehen.

am 22. Juni 1946 das King-David-Hotel in Jerusalem sprengte, waren die jüdischen Terroristen „als Araber verkleidet", eine Taktik, die von Israel bei seinen verschiedenen terroristischen Unternehmungen lange Zeit effektiv eingesetzt wurde.

Bei dem Massaker im King David Hotel - dem Hauptquartier der britischen Armee - tötete Begins Team 90 Menschen, darunter 15 Juden, und bewies damit - entgegen der Meinung vieler schlecht informierter Menschen -, dass die Israelis durchaus bereit sind, ihre eigenen Leute für das zu opfern, was (in ihren Augen) als „das größte Gut" wahrgenommen werden könnte.

Was den Irak selbst betrifft, so verteidigte Cooley Saddam Hussein nicht, machte aber deutlich, dass trotz der Existenz einer inneren Opposition gegen Saddam - hauptsächlich die kurdische Minderheit, der schiitische muslimische Klerus und die Kommunisten - „alle diese Gruppen durch die Entstehung einer zunehmend wohlhabenden und politisch gefügigen Mittelschicht, die Saddam zu schaffen versuchte, geschwächt wurden".

Mit anderen Worten: Während Saddam tatsächlich kompromisslose islamische Geistliche tötete - dieselben, die Präsident George Bush stolz verkündete, er wolle sie töten, wo immer er sie finden würde -, baute Saddam ein starkes Land mit einer wohlhabenden Mittelschicht auf.

Es ist daher nicht verwunderlich, dass vor dem ersten US-Angriff auf den Irak - im Jahr 2001 - gefolgt von lähmenden Sanktionen, die dem Land auf Drängen der USA auferlegt wurden, die Weltbank und der Internationale Währungsfonds sich anschickten, den Irak zu einer „Nation der ersten Welt" zu erklären.

Cooley untersuchte auch Beweise, die bereits in American Free Press dargelegt worden waren, nämlich die „Behauptungen über die Beteiligung Israels" an dem berüchtigten Folterskandal in Abu Ghraib, die, wie Cooley anmerkt, „von Brigadegeneral Janice Karpinski, der für Abu Ghraib zuständigen US-Offizierin, wiederholt wurden", die, wie Cooley anmerkt, „nach den Enthüllungen von ihrem Kommando suspendiert wurde".

In einer Zusammenfassung der Folgen des blutigen amerikanischen Abenteuers im Irak - das trotz der Beteuerungen von Präsident Bush und seinen Anführern keine Anzeichen einer Besserung zeigt - stellte Cooley fest, dass die Zerstörung der irakischen Streitkräfte, ein „teures Ziel" Israels, „weitgehend ohne Verlust von Blut oder israelischen Schätzen" erreicht worden sei.

Cooley schrieb, dass es niemals Frieden im Nahen Osten geben werde, solange, wie er erstmals in den 1960er Jahren behauptete und heute wiederholt, „es keine gerechte Regelung zwischen Israel und den palästinensischen Arabern gibt".

Heute, mit dem Erscheinen von John Cooleys Buch über die USA und Israel angesichts des Irak, ist bemerkenswert, dass Cooleys These - sowohl aus historischer als auch aus aktueller Sicht - eine These über die zentrale Stellung Israels in der US-Politik gegenüber dem Iran widerspiegelt, die 1991 in dem Buch Iran, Israel and the United States eines prominenten konservativen US-Gelehrten, Dr. Henry Paolucci, dargelegt wurde.

Darüber hinaus ließ die Washington Post bereits am 14. Juni 1994 in einem auf der ersten Seite beginnenden Artikel die Katze aus dem Sack, als sie in einer „jump"-Überschrift auf der Innenseite erklärte, dass „die CIA Nordkoreas Atomwaffenprogramm als Bedrohung für Israel ansieht", und damit berichtete, dass - ohne dass die meisten Amerikaner es wussten - die wahre Sorge über

Nordkoreas nukleare Ziele in Wirklichkeit auf den Sicherheitsinteressen nicht der Vereinigten Staaten als solcher, sondern Israels beruhte.

So beschränkt sich die „Theorie", dass Israel eine Ursache für Amerikas heutige kritische Lage in der Welt ist, nicht auf das Irak-Problem. Sie geht viel weiter.

Während die Bush-Regierung und ihre Verbündeten in Israel also weiterhin die Frage aufwerfen, ob der Iran an der Entwicklung feindlicher Atomwaffen beteiligt ist und ob Nordkoreas nukleare Absichten eine Gefahr für die USA darstellen, täten die Amerikaner gut daran, über die einfache Frage nachzudenken: „Ist es das wert? „Ist es das wert? Sind die Interessen Israels wirklich die Interessen Amerikas und umgekehrt

KAPITEL 21

„Unauslöschliche jüdische Fingerabdrücke": Wer will, dass Amerika Krieg gegen den Iran führt

„Während die Führer der jüdischen Gemeinden den Großteil ihrer derzeitigen Lobbyarbeit darauf konzentrieren, Druck auf die USA auszuüben, damit diese eine harte Linie gegenüber dem Iran und seinem Atomprogramm verfolgen, äußern einige privat ihre Befürchtungen, dass sie beschuldigt werden könnten, Amerika zu einem Krieg mit dem Regime in Teheran zu drängen".

Mit diesem erstaunlichen Eingeständnis - das hier unverändert wiedergegeben wird - gab eine der vornehmsten jüdischen Gemeindezeitungen Amerikas, der in New York ansässige Forward, am 2. Februar 2007 zu, dass es die Führer amerikanischer jüdischer Organisationen sind, die die kriegerische Politik der USA gegenüber dem Iran fördern, eine Politik, die von der Bush-Regierung umgesetzt wird.

Forward gibt zu, dass die so genannte „jüdische Lobby" eine „Retourkutsche" von den Amerikanern befürchtet, die nicht glauben, dass ein Krieg gegen den Iran in Amerikas Interesse liegt, und dass viele Amerikaner inzwischen das - sogar vor dem Einmarsch der USA in den Irak vorgebrachte - Argument glauben (oder zunehmend zu glauben beginnen), dass pro-israelische Verteidigungsgruppen zum großen Teil für das derzeitige Debakel im Irak verantwortlich sind. Forward zufolge versuchen die von ihm als „jüdische Gruppen" bezeichneten Personen nun jedoch, die amerikanische Öffentlichkeit von der Gültigkeit ihrer eigenen Verschwörungstheorie zu überzeugen, wonach der Iran nicht nur eine Bedrohung für Israel - ihr Hauptinteresse -, sondern auch für den Westen und sogar für die „pro-amerikanischen sunnitischen muslimischen Staaten in der Region" sei.

Mit anderen Worten: Die pro-israelischen jüdischen Gruppen in den USA behaupten in Wirklichkeit, dass muslimische Staaten wie z. B. Saudi-Arabien - ein langjähriges Ziel des israelischen Zorns - ebenfalls geschützt werden müssen. Offensichtlich, da Saudi-Arabien tatsächlich einen mächtigen Iran mit oder ohne Atomwaffen fürchtet, glauben Israel und seine Unterstützer nun, sie könnten den Eindruck erwecken, ein US-Angriff auf den Iran sei mehr als „ein weiterer Krieg für Israel", was natürlich genau das ist, was ein Krieg gegen den Iran wäre.

Forward zitierte sogar Jess Hordes, einen Leiter des Washingtoner Büros der Anti-Defamation League (ADL), der behauptete, dass „es eine Tatsache ist, dass der Iran eine Gefahr für die ganze Welt darstellt". Hordes behauptete, dass diese Rhetorik nicht dazu diene, „unsere Sorgen über Israel zu verbergen", doch seine Beteuerungen klingen hohl, da klar ist, dass es die Sorgen der pro-israelischen Lobby über den Iran sind, die die aktuelle US-Politik gegenüber dem Iran geleitet haben, genauso wie es die Sorgen der gleichen Lobby über den Irak sind, die die US-Politik gegenüber dieser heute besiegten arabischen Republik geleitet haben.

Forward selbst ging sogar so weit, offen zuzugeben, dass „viele Advocacy-Bemühungen, selbst wenn sie nicht mit Israel in Verbindung stehen, unauslöschliche jüdische Spuren tragen" und dass „jüdische Gruppen in der Tat eine führende Rolle dabei spielen, auf eine harte Linie gegenüber dem Iran zu drängen".

Forward zitierte eine kürzliche Rede in Israel von Malcolm Hoenlein, Executive Vice Chairman der Conference of Presidents of Major American Jewish Organizations, und merkte an, dass Hoenlein besonders entsetzt darüber sei, dass viele hochrangige Individuen von einigen Renown-ranging vom ehemaligen Präsidenten Jimmy Carter bis zum pensionierten Gen. Wesley Clark (der erklärte, dass „Geldleute aus New York" hinter dem Drängen auf einen Krieg gegen den Iran stünden), der ehemalige UN-Waffeninspektor Scott Ritter und die Professoren Stephen Walt (Harvard) und John Mearsheimer (Universität Chicago) - sie alle stellten die Macht der Israel-Lobby, die die Politik der USA gegenüber dem Iran und dem Irak diktiert, in Frage.

Darüber hinaus soll der ehemalige Außenminister Colin Powell behauptet haben, dass „die JINSA-Leute", womit das jüdische Institut für nationale Sicherheitsangelegenheiten gemeint ist, eine wichtige Rolle bei der US-Invasion im Irak gespielt haben, gegen die sich Powell lange Zeit vehement gewehrt hatte, bevor er sie unterstützte, was zur Folge hatte, dass er seine eigene Glaubwürdigkeit in der öffentlichen Meinung verlor.

Hoenlein und andere Führer der reichen und mächtigen jüdischen Gemeinschaft griffen zuvor von ihren Kollegen geäußerte Vorschläge auf, wonach Schlüsselfiguren der politischen Elite der USA nun offen die zionistische Macht in Amerika kritisierten. Hoenlein sagte: „Es handelt sich um ein Krebsgeschwür, das von oben nach unten wächst. Es vergiftet die Meinungen der Eliten, die sich in der Gesellschaft niederschlagen".

Forward stellte fest, dass zwei israelische Autoren, Michael Oren und Yossi Klein Halevi-Partner des Shalem-Zentrums, einer Denkfabrik mit Sitz in Jerusalem, erklärt haben, dass der Iran nach Forwards Einschätzung ihrer Behauptungen „die größte Bedrohung für das Überleben Israels, die regionale

Stabilität und die gesamte Weltordnung" sei. Forward fügt hinzu, dass „dieses Thema in der Veröffentlichungen und Pressemitteilungen aufgegriffen wurde, die von den meisten großen jüdischen Gruppen, einschließlich [des American Israel Public Affairs Committee] und der Presidents' Conference, herausgegeben wurden". Ein Krieg gegen den Iran steht für die Juden also durchaus auf der Tagesordnung.

Weder die serbisch-amerikanischen noch die kroatisch-amerikanischen Gruppen wollen, dass die USA gegen den Iran in den Krieg ziehen. Auch die italienisch-amerikanischen, polnischen oder irisch-amerikanischen Gruppen wünschen sich keinen solchen Krieg. Keine asiatisch-amerikanische Organisation hat die Zerstückelung des Iran gefordert, und keine Gruppe, die Indianer oder Afroamerikaner vertritt, hat die Iran-Frage zu einem Kernstück ihrer öffentlichen Politik gemacht. Ebenso gibt es keine Beweise dafür, dass ethnische, kulturelle oder religiöse Organisationen - außer denen, die jüdische und pro-israelische Interessen vertreten - zu einem Angriff der USA auf den Iran aufgerufen haben.

Alles in allem : Kann man daran zweifeln, wer einen Krieg mit dem Iran will - oder warum

KAPITEL 22

Sie sind wieder da: Hohepriester des Irakkriegs wollen jetzt den Iran zerstören

Während sich die USA immer tiefer in den blutigen und explosiven Kessel verstricken, zu dem der Irak geworden ist, verdoppeln dieselben Kräfte, die dafür verantwortlich waren, dass Amerika in dieses Desaster hineingeraten ist, nun ihre Anstrengungen, um ein anderes langjähriges Ziel zu erreichen: die Zerstörung des Iran. Gleichzeitig werden vernünftige und gemäßigte - und vielleicht auch unerwartete - Stimmen laut, die den Ruf nach Krieg zugunsten der Diplomatie zurückweisen.

Obwohl in der Januarausgabe 2007 von Vanity Fair, die vom zionistischen Milliardär S.I. Newhouse, einem der Hauptgeldgeber der Anti-Defamation League und anderer israelischer Lobbygruppen, herausgegeben wurde, eine Reihe prominenter pro-israelischer Neokonservativer alles daran setzten, ihre Schuld am Ausbruch des Krieges gegen den Irak zu leugnen, was sie, wie jeder weiß, tatsächlich getan haben, bereiten sich dieselben Elemente nun darauf vor, die Militäraktion der USA gegen den Iran zu fördern.

Ihre Leugnungsrhetorik in Bezug auf ihre kriegerische Forderung nach einem US-Angriff auf den Irak spiegelt die gleiche Art von lautstarker Täuschung wider, die von Israel ausgeht und von einer Schar israelischer Akademiker, Militärstrategen und anderer ausgeht, die jetzt George W. Bush wegen des Irakkriegs angreifen, obwohl es Israel und seine neokonservativen Verbündeten in der Bush-Administration waren, die am unnachgiebigsten darauf beharrten, dass nicht nur der Irak angegriffen, sondern auch Saddam Hussein gestürzt werden müsse. Dies ist ein Endziel, das selbst der Vater des derzeitigen Präsidenten, George H.W. Bush, bei dem US-Angriff auf den Irak im ersten Persischen Golfkrieg 1991 nicht weiterverfolgen wollte.

Heute leugnen die Neokonservativen zwar ihre Verantwortung für den irakischen Sumpf, bereiten aber offen ihre Propagandakampagne vor, mit der sie dazu aufrufen wollen, amerikanisches Blut und US-Schatz gegen den Iran einzusetzen, nicht nur, um Irans angeblichen Vormarsch auf Atomwaffen zu stoppen, sondern auch, wie im Irak, um die derzeitige Regierung des Landes zu zerstören.

In der November/Dezember-Ausgabe 2006 des Magazins Foreign Policy, der auflagenschwachen, aber sehr einflussreichen Publikation der Carnegie-Stiftung für Internationalen Frieden, einer der wichtigsten „Denkfabriken" der Neuen Weltordnung, fordert der bekannte neokonservative Publizist Joshua Muravchik seine „neokonservativen" Kollegen auf, „ihre Fehler zuzugeben... und damit zu beginnen, die Idee der Bombardierung des Iran zu verteidigen".

Muravchik - der vom American Enterprise Institute aus operiert (zu dessen wichtigsten Taktikern das neokonservative Mastermind Richard Perle gehört) - erklärte: „Täuschen Sie sich nicht, Präsident Bush wird die Atomanlagen des Iran bombardieren müssen, bevor er aus dem Amt scheidet". An seine kriegslüsternen Kollegen gerichtet fuhr er fort: „Wir müssen den intellektuellen Verbündeten jetzt vorbereiten und bereit sein, die Aktion zu verteidigen, wenn sie kommt."

Es besteht kein Zweifel: Die neokonservativen Hohepriester des Krieges (deren Intrigen erstmals in dem früheren Buch dieses Autors, Die Hohepriester des Krieges, untersucht wurden) sind entschlossen, den Iran zu zerstören, so wie sie auch den Irak zerstört haben. Dies ist eines ihrer langjährigen geopolitischen Ziele und sie weigern sich, sich durch die Unzufriedenheit der Öffentlichkeit mit dem, was im Irak passiert ist, von ihrem Vorhaben abbringen zu lassen.

Inzwischen ruft Bruce Laingen, der ehemalige Geschäftsträger der US-Botschaft im Iran, der zu den Amerikanern gehörte, die nach der islamischen Revolution im Iran als Geiseln festgehalten wurden (von 1979 bis Januar 1981), die Bush-Regierung öffentlich dazu auf, ihre aufhetzende Sprache beiseite zu legen und direkte Gespräche mit dem Iran zu suchen. In einem Brief an den Chefredakteur der New York Times, der am 13. Januar 2007 veröffentlicht wurde, schreibt Laingen

Die USA und der Iran müssen miteinander reden. Nicht mit der gegenseitig negativen öffentlichen Rhetorik, die in den 27 Jahren seit der Geiselkrise von 1979 das für jeden diplomatischen Austausch notwendige Vertrauen untergraben hat; nicht indirekt, wie wir es derzeit in der Atomfrage über unsere Kollegen im Sicherheitsrat und in der Europäischen Union tun; sondern frontal und offen, als verantwortungsvolle Mächte mit gemeinsamen Interessen in einer Weltregion von entscheidender Bedeutung.

Das Fehlen eines Dialogs war weder strategisch noch menschlich, historisch, politisch oder kulturell sinnvoll. Sie hat unsere Beziehungen zu allen anderen Ländern in der Region erschwert. Wir sind die einzigen unter den Mächten, die sich dafür entschieden haben, unsere Vorbehalte gegenüber dem Verhalten des Iran in der globalen Arena auf diese Weise zu markieren.

Allein die Geografie zwingt den Iran, sich an der Verwaltung des Irak und Afghanistans zu beteiligen, ganz zu schweigen von den langfristigen regionalen Sicherheitsabkommen in der Region des Persischen Golfs. Eine Reihe weiterer Fragen erfordert einen Dialog, darunter die Verpflichtungen des Iran gegenüber ehemaligen Geiseln.

Die Gespräche werden nicht einfach sein. Formelle diplomatische Beziehungen sind noch weit davon entfernt, aufgenommen zu werden. Aber wir verlieren nichts, wenn wir uns direkt mit unseren Verbündeten und Freunden zusammenschließen, um die Absichten des Iran direkt auszuloten.

Die Tatsache, dass Laingen - der sicherlich ziemlich viel über den Iran und seine Menschen weiß und offensichtlich etwas gegen die iranische Regierung haben könnte - solche Dinge sagt (die so sehr im Widerspruch zu den Ansichten der neokonservativen Kriegstreiber stehen), ist etwas, das die Amerikaner wissen sollten. Doch Laingens vernünftige Bedenken wurden von den US-Medien beiseite gewischt, die lieber dazu beitragen, die Ängste der Amerikaner vor dem Iran zu schüren, indem sie behaupten, die Islamische Republik stelle irgendwie eine Bedrohung für die USA (und natürlich auch für Israel) dar.

Es bleibt abzuwarten, ob sich das amerikanische Volk erneut einwickeln und in einen weiteren sinnlosen Krieg hineinziehen lassen wird. Doch friedliche Menschen, die ihr Land bewahren wollen, sollten besser darauf hören, was Laingen - und nicht die Neokonservativen - zu sagen haben.

KAPITEL 23

Die „New Yorker des Geldes": Ein US-General jüdischer Abstammung zeigt auf die Kriegstreiber

Das Geld aus New York spielt nicht nur eine wichtige Rolle im Präsidentschaftswahlkampf 2008, sondern ist auch eine treibende Kraft hinter dem Druck, den pro-israelische Fanatiker auf den höchsten Ebenen der amerikanischen Politik ausüben, um die USA in einen sinnlosen Krieg gegen den Iran zu zwingen.

Dies ist die einzige Schlussfolgerung, die man aus einer Untersuchung der vielfältigen und weitreichenden Informationsberichte ziehen kann, die hauptsächlich in Publikationen in Israel und in der jüdischen Gemeinschaft der USA verbreitet wurden und die den meisten Amerikanern unter der Ägide der sogenannten „Mainstream-Medien" nicht zur Kenntnis gebracht wurden.

Es ist ein bisschen so, als wären die großen US-Medien einfach entschlossen, den Durchschnittsamerikaner davon abzuhalten, zu erfahren, dass es Menschen gibt, die glauben, dass Israel und seine gut bezahlten Unterstützer in den USA die Hauptbefürworter einer US-Militäraktion gegen den Iran sind.

Die vielleicht brisantesten Kommentare in dieser Hinsicht stammen von General Wesley Clark (im Ruhestand), der bei den Präsidentschaftswahlen 2004 als Kandidat für die Nominierung der Demokraten antrat und - zumindest bis dahin - als wahrscheinlicher Kandidat für die Nominierung der Demokraten 2008 galt. In einem Interview mit der Kolumnistin Arianna Huffington sagte Clark, er glaube, dass die Bush-Regierung entschlossen sei, einen Krieg gegen den Iran zu führen. Auf die Frage, warum er dies glaube, antwortete er

Man muss nur die israelische Presse lesen. Die jüdische Gemeinschaft ist gespalten, aber es wird so viel Druck von den Geldleuten in New York auf diejenigen ausgeübt, die eine Stelle suchen.

Kurz gesagt sagte Clark, dass mächtige Finanzinteressen mit Sitz in New York (diejenigen, die er als „die Geldleute von New York" bezeichnete) Druck auf politische Kandidaten und amtierende Politiker ausüben, damit diese einen Krieg gegen den Iran unterstützen.

In der Tat hatte Clark Recht. Die Zeitungen der jüdischen Gemeinschaft haben in der Tat in den letzten Jahren wiederholt festgestellt, dass viele Mitglieder der jüdischen Gemeinschaft in den USA und in Israel ein militärisches Vorgehen der USA gegen den Iran befürworten. Und in Israel wird natürlich die kriegerische Rhetorik Israels selbst, mit der es den Iran angreift, routinemäßig und öffentlich mit freier Hingabe diskutiert. All dies ist der amerikanischen Öffentlichkeit kaum bekannt.

Trotzdem musste Clark Kritik einstecken und wurde des „Antisemitismus" beschuldigt oder der Beglaubigung dessen, was als „antiisraelische und antijüdische Verschwörungstheorien" gilt, die - so Clarks Kritiker - darauf hindeuten, dass Israel und seine Unterstützer die Haupttriebfeder des Krieges sind.

Da Clark der Sohn eines jüdischen Vaters ist (obwohl er dies erst vor einigen Jahren erfuhr, da er von einer christlichen Mutter und einem christlichen Stiefvater erzogen wurde, die ihm nie von seinem jüdischen Erbe erzählten), zogen einige jüdische Führer die Reißleine und räumten ein, dass es etwas übertrieben sei, Clark als „antijüdisch" zu bezeichnen. Doch das Wort ist in der jüdischen Gemeinschaft endgültig gefallen: „Clark kann man nicht trauen".

Am 12. Januar 2007 veröffentlichte die in New York ansässige jüdische Zeitung Forward auf ihrer Titelseite einen Artikel, in dem sie die Äußerungen Clarks kritisierte und feststellte, dass „der Ausdruck 'New York money people' vielen pro-israelischen Aktivisten missfiel. Sie interpretierten ihn als Hinweis auf die jüdische Gemeinschaft, die für ihre umfangreichen finanziellen Zuwendungen an politische Kandidaten bekannt ist".

Die Tatsache, dass jüdische Führer und Publikationen Clark wegen der Verwendung des Ausdrucks „New York money people" angriffen, ist insofern ironisch, als derselbe Forward nur eine Woche vor dem Aufschrei über Clarks Kommentare in seiner Ausgabe vom 5. Januar 2007 auf der Titelseite einen Artikel veröffentlichte, in dem er ankündigte, dass der US-Senator John McCain (R-Ariz.), ein glühender Verfechter Israels, für seine eigene Präsidentschaftskampagne 2008 erhebliche finanzielle Unterstützung von denjenigen erhalten hatte, die der Forward in seinem eigenen Titel als „New York money men" (New Yorker Geldmänner) bezeichnete.

In diesem aufschlussreichen Artikel, in dem McCains „stark jüdisches Finanzkomitee" beschrieben wird, kündigt der Forward an, dass „Herr McCain in den letzten Wochen deutlich gemacht hat, dass die Beschäftigung mit jüdischen Themen auf seiner Tagesordnung bleiben wird, wenn seine Kampagne voranschreitet". Die jüdische Zeitung machte keine Angaben dazu, ob McCain sich auch für christliche, muslimische, buddhistische oder hinduistische Themen oder für Themen, die für andere religiöse Gruppen von Interesse sind, interessieren wird.

Der Forward-Artikel macht deutlich, dass die Unterstützung dieser „New Yorker Geldmänner" für die bevorstehende Präsidentschaftskampagne von entscheidender Bedeutung ist und dass es entscheidend sein könnte, ob dieses Geld im Lager von McCain bleibt oder letztlich woanders hingeht.

Diese Information könnte die Basisrepublikaner in ganz Amerika überraschen, die (offenbar fälschlicherweise) glauben, dass sie es sind, die den Präsidentschaftskandidaten ihrer Partei wählen.

Angesichts der Tatsache, dass jüdische Gruppen Clark angriffen, weil er andeutete, dass „New Yorker Finanziers" politische Kandidaten unter Druck setzten, sich für einen Krieg gegen den Iran auszusprechen, ist es außerdem interessant, dass Forward darauf hinwies, dass einer der führenden „New Yorker Finanziers", der McCain unterstützte, die Iran-Frage als einen der Gründe für seine Unterstützung des Senators von Arizona nannte.

Ben Chouake, Vorsitzender von NORPAC, einem pro-israelischen politischen Aktionskomitee, und Mitglied von McCains Finanzausschuss, wurde mit der Bemerkung zitiert, dass der Iran „eine immense Bedrohung für die USA und eine immense Bedrohung für Israel" sei und dass „die fähigste, erfahrenste und mutigste Person, die unser Land verteidigen könnte, John McCain wäre".

Es ist klar, dass die „New Yorker des Geldes" eine wichtige Rolle in der politischen Arena der USA spielen und ihr ganzes Gewicht in die Waagschale werfen, wenn es darum geht, ob Kandidaten gewählt werden oder nicht und ob Amerika in den Krieg eintritt oder nicht.

Das ist etwas, das die Amerikaner wissen müssen, aber sie sollten sich besser nicht darauf verlassen, dass die Medien ihnen davon erzählen.

KAPITEL 24

„Made in Israel": Der wahre Ursprung der Kontroverse um das iranische Atomprogramm, wie er von führenden Atomwaffenexperten ermittelt wurde

Die Amerikaner sollten zur Kenntnis nehmen: Er hatte Recht, als er sagte, dass der Irak keine Massenvernichtungswaffen besaß. Heute greift Scott Ritter, der ehemalige UN-Abrüstungsinspektor im Irak, den internationalen Aufschrei über das wachsende iranische Atomprogramm an und weist in einem neuen Buch darauf hin, dass die Kontroverse „eine Krise made in Israel" sei.

Die aktuelle Kontroverse über die angebliche Entwicklung von Atomwaffen durch den Iran ist „eine Krise made in Israel". Dieser Vorwurf wurde in dem neuesten Buch von Scott Ritter erhoben, der sieben Jahre lang einer der führenden UN-Waffeninspektoren im Irak war.

Der wortgewandte Marine, der General Norman Schwarzkopf im ersten Golfkrieg als Berater für ballistische Raketen zur Seite stand, erklärte, dass das gleiche Muster aus Lügen und Desinformation, das die Bush-Regierung und ihre Verbündeten in Israel verwendet hätten, um die USA in den Krieg gegen den Irak zu verwickeln, nun dazu benutzt werde, die USA in einen Krieg gegen den Iran zu verwickeln.

Ritters Buch Target Iran mit dem Untertitel „The Truth About the White House's Plans for Regime Change" (Die Wahrheit über die Pläne des Weißen Hauses für einen Regimewechsel) sprach eine Warnung aus, die die Amerikaner beachten sollten, denn alles, was Ritter zuvor über die Bereitschaft zum Krieg gegen den Irak gesagt hatte, erwies sich als zutreffend.

Wie der bekannte Enthüllungsjournalist Seymour Hersh sagte: „Das Wichtigste, was man über Scott Ritter, den Mann, wissen muss, ist, dass er Recht hatte. Er hat uns 2002 und Anfang 2003, als Präsident George Bush und Premierminister Tony Blair sich auf den Irakkrieg vorbereiteten, immer wieder gesagt, dass es keine [Massenvernichtungs-] Waffen gibt".

Ritter kann sich so eindringlich äußern, weil er praktisch immun gegen den Vorwurf ist, „antiisraelisch" oder „antisemitisch" zu sein. Wie er in seinem Buch schreibt, hat er während seines Militärdienstes und im Bereich der

Waffeninspektion sein Leben riskiert, um Israel zu verteidigen - ein Punkt, den seine Kritiker nur ungern erwähnen. Ritter schrieb: Der Konflikt, der derzeit zwischen den USA und dem Iran besteht, ist in erster Linie ein in Israel entstandener Konflikt. Er basiert auf der israelischen Behauptung, dass der Iran eine Bedrohung für Israel darstellt, und wird durch israelische Behauptungen definiert, dass der Iran ein Atomwaffenprogramm betreibt. Nichts davon wurde bewiesen, und es wurde sogar eindeutig nachgewiesen, dass die meisten Behauptungen, die Israel gegen den Iran aufgestellt hat, falsch sind. Dennoch posaunen die USA die israelischen Behauptungen weiterhin heraus, und niemand tut dies lauter als der US-Botschafter bei den Vereinten Nationen, John Bolton.

Wenn der Iran Israel ohne Provokation angreifen sollte, würde ich lange dafür plädieren, dass Amerika seinem Freund und Verbündeten zu Hilfe kommt. Aber ich kann den Gedanken nicht tolerieren, dass Amerika in einen Angriffskrieg gegen den Iran gedrängt wird, obwohl der Iran weder Israel noch Amerika bedroht. Und genau das geschieht heute. Israel hat den Iran aus Unwissenheit, Angst und Paranoia zu einer Bedrohung erhoben, die es für inakzeptabel hält.

Israel hat sich auf eine Politik eingelassen, die die Situation noch weiter verschärft hat. Israel zeigt Arroganz und Rigidität, wenn es um eine diplomatische Lösung für die Iran-Frage geht.

Israel verlangt, dass die USA die Initiative ergreifen und den Iran zur Rechenschaft ziehen. Israel droht dem Iran mit einer Militäraktion, wohl wissend, dass es damit auch Amerika in einen Krieg verwickeln würde.

In Bezug auf den Iran kann man nicht mehr sagen, dass Israel sich wie ein Freund Amerikas verhält. Es ist höchste Zeit, dass wir Amerikaner den Mut haben, dies zu erkennen und entsprechende Maßnahmen zu ergreifen.

Ritter betonte, dass die USA und Israel „zwei völlig unterschiedliche Nationen sind und niemals als eine einzige, unteilbare behandelt werden sollten". Er fügte hinzu, dass die USA die mächtigen israelischen Lobbygruppen wie das American Israel Public Affairs Committee bremsen müssten. Die Amerikaner müssten außerdem erkennen, dass „nationale Loyalität eine Einbahnstraße ist, und in Amerika zeigt dieses Einbahnstraßenschild für die Amerikaner nur auf die Vereinigten Staaten von Amerika".

Wer an einer gründlichen Untersuchung der Realitäten - und nicht der Propaganda - in Bezug auf den Irak und sein Atomprogramm interessiert ist (und wie die Wahrheit von Israel und seinen Verbündeten in der Bush-Regierung verdreht wurde), sollte Ritters Buch lesen.

KAPITEL 25

Irans Präsident äußert sich: Der neuen Weltordnung frontal trotzen

Dieser Autor hatte die Gelegenheit, am 20. September 2006 nach New York zu reisen, wo ich an einer geschlossenen Diskussionsrunde mit dem iranischen Präsidenten Mahmud Ahmadinedschad und einer kleinen Gruppe geladener Journalisten und Akademiker teilnahm. Es folgt ein Bericht über Ahmadinedschads Kommentare bei diesem Forum, wie er in der Ausgabe vom 9. Oktober 2006 von American Free Press, der nationalen Wochenzeitung mit Sitz auf dem Kapitol in Washington, veröffentlicht wurde.

Noch während die fanatisch pro-israelische New York Sun seine Verhaftung „als materieller Zeuge oder sogar als Verdächtiger" des Terrorismus forderte, traf der iranische Führer Mahmud Ahmadinedschad letzte Woche zu einem Blitzbesuch in New York ein.

Als er vor den Vereinten Nationen sprach und sich privat mit verschiedenen Gruppen traf, waren Journalisten und Akademiker gespannt darauf zu hören, was der ehemalige Universitätsprofessor, der Bürgermeister von Teheran und später iranischer Präsident wurde, zu sagen hatte. Dies geschah zu einer Zeit, in der die Islamische Republik Iran im Mittelpunkt der Weltöffentlichkeit steht und Gegenstand einer provokativen und kriegerischen Rhetorik von Israel und seinem Verbündeten George W. Bush ist.

Selbst die Einladung Ahmadinedschads, im Manhattan-Hauptquartier des Council on Foreign Relations (CFR), dem Treffpunkt der amerikanischen Elite in Sachen Außenpolitik, zu sprechen, sorgte für Aufregung. Angeführt von Elie Wiesel, der Galionsfigur der Holocaust-Industrie, drohten die jüdischen Mitglieder des CFR mit Massenaustritten, sollte der iranische Führer sprechen dürfen, obwohl sich die Revolte nie materialisierte.

Wiesel - dessen Glaubwürdigkeit fraglich ist - erzählte jedem, der es hören wollte, dass er der Meinung sei, dass Ahmadinedschad in den USA zur Persona non grata erklärt werden sollte und dass der Iran selbst aus den Vereinten Nationen ausgeschlossen werden sollte, solange Ahmadinedschad Präsident ist.

Schließlich wurde der Vorschlag eines offiziellen Abendessens mit Ahmadinedschad im CFR abgelehnt, da die jüdischen Mitglieder des CFR erklärten, dass sie die Idee eines Abendessens mit dem iranischen Führer nicht ertragen könnten.

Stattdessen traf sich Ahmadinedschad mit einer kleinen Anzahl von CFR-Mitgliedern bei einem weniger formellen Treffen.

Während pro-israelische Gruppen vor den Vereinten Nationen und dem Hotel, in dem Ahmadinedschad seinen Sitz hatte, massive und lautstarke Demonstrationen gegen Ahmadinedschad organisierten, erklärten sich einige geistig gesunde Menschen bereit, mit dem iranischen Präsidenten zu sprechen und sich anzuhören, was er zu sagen hatte, ohne unterbrochen zu werden. Dies stand im Gegensatz zu der Behandlung, die Ahmadinedschad häufig von voreingenommenen amerikanischen Medienpersönlichkeiten und dem US-Präsidenten zuteil wurde, der sich weigerte, mit dem iranischen Führer zu sprechen.

In seiner Rede auf der Kundgebung der Kriegsrhetorik Bushs und seiner israelischen Verbündeten betonte Ahmadinedschad, dass die politischen Entscheidungsträger in den USA „zu intelligent" seien, um ernsthaft über einen Krieg mit dem Iran nachzudenken. In der Tat, so sagte er, werden die Drohungen und scharfen Reden der USA vom Weißen Haus dazu benutzt, um, wie er es nannte, „psychologischen Druck" auf die europäischen Länder auszuüben, damit sie die Sanktionen gegen den Irak unterstützen.

Ahmadinedschad sagte voraus, dass jede Militäraktion gegen den Iran „weder der Regierung der Vereinigten Staaten noch dem amerikanischen Volk nützen wird". Er betonte, dass auch heute noch „alle Völker in unserer Region aufgrund der Politik der Bush-Regierung beginnen, die Vereinigten Staaten zu hassen". Es sei darauf hingewiesen, dass sich kürzlich 118 Länder auf dem jüngsten Gipfeltreffen der blockfreien Nationen in Kuba hinter den Wunsch des Iran gestellt haben, Atomenergie für friedliche Zwecke - und gegen die Achse Israel-USA - zu gewinnen.

Der iranische Präsident äußerte sich bestürzt darüber, dass sein jüngster Brief an Präsident Bush, in dem er die Aufnahme eines Dialogs forderte, gefolgt von dem Angebot einer öffentlichen Debatte mit dem amerikanischen Führer vor den Vereinten Nationen, unbeantwortet geblieben war. „Ich hatte gehofft, dass Präsident Bush auf meinen Brief an ihn antworten würde.

Mein Brief war ein menschlicher Akt, kein politischer Akt. Ich treffe mich täglich mit vielen Menschen und führe Gespräche mit ihnen". Er fügte hinzu

Es gibt keinen besseren Weg, als einen Dialog zu organisieren. Er kann sich auf das gesamte Spektrum beziehen. Jede Bedingung für einen Dialog ist hilfreich, um Spannungen zu beseitigen.

Wir haben bei vielen Gelegenheiten angekündigt, dass wir für einen Dialog offen sind, allerdings unter Bedingungen des gegenseitigen Respekts. Die Beziehungen können freundschaftlich, ausgewogen und fair sein.

Ahmadinedschad drückte sein persönliches Interesse und das seiner Nation daran aus, zumindest den Austausch von Wissenschaftlern und Akademikern zwischen den USA und dem Iran zu eröffnen, und sagte:

Wir fordern seit langem die Einrichtung eines Direktflugs zwischen Teheran und New York. Wir werden die für einen solchen Austausch erforderlichen Einrichtungen bereitstellen. Der iranische Präsident fügte hinzu: „Wir waren sehr betrübt, als die USA unser Angebot, die Opfer des Hurrikans Katrina humanitär zu unterstützen, abgelehnt haben.

Über die Möglichkeit nachdenkend, dass die Bush-Regierung und Israel den Iran nicht nur daran hindern wollen, sein derzeitiges Atomprogramm zu entwickeln - was der öffentlich geäußerte Grund für die Kampagne gegen den Iran war -, sondern dass sie auch die Absicht haben, die Regierung Ahmadinedschad zu stürzen und einen vollständigen Wechsel des iranischen Regierungssystems zu erzwingen, bemerkte der iranische Führer : „Wir widersetzen uns natürlich dieser Art von Argumentation der US-Regierung, aber wir haben nicht die Absicht, dies zu tun: Natürlich widersetzen wir uns dieser Art von Argumentation der US-Regierung. Aber sie werden niemals in der Lage sein, dem Iran einen Regimewechsel aufzuzwingen. Der Iran braucht keinen Wächter. Diese Denkweise gehört der Vergangenheit an.

Warum glaubt Herr Bush, dass er besser denken kann als das iranische Volk und seine Führer auswählen kann? Stellen Sie sich vor, ich wäre der Präsident des Iran und würde dem amerikanischen Volk sagen: „Ich will das amerikanische Volk retten": „Ich will das amerikanische Volk retten": „Ich will das amerikanische Volk retten".

Überlegen Sie, wie das iranische Volk auf diese Art von Rhetorik von Präsident Bush reagieren würde. Was will Herr Bush dem Iran geben

Der Iran war schon immer der Iran, aber wir sind jetzt unabhängig vom Westen. Der Iran ist stärker als je zuvor. Der Iran ist eine Nation von Familien, Freunden und Nachbarn, die wie eine einzige Familie leben, und das iranische Volk wird auf jede Einmischung in seine Angelegenheiten reagieren.

In Bezug auf Irans angeblichen Wunsch, Atomwaffen herzustellen, wies Ahmadinedschad darauf hin, dass das iranische Atomprogramm von der

Internationalen Atomenergiebehörde überwacht wird. „Es ist rund um die Uhr mit Kameras ausgestattet", betonte er. Darüber hinaus, so fügte er hinzu, habe der Iran den Atomwaffensperrvertrag unterzeichnet.

Ahmadinedschad erwähnte es nicht, aber die Wahrheit ist, dass Israel, das eines der größten Atomwaffenarsenale der Welt besitzt, diesen Vertrag nie unterzeichnet hat und offiziell nicht zugibt, dass es über nukleare Fähigkeiten verfügt.

Außerdem ist es, obwohl die US-Medien nicht viel Aufhebens davon machen - sie stellen den Iran dar, als würde er fieberhaft an der Herstellung der „islamischen Bombe " arbeiten -, Tatsache, dass, wie Ahmadinedschad bemerkte, der oberste muslimische Religionsführer des Iran ein als „Fatwa" bekanntes Dekret herausgegeben hat, das die Herstellung einer Atomwaffe durch den Iran verbietet.

„Im Lichte dieser Elemente", sagte Ahmadinedschad, „kann man sagen, dass wir aus religiöser Sicht gegen Atomwaffen sind. Wir sind grundsätzlich gegen Atomwaffen. Sie dienen dem Töten".

Darüber hinaus betonte er, dass „das iranische Volk keine Atomwaffe braucht": „Das iranische Volk braucht keine Atomwaffe. Während des Iran-Irak-Kriegs hatten wir acht Jahre lang eine freiwillige Armee, darunter auch Christen, die sich für die Verteidigung der Nation einsetzte. Die Iraner haben eine Liebesgeschichte mit ihrem Land".

Dennoch stellte Ahmadinedschad die Frage: „Wie können sich Nationen, die über Atomwaffenarsenale verfügen, gegen Nationen stellen, die versuchen, Kernbrennstoff zu friedlichen Zwecken zu produzieren? Die nukleare Arena sollte nicht von einer kleinen Gruppe von Ländern monopolisiert werden".

Als Antwort auf Behauptungen, sein Land unterdrücke die Medien, bemerkte Ahmadinedschad mit einem Lächeln.

Wenn man bedenkt, wie viel Kritik an der iranischen Regierung und meiner Verwaltung in den iranischen Medien und an den Universitäten geübt wird, ist das beachtlich. Tatsächlich wurde vor kurzem eine unserer eigenen Regierungszeitungen geschlossen, weil sie einen Stamm in unserem Land beleidigte und damit gegen das Gesetz verstieß. Unsere eigene Regierungszeitung wurde also bestraft, weil sie gegen das Gesetz verstoßen hat.

Den iranischen Journalisten, die mich in die Vereinigten Staaten begleiten, wurden von der US-Regierung die Visa verweigert. Diesen Journalisten ist es nicht gestattet, über die Grenzen des UN-Gebäudes hinaus zu reisen.

Aber nachdem ich zum iranischen Präsidenten gewählt worden war, reisten etwa 200 Journalisten aus aller Welt in ein kleines Dorf, in dem ich als Kind nur sehr kurz gelebt hatte, und interviewten jeden, den sie finden konnten: den Bäcker, den Mann, der den Obststand betrieb, alle Nachbarn.

Im Hinblick auf die politische Freiheit im Iran wies Ahmadinedschad darauf hin, dass es bei dem Rennen um die Präsidentschaft, nach dem er gewählt wurde, „acht verschiedene Kandidaten gab, die aus sehr unterschiedlichen Kreisen kamen und sehr unterschiedliche Programme vertraten".

Er betonte: „Unsere beratende Versammlung mit 290 Mitgliedern ist weitgehend offen für eine Vielzahl von Ideen und Meinungen. Sie wird nicht von Parteien gelenkt, wie es beispielsweise in den Vereinigten Staaten der Fall ist". Er fügte hinzu: „Jeder kann in den Iran kommen und feststellen, dass die jungen Leute, die älteren Leute, einfach alle, sehr politisiert sind und sehr unterschiedliche Meinungen haben. Sie wissen, was in der heutigen Welt vor sich geht und interessieren sich sehr dafür.

Amerikanern werden nicht die Fingerabdrücke abgenommen, wenn sie in den Iran kommen, sondern Staatsangehörigen anderer Länder, wenn sie nach Amerika kommen.

In Bezug auf die Bemühungen des christlichen und muslimischen Volkes Palästinas um eine Heimat bekräftigte Ahmadinedschad seine seit langem bestehenden Bedenken, die das Denken von Millionen Menschen auf der ganzen Welt widerspiegeln: Das Schicksal der Menschheit ist mit dem verbunden, was in Palästina geschieht. Die Zeit der Besatzung in Palästina ist längst vorbei. Tausend oder mehr Jahre lang war Palästina Palästina und nichts anderes.

In den letzten 60 Jahren haben wir jedoch nur Feindseligkeit, Blutvergießen und Tragödien gesehen. Babys, die getötet wurden. Zerstörte Häuser.

Aus welchem Grund? Was ist der eigentliche Grund? Das palästinensische Volk sollte in seine Heimat zurückkehren und dort seine eigene Führung wählen können.

Auf die hysterischen Vorwürfe, er sei ein „Holocaust-Leugner", wie sie in den US-Medien wiederholt über ihn erhoben wurden, antwortete Ahmadinedschad: „Ich bin kein Holocaust-Leugner

Die Medien haben mir vorgeworfen, ich hätte nach wissenschaftlichen Beweisen für Ereignisse gefragt, die angeblich während des Zweiten Weltkriegs stattgefunden haben. Während dieses Krieges starben etwa 60 Millionen Menschen. Dennoch hat sich eine kleine Gruppe als Opfer profiliert, als ob andere Leben keine Bedeutung hätten.

In unserer heutigen Gesellschaft können Gott und die Demokratie frei erforscht und hinterfragt werden. Zu diesen Themen werden zahlreiche Bücher, Artikel und Kommentare veröffentlicht, doch die Frage nach den Ereignissen des Zweiten Weltkriegs kann nicht diskutiert werden.

Im Sinne der Verständigung bin ich der Meinung, dass wir in diesem Bereich weiter forschen sollten, denn je besser wir verstehen, was wirklich passiert ist, desto mehr können wir tun, um die Probleme unserer Gesellschaft zu lindern.

Letztendlich sind diese Dinge, wenn sie überhaupt passiert sind, in Europa passiert. Sie geschahen nicht in Palästina. Warum mussten also die Palästinenser den Preis dafür zahlen

Weltweit gibt es heute fünf Millionen vertriebene Palästinenser.

In einer allgemeinen Reflexion über die Weltlage kam der iranische Präsident zu dem Schluss: „In unserer heutigen Welt gibt es kleine Gruppen, die nach Macht und Reichtum streben. Aber die meisten Gesellschaften streben nach Freiheit, Frieden und Gerechtigkeit. Wir haben gesagt, dass wir dagegen sind, der Welt eine einseitige Position aufzuzwingen.

Die Vereinten Nationen müssen von jeder Macht unabhängig sein".

Nicht umsonst beeindruckt Ahmadinedschad auf persönlicher Ebene selbst feindlich gesinnte Journalisten, die ihm begegnen. Er ist spirituell, intelligent, zutiefst geistreich und intellektuell, und wie Fareed Zakaria, Chefredakteur von Newsweek International, in der Washington Post zugab, „war ich erstaunt, wie wenig er dem Bild eines Verrückten entsprach: „Ich war erstaunt, dass er so wenig dem Bild eines Verrückten entsprach... immer ruhig und intelligent".

Der iranische Präsident lässt sich nicht täuschen: Ahmadinedschad hat sich als feste Stimme gegen die Kräfte etabliert, die die Unterwerfung unter eine neue Weltordnung fordern.

Es bleibt abzuwarten, ob seine Nation schließlich in einem Holocaust in den Händen der amerikanischen Militärmacht (sogar nuklearer Natur) verzehrt wird oder ob Israel - allein operierend (aber mit ganz klarer amerikanischer Unterstützung) - mit seinem monströsen Golem das nukleare Feuer auf den Iran entfacht.

Tatsache ist jedoch, dass Präsident Ahmadinedschad im Wesentlichen ein kühner Staatsmann auf der Weltbühne ist, der es gewagt hat, sich zu der Gefahr, der unsere Welt im hässlichen Schatten des Golem ausgesetzt ist, zu äußern - und zwar nachdrücklich.

persönliche Anmerkung: Im Dezember 2006 hatte ich das Privileg, den Iran als Teilnehmer seiner mittlerweile berüchtigten Konferenz zur Prüfung der Frage des „Holocaust" zu besuchen. Nach meiner Rückkehr von dieser Konferenz bereitete ich einen ausführlichen Bericht darüber vor, „was im Iran wirklich passiert ist" - was im Widerspruch zu dem ununterbrochenen Strom vorsätzlicher Lügen und unvorsichtiger Desinformation steht, der in den Medien weltweit, insbesondere in den USA, propagiert wurde. Der Bericht ist weiterhin bei der American Free Press erhältlich und kann an vielen Stellen im Internet abgerufen werden.

Ein bestimmter Teil dieses Berichts verdient es jedoch, hier wiederholt zu werden, insbesondere im Zusammenhang mit unserer Diskussion über die aktuelle Kampagne Israels (zusammen mit seinem gekauften und bezahlten Verbündeten George W. Bush), die USA in einen sinnlosen und potenziell verheerenden Krieg gegen den Iran zu verwickeln, der für die ganze Welt verheerend sein könnte. Ich habe Folgendes geschrieben - und bitte lesen Sie es aufmerksam: Das Wichtigste, was ich über den Iran im Allgemeinen vermitteln kann - meine denkwürdigste Reaktion im Nachhinein - ist dieses einfache Konzept: Die Amerikaner müssen alles ignorieren, was sie in den amerikanischen Medien über den heutigen Iran, seinen Führer, seine Kultur und seine Menschen hören.

Erst als ich in Teheran ankam und dort ein oder zwei Tage verbrachte, wurde mir klar, dass selbst ich, der sich für einigermaßen gut über dieses Land informiert hielt, mit vielen falschen Vorstellungen (eigentlich Vorurteilen) in den Iran gekommen war, die mir (und ja, das ist eine Art Gehirnwäsche) von den großen US-Medien aufgezwungen worden waren : Alles, von den nächtlichen Nachrichtensendungen bis zu den Hintergrundartikeln und anderen Informationen (größtenteils Propaganda, subtil und weniger subtil) in den großen Nachrichtenmagazinen.

Als unser Flugzeug in Teheran landen wollte, schockierte uns eine Nachricht, die über den Lautsprecher abgespielt wurde. Sie besagte, dass „per Regierungserlass" alle Frauen bei ihrer Ankunft im Iran ihren Kopf bedecken müssten. Ich wusste, dass dies der Fall war, aber die Tatsache, dass sie über die Lautsprecheranlage des Flugzeugs ausgestrahlt wurde, war selbst für mich etwas verwirrend.

Sofort kam mir das in den Medien verbreitete Bild von unterdrückten Frauen in den Sinn - geschlagen, misshandelt und gezwungen, sich von Kopf bis Fuß mit einem dunklen, geheimnisvollen Gewand zu bedecken.

Aber ich sah mir im Flugzeug die Bandbreite der Frauen an - Iranerinnen und Nicht-Iranerinnen, dunkelhäutige und hellhäutige, blonde und brünette, orientalische und westliche Frauen - und ich sah nicht eine einzige dieser Frauen flattern. Selbst die reichsten Frauen an Bord, elegant gekleidete

Iranerinnen mit teurem Schmuck, schienen nicht im Geringsten beunruhigt zu sein.

In diesem Moment, als ich die Menschen an Bord des Flugzeugs nach Teheran beobachtete (aus Frankfurt, Deutschland, meinem Umsteigepunkt nach Washington), wurde mir zum ersten Mal bewusst, dass es sich um Menschen handelte, die bald sterben könnten: unschuldige Opfer eines schweren Feuers aus der Luft (eines sehr realen Holocausts), entweder durch amerikanische oder israelische Bomber oder durch beide zusammen. Diese Iraner, die ihr Leben leben und frei von einem Land ins andere reisen, sind im Visier von George Bush und seinen zionistischen Verbündeten in Washington und Tel Aviv.

Diese Iraner gehören zu den Menschen, die 1 000 amerikanisch-jüdische Rabbiner - die zahlenmäßig einen überwältigenden Anteil der amerikanischen jüdischen Gemeinschaft, die in die Synagogen geht, repräsentieren - angeblich von Präsident Bush aufgefordert haben, sie anzugreifen und dafür amerikanische Militärressourcen einzusetzen (und das kostbare Leben amerikanischer Männer und Frauen zu riskieren). „Wenn diese Rabbiner, die angeblich Gottesmänner sind, gegen die Iraner Krieg führen wollen", sagte ich mir, „dann sollen sie das tun. Aber sie sollten besser damit aufhören, die Amerikaner zu schikanieren, damit sie einen weiteren sinnlosen Krieg für Israel führen."

Mir wurde klar, dass diese lebenden, atmenden, aus allen Schichten stammenden Menschen - diese Iraner - das Ziel des Zorns dieser kriegslüsternen Rabbiner waren, und das belastete mich als Amerikaner, da ich wusste, dass der Präsident der Vereinigten Staaten dem Denken dieser 1000 kriegslüsternen „religiösen" Führer näher steht als dem einer großen Zahl friedliebender US-Amerikaner.

So werden die Republik Iran und ihr Volk heute mit Tod und Zerstörung durch eine kleine, aber mächtige Gruppe zionistischer Intriganten konfrontiert, die nur als kriegerische Kriminelle beschrieben werden können, deren Agenda allen Normen menschlichen Verhaltens zuwiderläuft. Sie repräsentieren letztlich nicht die meisten Amerikaner und vielleicht nicht einmal die meisten Israelis.

Und behalten Sie diesen wichtigen Punkt im Hinterkopf: Die Fakten zeigen, dass der Irak und der Iran nicht die einzigen langjährigen Ziele der zionistischen Kriegsmaschinerie sind. Israelische und US-amerikanische Kommentatoren haben auch Syrien und Saudi-Arabien als weitere potenzielle Ziele genannt. Selbst die südostasiatische Republik Malaysia, ein in jeder Hinsicht friedliches Land, wurde als potenzielle Quelle von „Problemen" im sogenannten „Krieg gegen den Terrorismus" genannt, der im Rahmen der zionistischen globalen Agenda geführt wird.

Keine Einzelperson, Institution oder Nation, die als potenzielle Gefahrenquelle für Israels Traum vom weltweiten Imperium - gestärkt durch den eigenen Golem oder unterstützt durch den militärischen Mechanismus der USA (solange Amerika unter der effektiven Kontrolle des zionistischen Machtblocks bleibt) - betrachtet wird, kann als frei davon angesehen werden, von den Fanatikern ins Visier genommen zu werden, die heute eine so unglaubliche Macht über die Oberfläche des Planeten ausüben.

George W. Bush sagte: „Ihr seid entweder auf unserer Seite oder auf der Seite der Terroristen", aber was er in Wirklichkeit sagen wollte, war Folgendes: „Wenn ihr euch weigert, die Agenda des Zionismus zu unterstützen, werden wir euch töten": „Wenn ihr euch weigert, die Agenda des Zionismus zu unterstützen, werden wir euch töten". So einfach ist das.

Glücklicherweise gibt es heute in unserer Welt Menschen, die offen aufgestanden sind, um diese Kriegstreiber herauszufordern. In den folgenden Kapiteln werden wir die Gelegenheit haben, einige von ihnen zu treffen und zu hören, was sie zu sagen haben.

Sie sind echte Staatsmänner, denen die Interessen der Menschheit am Herzen liegen.

KAPITEL 26

Es ist Zeit, den Krieg gegen den Krieg zu führen: Dr. Mahathir Mohamad spricht

Im Juni 2006 (nach einem ersten Besuch im Jahr 2004) reiste der Autor ein zweites Mal nach Malaysia, wo ich als Gast von Dr. Mahathir Mohamad, dem ehemaligen langjährigen Premierminister dieser südostasiatischen Republik, an der zweiten offiziellen Sitzung der Perdana World Peace Organization (PGPO) teilnahm, die Dr. Mahathir 2005 gegründet hatte.

Die PGPO hat eine weltweite Kampagne gestartet, damit die Kriegführung formell durch das Völkerrecht kriminalisiert wird und damit die Führer, die Kriege verüben, sowie die Organisationen und Unternehmen, die sie unterstützen, durch das Völkerrecht als Kriminelle anerkannt werden.

Die Sondersitzung des Friedensforums 2006 konzentrierte sich auf das Thema

„Die Agenda des Nahen Ostens: Öl, Dollar-Hegemonie und Islam" und brachte eine vielfältige Gruppe prominenter Diplomaten, Akademiker und anderer Personen aus aller Welt zusammen, die nicht nur die aktuelle Rolle der USA, Großbritanniens und Israels in den Problemen des Nahen Ostens - insbesondere die Kriegsbereitschaft gegen den Iran -, sondern auch die Gefahren der Verbreitung von Atomwaffen thematisierten.

In seiner Rede zur Eröffnung des Forums wies Mahathir Mohamad darauf hin, dass die meisten Menschen Krieg als „etwas, das anderen Menschen anderswo widerfährt" betrachten, während es in Wirklichkeit „im Krieg darum geht, Menschen zu töten - ein Test der Fähigkeit von Nationen, zu töten".

Mahathir betonte, dass die Nationen heute nach „neuen Wegen des Tötens" suchen, was beweist, dass „wir immer noch brutal sind. Wir sind nicht wirklich zivilisiert geworden".

Er erklärte jedoch: „Krieg ist keine Lösung für einen Konflikt zwischen Nationen. Krieg ist ein Verbrechen. Wir müssen langfristig daran arbeiten, dass Krieg als Verbrechen angesehen wird. Diejenigen, die Krieg führen, müssen wie Kriminelle behandelt werden".

Obwohl Dr. Mahathir der Ansicht ist, dass es für eine Nation lebenswichtig ist, über ein nationales Verteidigungssystem zu verfügen, bedeutet der Besitz von Waffen nicht, dass sich eine Nation auf einen Krieg vorbereitet. Er besteht darauf, dass Nationen ihre Streitigkeiten mit anderen Mitteln als Krieg lösen sollten.

„In Kriegszeiten", sagte er, „hat der Sieger Recht. Der Verlierer, auch wenn er sein Land verteidigt, hat Unrecht und kann gehängt werden".

Und angesichts der aktuellen Behauptung der USA, sie hätten den Krieg gegen den Irak geführt, um dem Land die Demokratie zu bringen, fragte Dr. Mahathir: „Was ist das für eine „Demokratie", die die Neokonservativen fördern? und wies darauf hin, dass selbst die neuen Machthaber im Irak nicht in der Lage sind, sich außerhalb ihrer geschützten Bereiche zu bewegen. „Ist das irakische Volk heute frei

„Es ist undemokratisch, Menschen zu töten, um sie dazu zu bringen, die Demokratie zu akzeptieren", sagte er. Und nun erwägen die USA einen Krieg gegen den Iran, ein Land, dessen Präsident demokratisch gewählt wurde.

In Bezug auf die derzeitige Dominanz der USA im UN-Sicherheitsrat sagte Mahathir, dies sei eine „sehr undemokratische Art, die Demokratie zu fördern".

Mahathir sagte, es sei an der Zeit, dass die Wähler in allen Ländern darauf bestünden, dass Kandidaten für hohe Ämter sich verpflichteten, gegen den Krieg zu sein.

Der vierte Weltkrieg sei bereits da, sagte Mahathir und betonte, dass nicht er den Begriff geprägt habe. Vielmehr waren es prominente neokonservative Stimmen wie Norman Podhoretz, langjähriger Chefredakteur der Zeitschrift Commentary des American Jewish Committee, und Earl Filford von der Foundation for the Defense of Democracies, die erklärten, dass der vierte Weltkrieg vor der Tür stehe, was von Efraim Halevy, dem ehemaligen Chef des israelischen Mossad, und anderen aufgegriffen wurde.

Verteidigungsminister Donald Rumsfeld veröffentlichte einen Bericht über die vierjährige Überprüfung des Verteidigungsministeriums vom 6. März 2006, in dem er erklärte, dass der Krieg ein „langer Krieg" sein werde, der „noch viele Jahre dauern" werde. Selbst Dr. Mahathir wies darauf hin, dass 350.000 US-Soldaten in 130 Ländern im Einsatz seien. Rumsfeld schloss sich Präsident George Bush an, der erklärte, die USA befänden sich „in den ersten Jahren eines langen Kampfes" gegen das, was er als „eine neue totalitäre Ideologie" bezeichnete.

Die Ursprünge dieses Krieges, so Mahathir, finden sich in einem Grundsatzpapier des neokonservativen Strategen Paul Wolfowitz, der 1992 dazu aufrief, die militärische Macht der USA mit dem Islam als Ziel zu projizieren. Und nun ist der Iran das neueste Ziel. In Anlehnung an das Gesetz zur Befreiung des Irak aus dem Jahr 1998 hat der US-Kongress nun das Gesetz zur Unterstützung der Freiheit des Iran verabschiedet.

Der Flugzeugträger USS Ronald Reagan wird für einen Konflikt in Position gebracht. Es ist gut möglich, dass Atomwaffen eingesetzt werden.

Mahathir sagte offen: „Der Kriegsverbrecher Bush hat erklärt, dass alle Optionen auf dem Tisch liegen", darunter auch Atomwaffen. Dabei zählten „die Bemühungen des Iran nicht", einschließlich der Tatsache, dass der Iran den Atomwaffensperrvertrag unterzeichnet habe.

Die Kriegsrhetorik und die Drohungen von Präsident Bush, so der ehemalige malaysische Premierminister, „sind starke Worte vom Präsidenten der mächtigsten Nation der Welt. Er hat uns bereits im Krieg gegen den Irak gezeigt, wozu er fähig ist. Wir müssen diesen Plänen ein Ende setzen und das Töten beenden".

Indem er sein Mitgefühl für die amerikanischen Soldaten zum Ausdruck brachte, die gegen die vom Bush-Regime geführten Kriege kämpfen müssen, betonte Dr. Mahathir, dass auch im Krieg gegen den Iran amerikanische Leben gefährdet werden

„Es ist der normale Mensch, der den Preis für diesen Wahnsinn zahlen wird, aber Bush und Premierminister Tony Blair sind geschützt und vor der Gefahr sicher", sagte Dr.

Mahathir. Er erklärte jedoch: „Die friedliebenden Völker müssen Gerechtigkeit walten lassen auf. Die internationale Gemeinschaft muss politischen Willen zeigen, um diese Kriegsverbrecher vor Gericht zu bringen. Die internationale Gemeinschaft muss politischen Willen zeigen, um diese Kriegsverbrecher vor Gericht zu bringen".

Mahathir wandte sich direkt an Bush und Blair: „Sie sollten nicht mit Ehrenbezeichnungen behandelt werden. Wir sollten sie nicht Präsident Bush und Premierminister Blair nennen. Wir sollten sie stattdessen „Bush, den Kriegsverbrecher" und „Blair, den Kriegsverbrecher" nennen. Das sind die Kriegsverbrecher. Sehen Sie sie sich gut an".

Mahathir sagte über Bush: „Er ist ein Mann, der Lügen erzählt hat: „Er ist ein Mann, der gelogen hat. Die ganze Nation weiß, dass er gelogen hat. Heute überleben die USA dank einer Kriegswirtschaft. Es ist ein bankrottes Land und seine Währung ist nicht gesichert. Aber Milliarden von Dollar werden für Waffen in Kriegen ausgegeben, die nicht notwendig sind.

Während die amerikanischen Medien verkünden, dass der ehemalige israelische Premierminister Ariel Sharon ein Mann des Friedens sei, verglich Dr. Mahathir dieses Bild mit der Art und Weise, wie die Medien den iranischen Präsidenten Ahmadinedschad und den ehemaligen irakischen Machthaber Saddam Hussein behandelt haben.

Am Ende stellte Dr. Mahathir die Frage: „Werden Bush, Cheney, Rumsfeld und die anderen Kriegsverbrecher vor ein internationales Gericht gestellt", um für die Kriegsverbrechen zur Verantwortung gezogen zu werden, die gerade heute im Irak begangen werden

Das Massaker vom November 2005 in Haditha - die Ermordung unschuldiger Menschen - wurde erst vor kurzem bekannt. Mahathir, es handelte sich nicht um ein „zufälliges Ereignis".

In Anspielung auf den sogenannten „Präventivkrieg", den die USA im Irak gegen Saddam Hussein geführt haben (und den sie auch gegen den Iran führen wollen), kommentierte Mahathir nur teilweise scherzhaft: „Vielleicht hätten sie, wenn ich noch im Amt wäre, einen Präventivkrieg gegen mich führen können": „Vielleicht hätten sie, wenn ich noch im Amt wäre, einen Präventivkrieg gegen mich führen können".

In Bezug auf den israelisch-palästinensischen Konflikt und die Rolle der USA in diesem Konflikt sagte er, dass „Amerika unter keinen Umständen ein ehrlicher Vermittler sein kann - ein unehrlicher Vermittler vielleicht". Er verglich die Rolle der USA in der heutigen Welt mit einer Situation, in der „der Polizeichef gegen das Gesetz verstößt". Die Analogie war nur allzu treffend.

Am Ende forderte Dr. Mahathir alle Menschen guten Willens, die sich gegen Krieg und Imperialismus stellen, auf, sich zusammenzuschließen, und er sagte: „So Gott will, wird der Frieden siegen". Beten wir dafür, dass Dr. Mahathirs Traum Wirklichkeit wird.

KAPITEL 27

Israel, ein „gescheiterter Staat", der bereit ist, das nukleare Tabu zu brechen; die Neokonservativen streben nach der Weltherrschaft

„Wir dürfen die Neokonservativen in der Bush-Regierung nicht unterschätzen", sagte Dr. Francis Boyle vor dem Sonderforum 2006 der Organisation Perdana Global Peace des ehemaligen malaysischen Premierministers Mahathir Mohamad. Herr Boyle weiß, wovon er spricht. Er studierte an der Universität von Chicago an der Seite einer Reihe von „Neokonservativen", die in der heutigen Bush-Regierung einflussreich sind. Diese Neokonservativen, so erklärt Boyle offen, streben „die Kontrolle und Beherrschung der Weltwirtschaft" an.

Boyle ist Spezialist für internationales Recht und Menschenrechte, Rechtsanwalt und Politologe sowie Professor für Rechtswissenschaften an der Universität von Illinois. Er ist Autor von acht Büchern, darunter sein jüngstes, Destroying World Order. Boyle war Rechtsberater der palästinensischen Delegation bei den Nahost-Friedensverhandlungen von 1991 bis 1992 und ist eine international anerkannte Autorität in den Bereichen Kriegsverbrechen und Völkermord, Atompolitik und biologische Kriegsführung.

Die Haltung der Neokonservativen, so Boyle, sei die folgende: „Ihr tut, was wir euch sagen, oder ihr tut es nicht".

Als Verbündete der Hardliner des Likud in Israel hätten die Neokonservativen „kein Problem damit, den Iran anzugreifen und Hunderttausende, wenn nicht Millionen von Iranern auszurotten". Israel selbst, so sagte er, würde es begrüßen, das - seit dem Angriff auf Hiroshima geltende - Tabu des Einsatzes von Atomwaffen zu brechen.

Ein Angriff auf den Iran wäre ein Kriegsverbrechen", sagte Boyle. Und obwohl die Neokonservativen wüssten, dass ein solcher Angriff ein Kriegsverbrechen wäre, „ist es ihnen egal", fügte Boyle hinzu. Sie sehen den Einsatz von Atomwaffen gegen den Iran als eine Möglichkeit, die Ölreserven im Iran zu stehlen und Israel einen Gefallen zu tun, indem sie einen seiner vermeintlichen Feinde ausschalten.

Darüber hinaus sagte Boyle, dass Israel selbst im Falle eines Angriffs auf den Iran die Gelegenheit nutzen könnte, Krieg gegen Syrien und den Libanon zu führen, um die Hisbollah, die im Libanon ansässige palästinensische Kraft, anzugreifen.

Währenddessen lässt Israel mit Unterstützung der USA „die Palästinenser verhungern", „weil die Palästinenser die Dreistigkeit besaßen, Muslime [innerhalb der Hamas] zu ihren Führern zu wählen".

Der Einsatz von Atomwaffen „ist Teil des Plans", „es ist öffentlich" und die meisten europäischen Regierungen „sind mit im Boot", sagte Boyle.

Krieg sei nicht leicht zu lokalisieren, merkte er an und betonte, dass nach dem „lokalen" Konflikt, der nach der Ermordung des Erzherzogs Franz Ferdinand in Sarajevo ausbrach, der Erste Weltkrieg ausbrach, in dessen Folge 20 Millionen Menschen starben.

In Wirklichkeit unterscheide sich die Politik der Neokonservativen kaum von der traditionellen US-Politik, so Boyle. Seit der Zeit, als die USA imperiale Politik betrieben, um beispielsweise die Kontrolle über Hawaii, Kuba, die Philippinen und Puerto Rico zu erlangen, „hat sich an der operativen Dynamik der imperialen Politik der USA nichts geändert". Unter dem Vorwand, „die Entwicklung von Massenvernichtungswaffen zu stoppen, den Terrorismus zu bekämpfen und die Demokratie zu fördern", versuchen die USA, wie er unmissverständlich feststellte, „den muslimischen Staaten und den Völkern des Nahen Ostens ein Imperium an Kohlenwasserstoffen zu rauben".

1967, so sagte er, habe Israel einen illegalen Präventivkrieg geführt und sich das Land arabischer Staaten angeeignet, und die USA und Europa hätten Israel unterstützt, als die Araber mit Selbstverteidigung geantwortet hätten. Als die Araber mit einem Ölembargo antworteten, erklärte der damalige Außenminister Henry Kissinger, dass „so etwas nie wieder vorkommen würde", und die USA versammelten ihr Zentralkommando, um das Öl und Gas im Persischen Golf und in Zentralasien „zu stehlen, zu erobern und zu beherrschen".

Boyle behauptete, Israel sei ein „gescheiterter Staat", der den USA als „Katzenpfote" diene und ohne die militärische und wirtschaftliche Hilfe, die die USA ihm zukommen ließen, nicht einmal überleben könne.

Der erste Irakkrieg 1991 war in Wirklichkeit die erste Expedition des Zentralkommandos und seiner sogenannten schnellen Einsatztruppe, eine seit 15 Jahren vorbereitete Expedition „von beispiellosem Ausmaß". Ziel war es, den Irak zwischen den sich bekriegenden Kurden, Sunniten und Schiiten aufzuteilen, da der Irak, wie Boyle anmerkte, - laut dem antimuslimischen

Propagandisten Samuel Huntington - der einzige arabische Staat war, der die USA und Israel herausfordern konnte.

Die Sanktionen, die auf den ersten Krieg folgten, führten zum Tod von 1,5 Millionen Irakern. Die ehemalige Außenministerin Madeleine Albright sagte, dass „der Preis es wert war". Seit 1990 findet ein „schlichter Völkermord an der muslimischen und christlichen Bevölkerung des Irak" statt.

Boyle ist der Ansicht, dass die USA an den Terroranschlägen vom 11. September mitschuldig waren, da hochrangige US-Beamte von dem Anschlag wussten und ihn zuließen, weil sie einen Vorwand für einen langen Krieg haben wollten. Er behauptet, dass die USA schon lange geplant hatten, in Afghanistan einzumarschieren, um sich dessen Öl und Erdgas anzueignen, und dass sie nach dem 11. September „jede Lüge erzählten, die sie erzählen mussten, und jedes Gesetz brachen, das sie brechen mussten, um den Krieg zu beginnen".

Heute, so Boyle, „wird der Iran das nächste Opfer dieser Hardcore-Kriminellen sein, wenn nicht alles getan wird, um sie daran zu hindern".

Dr. Boyles Warnung, dass Israel durchaus bereit ist, seinen nuklearen Golem zur Erreichung seiner Ziele einzusetzen, darf nicht ignoriert werden. Andernfalls wird die Welt einen hohen Preis dafür zahlen.

KAPITEL 28

Das Ende des Lebens auf der Erde: Die schrecklichen Folgen einer unkontrollierten Verbreitung von Atomwaffen

Dr. Helen Caldicott, die aus Australien stammt und viel Zeit in den USA verbracht hat, ist von Beruf Kinderärztin, wurde aber weltweit für ihre unermüdlichen Bemühungen, die Verbreitung von Atomwaffen zu stoppen, gefeiert. Sie ist Mitbegründerin von Physicians for Social Responsibility und Nuclear Policy Research, Autorin von fünf Büchern und gilt als eine der weltweit führenden Autoritäten, wenn es um die Gefahren des Atomkriegs geht. Als Dr. Caldicott daher auf dem Sonderforum 2006 der Weltfriedensorganisation Perdana in Kuala Lumpur, Malaysia, einen Vortrag hielt, erregten ihre Kommentare zu Recht große Aufmerksamkeit.

In ihrer Eigenschaft als Ärztin sagte Dr. Helen Caldicott, dass der damalige US-Verteidigungsminister Donald Rumsfeld, einer der Anführer des Krieges gegen den Irak und zuletzt gegen den Iran, „eindeutig ein Soziopath" sei. Er lügt ständig und tut dies auf eine ganz charmante Art und Weise". In der Tat, sagt sie, gebe es bei den Befürwortern eines Krieges gegen den Iran eine eigene „Ideologie und Psychologie".

Frau Caldicott sagte, dass „ein radikaler Wandel in der Psyche der Weltführer und ihrer Öffentlichkeit stattfinden muss", da sonst „unser gegenwärtiger Weg uns in die Vernichtung führen wird, vielleicht in den nächsten 20 Jahren, vielleicht aber auch schon in den nächsten 10 Jahren".

Es sei absolut keine Zeit zu verlieren, erklärte sie. „Es müssen weise Führer aufstehen, um uns vom nuklearen Selbstmord abzuhalten und die Dynamik in Gang zu setzen, die notwendig ist, um den blinden und rücksichtslosen Wettlauf um die gegenseitig gesicherte Zerstörung zu stoppen". Weltweit gibt es derzeit 30 000 Atomwaffen, von denen 97% im Besitz von Amerika und Russland sind.

Gegenwärtig, so merkte Caldicott an, führen die USA gegen den Irak einen, wie man es wohl nennen muss, „Atomkrieg". Sie hat mit eigenen Augen die Ergebnisse der Exposition gegenüber Uran 238 gesehen, das die USA in den konventionellen Waffen verwendet haben, die in beiden Kriegen gegen den Irak eingesetzt wurden.

Uran ist hochgradig krebserregend. Es wird durch Staubstürme verbreitet. Es lagert sich in menschlichen Knochen ab. In Basra, Irak, ist die Zahl der Krebserkrankungen bei Kindern um 700% gestiegen. Ebenso stieg die Zahl der Geburtsfehler bei irakischen Neugeborenen um 700%: Kinder, die ohne Gehirn, ohne Arme, mit nur einem Auge oder gar keinem Auge geboren wurden.

„Amerika verseucht für immer die Wiege der Zivilisation. Es handelt sich um ein beispielloses Kriegsverbrechen. Es handelt sich um einen Völkermord", sagte Frau Caldicott. „Es handelt sich um einen Atomkrieg."

Noch heute liegen nicht explodierte amerikanische „Streubomben" im Sand des Irak und Afghanistans. Weitere Tragödien stehen also noch bevor.

Als Dr. Caldicott jedoch versuchte, diese Botschaft den Medien zu vermitteln, stellte sie fest, dass diese sich dafür entschieden, die Tatsachen zu vertuschen. Die New York Times teilte ihr mit: „Wir sind nicht in der Lage, diese Informationen zu veröffentlichen".

Caldicott wies darauf hin, dass britische und australische Zeitungen die Informationen ihres Forschungsinstituts für Atompolitik veröffentlicht hätten, was ihnen hoch anzurechnen sei, dass amerikanische Zeitungen dies jedoch nicht tun würden.

Und jetzt, so fügte sie hinzu, gibt es diese Neokonservativen in der Bush-Regierung, die davon sprechen, Atomwaffen im Iran gegen die iranischen Atomanlagen in Natanz und Isfahan einzusetzen. Wenn nur drei Bomben auf jede dieser Anlagen abgeworfen würden, würde sich der nukleare Fallout in Afghanistan, Pakistan und Indien ausbreiten und die Radioaktivität würde sich aufgrund der globalen Luftströmungen stromabwärts bis nach Südostasien und Malaysia ausbreiten. Insgesamt könnten eine Million Menschen infolge der ersten Explosionen sterben oder verletzt werden.

Etwa 2,6 Millionen Menschen würden bald an den Folgen der radioaktiven Strahlung sterben. Weitere 10,5 Millionen wären der Strahlung und den daraus resultierenden Gefahren für die Opfer und ihre ungeborenen Kinder ausgesetzt. Es gibt schlichtweg nicht genügend medizinische Einrichtungen, um die Folgen zu bewältigen.

Der geplante Angriff auf den Iran, sagte Caldicott, sei ein „unglaubliches internationales Verbrechen", das weitere internationale Umwälzungen nach sich ziehen könnte. Ist es zum Beispiel möglich, fragte sie, dass die Russen nervös werden und sich stärker in einen Konflikt mit ihren tschetschenischen Rebellen verstricken? Könnte es zu weiteren nuklearen Explosionen kommen? Das Endergebnis wäre ein nuklearer Winter und „das Ende des Lebens auf der Erde, das Ende der Schöpfung".

„Dies ist die schwerste Krise, mit der die Erde je konfrontiert war", sagte sie, und da „das amerikanische Volk das Schicksal der Erde bestimmt, braucht die amerikanische Führung eine strenge Liebe" und muss unter Kontrolle gebracht werden.

„Die USA sind der Tyrann der Welt", sagte sie, „und wir alle sind Komplizen der amerikanischen Einschüchterung. Tyrannen müssen bestraft werden".

Und obwohl Frau Caldicott Jüdin ist, zögerte sie nicht zu betonen, dass Israel (mit seinem eigenen nuklearen Golem) eine große Rolle bei den Problemen im Nahen Osten und bei der Verbreitung von Atomwaffen gespielt hat.

Dieser Gelehrte und Humanist ist eine Autorität, deren Warnungen in unserer Zeit, in der das Pulverfass Nahost die Welt in eine nukleare Katastrophe zu stürzen droht, beachtet werden sollten.

KAPITEL 29

„Institutionalisierte Desinformation: Die Rolle des Medienmonopols bei der Förderung des Krieges

Der aus Deutschland stammende Graf Hans-Christof Von Sponeck, der 26 Jahre lang in verschiedenen Positionen bei den Vereinten Nationen diente, hat aus erster Hand beobachtet, wie die USA (sowie ihre Verbündeten Israel und Großbritannien) maßgeblich an der Verbreitung der Lüge beteiligt waren, dass Saddam Hussein im Irak nukleare (und chemische) Massenvernichtungswaffen entwickelte.

Während er als Hauptvertreter der Vereinten Nationen im Irak für die Verwaltung des Programms „Nahrung für Öl" (das nach dem ersten Golfkrieg 1991 eingerichtet wurde) zuständig war und somit die angeblichen irakischen Unternehmen zur Entwicklung von Waffen überwachen sollte, erkannte von Sponeck, dass das irakische Volk einer Vernichtungskampagne ausgesetzt war, und trat aus Protest zurück.

In den folgenden Jahren wurde er zu einem der schärfsten Kritiker der US-Politik in der Region und verurteilte vehement die Kriegsbestrebungen gegen den Iran.

Im Juni 2006 sprach von Sponeck vor der Perdana Global Peace Organization von Dr. Mahathir Mohamad in Kuala Lumpur, Malaysia, und legte seine eigenen Bedenken dar, die auf seinem sehr realen Fachwissen basierten.

Mit Bezug auf die aktuelle Debatte über einen US-Angriff auf den Iran sagte von Sponeck, dass „der weltweite Blutdruck hoch ist... aber [die Welt] ist sich der Gefahren bewusst, und es gibt kein Bewusstsein für die Möglichkeit eines „kollektiven Schlaganfalls" für die ganze Welt", die der Möglichkeit der Folgen eines Krieges gegen den Iran innewohnt.

Er stellte mit besonderer Sorge fest, dass es derzeit keine ernsthaften Bemühungen gibt, die Verbreitung von Atomwaffen zu stoppen, sondern stattdessen neue Forschungen an einer neuen Generation von Atomwaffen betrieben werden.

Von Sponeck wies auf die Heuchelei der Bush-Regierung hin, die an Indien herangetreten sei, um über Atomabkommen zu sprechen, aber auch den Iran wegen seiner nuklearen Ambitionen verurteilt habe. Der ehemalige UN-Beamte prangerte an, was er als „eine unglaubliche Politik der Doppelstandards im UN-Sicherheitsrat" bezeichnete, die die Kontroverse um die nukleare Entwicklung des Iran umgibt.

Unter Bezugnahme auf John Perkins' Buch Confessions of an Economic Hitman, das Perkins' Karriere bei der Ausbeutung von Nationen der Dritten Welt im Auftrag internationaler Finanzinteressen beschreibt, meinte Von Sponeck ironisch, dass die von westlichen Interessen angewandten Taktiken im negativen Sinne wahrhaft „Dritte Welt" seien. „Die Dritte Welt ist nicht in Malaysia, sie ist auf der anderen Seite des Atlantiks", sagte Herr von Sponeck mit Blick auf die USA. Herr von Sponeck verurteilte den, wie er es nannte, „Marktdarwinismus", der „im krassen Widerspruch zum Wunsch nach Menschenrechten und Gerechtigkeit steht".

Der deutsche Diplomat wies darauf hin, dass mit dem Irak-Krieg eine Nation - die USA - „beschlossen hat, die Gemeinschaft der Nationen zu verlassen und eine Politik des Unilateralismus zu betreiben". Dies zu betonen, so fügte er hinzu, „bedeutet nicht, antiamerikanisch zu sein". Im Gegenteil, fügte er hinzu, „es bedeutet, dass wir die Fakten einer sehr gefährlichen Periode unserer Geschichte betrachten". Heute haben die USA seiner Meinung nach die Krise im Iran „künstlich geschaffen", die viele Ähnlichkeiten mit dem früheren Feldzug gegen den Irak aufweist.

Aufgrund seiner eigenen Beobachtungen hofft von Sponeck jedoch, dass sich eine Wende abzeichnet: „Es gibt immer noch Leute in Washington, die die Grenzen der amerikanischen Macht anerkennen" und zustimmen, dass „es eine verrückte Idee ist, den Iran mit Atomwaffen anzugreifen", was übrigens in militärischen Planungskreisen innerhalb der Bush-Regierung vorgeschlagen worden war.

Darüber hinaus, so fügte er hinzu, entwickeln sich weltweit neue Allianzen auf wirtschaftlicher und politischer Ebene, die eine Herausforderung für die Bemühungen derjenigen darstellen, die die US-Politik in Richtung eines globalen Imperiums lenken. „Die Tage der USA als Supermacht sind gezählt. Obwohl die USA keine friedliche Lösung anstreben, geht von Sponeck davon aus, dass weltweit Druck ausgeübt werden wird, um einen Angriff auf den Iran zu verhindern.

M. Von Sponeck erinnerte daran, dass das 20. Jahrhundert das Ende des Kolonialismus gesehen habe und er hoffe, dass das 21. Jahrhundert eine Zeit der „intellektuellen Unabhängigkeit" sein werde, in der die Bürger (insbesondere) der Vereinigten Staaten, aber auch der ganzen Welt in der Lage sein werden, das abzulehnen, was er als „Lawine nutzloser Informationen" und

„die Gefahr bewusster Desinformation und Fehlinformation" in den Massenmedien bezeichnete, die „allesamt Unsinn" seien, insbesondere in Bezug auf den Irak und den Iran.

Von Sponeck zufolge ist die Zeit reif und wir befinden uns derzeit in einer Phase, in der „unabhängige Medien auf der Suche nach der Wahrheit" sich der Herausforderung stellen müssen, die Lügen und Täuschungen der Mainstream-Medien zu korrigieren, was er als „institutionalisierte Desinformation" bezeichnet.

Mahathir und seine Kollegen von der Weltfriedensorganisation Perdana, die darum kämpfen, die Agenda des Krieges und der Weltherrschaft zu verdrängen, die sich derzeit in der Kampagne gegen den Iran abspielt, die aber viel größer und gefährlicher ist, als sich jeder menschliche Geist vorstellen kann.

Wir werden nun die prophetischen Warnungen eines amerikanischen Intellektuellen untersuchen, der vor etwa 50 Jahren erkannte, dass die wachsende Macht des politischen Zionismus in Amerika und die Entstehung des Staates Israel in Verbindung mit dem Auftreten des nuklearen Golems ein kritisches Problem darstellten, das für das Überleben der Menschheit gelöst werden müsse. Sein Appell an die Vernunft bleibt zeitlos.

KAPITEL 30

„Das größte Verbrechen des 20. Jahrhunderts" Der Appell eines Propheten an die Vernunft

Die Gefahren von Zionismus, Imperialismus und Atomwahn Vor etwa 50 Jahren erkannte ein (damals wie heute) wenig bekannter amerikanischer Intellektueller die unvermeidlichen Folgen des globalen Imperialismus der USA und die Gefahren sinnloser Kriege, die im Namen der „Demokratie" geführt werden. Er erkannte, dass der Aufstieg der zionistischen Macht und die gleichzeitige Entstehung von Atomwaffen eine verheerende Kombination darstellten. Der verstorbene Lawrence Dennis (1893-1977) appellierte an die Vernunft, die für das Überleben Amerikas und der heutigen Welt äußerst relevant ist.

Mitte des 20. Jahrhunderts, von den frühen 1930er bis in die 1960er Jahre, avancierte Dennis unangefochten zum wichtigsten nationalistischen Theoretiker der USA.

Als erklärter Gegner imperialer Einmischung warnte Dennis schon früh vor der amerikanischen Verwicklung in die Angelegenheiten der Dritten Welt - insbesondere des Nahen Ostens - und sagte als ultimative Konsequenz eine Katastrophe für Amerika (und die Welt) voraus.

Was Dennis in seiner Glanzzeit sagte, ist so tiefgründig und prophetisch, dass sein Kommentar es verdient, in diesen modernen Zeiten wiederbelebt zu werden.

Man kommt nicht umhin, Dennis' Bemerkungen zu lesen - wie sie in seinem auflagenschwachen (aber immer noch sehr und diskret einflussreichen) Newsletter The Appeal to Reason (erschienen von den 1950er bis in die frühen 1960er Jahre) veröffentlicht wurden - und darüber nachzudenken, wie seine Analyse der Weltereignisse schon damals so genau die Propaganda und den kriegstreiberischen Diskurs widerspiegelte, die zur US-Invasion im Irak und den darauf folgenden Ereignissen führten.

Obwohl man sich vor allem an das imposante Genie erinnert, das 1944 (zusammen mit etwa 30 anderen Personen) aufgrund falscher Anschuldigungen wegen „Aufruhrs" vor Gericht gestellt wurde, weil er sich

Franklin Roosevelts Willen widersetzt hatte, Amerika in den späteren Zweiten Weltkrieg zu führen, wird oft vergessen, dass Dennis auch ein scharfer Kritiker der anschließenden Ära des Kalten Krieges war.

Während des Kalten Krieges war Dennis in Bezug auf die Gefahren des Säbelrasselns gegen die Sowjetunion vehement kategorisch. Er erkannte, dass der Kommunismus nicht überleben konnte, und behauptete kategorisch, dass die amerikanische Intervention in der Dritten Welt im Namen des „Kampfes gegen den Kommunismus" nur neue Feinde für die USA schaffen und den Weg dafür ebnen würde, dass die Sowjets die Abneigung der Dritten Welt gegenüber dem amerikanischen Abenteurertum ausnutzen würden.

Weder „konservativ" noch „liberal", Dennis forderte diese Etiketten heraus (und exorzierte sie), lange bevor sie in Mode kamen und lange bevor ehrliche Intellektuelle begriffen, dass diese Begriffe nicht mehr relevant sind (und es vielleicht auch nie waren).

Und in Zeiten der „politischen Korrektheit" ist es wahrscheinlich angebracht, anzumerken, dass Dennis, obwohl er afroamerikanischer Abstammung beiden Seiten seiner Familie war, als „weiß" „durchging". Obwohl er seinen ethnischen Hintergrund nie formell geleugnet hat, sehr zum Entsetzen der modernen Schreihälse, die rückblickend fordern, Dennis habe „schwarz gehandelt" und sich damit selbst die Möglichkeit genommen, der Diplomat, Wirtschaftswissenschaftler, Schriftsteller und Vortragsreisende zu werden, der dieser vielseitig begabte Mensch geworden ist.

Ironischerweise haben viele amerikanische Nationalisten der „Linken" und „Rechten" erst in den letzten Jahren endlich die Weisheit von Lawrence Dennis erkannt.

Heute spricht sogar Pat Buchanan Dennis' antiimperialistische und „America First"-Position an und ruft Kritiker der „Pax Americana" sowohl auf der „Rechten" als auch auf der „Linken" dazu auf, sich gegen die Neue Weltordnung zu vereinen, die - nun allzu deutlich - ein verrücktes, plünderndes und kriegerisches Amalgam aus den Kräften des internationalen plutokratischen Kapitalismus und des Zionismus ist, die in einer Achse des Bösen vereint sind.

Doch schon lange vor Buchanan gedachten unabhängige Zeitschriften wie Right, The American Mercury, The Spotlight (die inzwischen alle eingestellt wurden) und jetzt American Free Press sowie die zweimonatlich erscheinende Zeitschrift für amerikanische Geschichte The Barnes Review Dennis.

Willis A. Carto - Herausgeber von The Barnes Review - war ein Freund von Dennis und bewahrt seine seltene Sammlung von Dennis' Newsletter The Appeal to Reason sorgfältig auf, auf dem die folgende Destillation von Dennis'

Gedanken über die kombinierte Gefahr der globalen Einmischung der USA und der Unterstützung des Zionismus im Zeitalter der Atomwaffen beruht.

Wenn man über Dennis' intensives Nachdenken und seine sorgfältig ausgearbeiteten Schriften und Analysen zu den großen Fragen des Krieges, des Kapitalismus, des Imperialismus und der Expansion nachdenkt, sowie seine Opposition zu diesen Fragen - ganz zu schweigen von der Wechselwirkung dieser Kräfte mit der Spirale des zionistischen Einflusses im Zuge der Gründung des Staates Israel und der zunehmenden Verbreitung von Atomwaffen - wird der Leser verblüfft feststellen, wie vorausschauend Dennis wirklich war, obwohl er vor über 50 Jahren schrieb.

Es ist kein Wunder, dass sich viele einflussreiche Persönlichkeiten des 20. Jahrhunderts auf Dennis' Ideen stützten: vom ehemaligen Botschafter Joseph P. Kennedy (Vater von Präsident Kennedy) über General Robert Wood und den berühmten Flieger Charles Lindbergh bis hin zu freigeistigen Historikern wie William Appleman Williams und Harry Elmer Barnes und vielen anderen, die die dynamische Gehirnleistung dieses erstaunlichen Mannes respektierten.

Obwohl man nicht mit allem, was Dennis zu sagen hatte, einverstanden sein mag - und Dennis hätte das auch nicht verlangt -, lässt sich nicht leugnen, dass Dennis ein Prophet war, der es verstand, auf den Punkt zu kommen und das Weltgeschehen in einem lebhaften und schnörkellosen Stil zu analysieren. Seine Worte sind ein Aufruf zu einer weltweiten Offensive gegen den nuklearen Golem Israel.

„Das größte Verbrechen des 20. Jahrhunderts" Von Lawrence Dennis Die Dynamik der Religionskriege beruht auf Hass (auf die Sünde) und Angst (vor dem fremden Teufel). Das ist es, was wir haben. Das amerikanische Volk wurde nie ausreichend darüber informiert, dass der Erste und der Zweite Weltkrieg und das Fiasko in Korea allesamt Religionskriege waren [obwohl] ich der Einzige war, der auf dem Religionskriegs-Charakter des Ersten und des Zweiten Weltkriegs und dem Zustand des permanenten Kalten Krieges nach dem Zweiten Weltkrieg bestand.

Dieser Aspekt der amerikanischen Kriege seit 1914 muss im Lichte der Geschichte und der Analogie zu den Religionskriegen des 17. Jahrhunderts und früherer Jahrhunderte betrachtet werden. Dies war im Ersten Weltkrieg nicht so offensichtlich wie im Zweiten Weltkrieg. Der Kaiser und Kaiser Franz Joseph von Österreich-Ungarn hatten keine Entsprechung in Hitlers Nationalsozialismus oder Mussolinis Faschismus, noch im heutigen russischen oder chinesischen Kommunismus.

Der Erste Weltkrieg wurde aus praktischer Notwendigkeit in eine Art Religionskrieg verwandelt, um dem amerikanischen Volk eine Beteiligung an diesem Krieg an der Seite der Alliierten zu verkaufen. Die Amerikaner hätten sich nicht an diesem Krieg beteiligt, wenn man ihnen gesagt hätte, dass es ein gutes Geschäft für die USA sei oder dass es für die Verteidigung des Landes notwendig sei.

Den Amerikanern musste erklärt werden, dass es sich um einen Krieg zur Beendigung des Krieges handelte. Für sie wurde er dadurch zu einem religiösen Krieg. Den Zweiten Weltkrieg dem amerikanischen Volk als einen religiösen Krieg zu verkaufen, wurde von Hitler und seinem „Ismus" leicht gemacht.

Vor jedem der beiden letzten Weltkriege und auch vor dem nächsten hatten die Amerikaner die Illusion, dass ausländische Dämonen an bösen Taten gehindert oder davon abgehalten werden könnten, wenn wir nur das Richtige tun würden. Die richtigen Handlungen bestehen darin, ein enormes Kriegspotenzial zu entwickeln und ausländische Dämonen ständig als das anzuprangern, was sie sind und was sie tun. Wenn sich diese Illusionen als falsch erweisen und der ausländische Dämon sich weigert, sich einem unserer Ultimaten zu beugen, wie es die Japaner vor Pearl Harbor taten, und wenn der ausländische Dämon schließlich zuschlägt, wie in Pearl Harbor, dann bestimmt wie bisher die amerikanische Ideologie, was wir als Nation zu tun haben.

Das Hindernis in der Debatte ist, dass kaum jemand von Rang und Namen, der eine Karriere oder seinen Lebensunterhalt zu sichern hat, bereit ist, das Risiko einzugehen, den Amerikanern oder Briten zu sagen, dass sie einen Fehler begangen haben, als sie zwei Weltkriege führten, von denen die meisten immer noch glauben, dass sie sie gewonnen haben.

Dies zu sagen, bedeutet, sich dem Vorwurf auszusetzen, die deutschen Teufel zu verteidigen und zu argumentieren, dass es sich nicht gelohnt habe, die Welt vor der deutschen Eroberung und Herrschaft zu retten. Die Antwort ist, dass die Ergebnisse des Kampfes, die Welt vor einem einzigen Teufel zu retten, viel schlimmer waren, als wenn man Deutsche und Russen gegeneinander hätte kämpfen lassen oder Chinesen und Japaner das Gleiche getan hätten.

Die Antwort lautet, dass es nie einen einzigen Teufel gegeben hat und auch nie geben wird, vor dem die Welt von Kreuzrittern gerettet werden muss, die durch den Sieg über diesen einen Teufel das Millennium einläuten können.

Das nicht-interventionistische Amerika war im 19. Jahrhundert sehr erfolgreich. Das interventionistische Amerika hat in den Weltangelegenheiten seit dem Ersten Weltkrieg versagt. In den Weltangelegenheiten seit dem Zweiten Weltkrieg haben die Vereinigten Staaten mehr getan, als sie kauen konnten.

Die Vorstellung, dass Briten, Deutsche oder Amerikaner im 20. Jahrhundert das zweitausendjährige Römische Reich nachbilden könnten, wurde in diesem

Land und in der westlichen Welt vielfach verkündet. Doch diese Vorstellung war schon immer absurd unrealistisch.

Die Welt nach irgendeiner Formel zu vereinen, scheint mit jedem Tag weniger möglich zu sein. Recht und Gewalt bieten keine Formel für den Weltfrieden. Größere Toleranz ist der einzige konstruktive Ansatz für das Problem des Krieges. Krieg wird durch Atomwaffen inakzeptabel. Ein Atomkrieg kann nur verhindert werden, wenn man an die Vernunft und das Eigeninteresse appelliert.

Was ist die Außenpolitik der Vereinigten Staaten oder die Nahostpolitik? Es ist die Intervention mit Gewalt und Geld in jede größere Krise oder jeden Konflikt im Ausland im Namen von Abstraktionen wie kollektiver Sicherheit, globaler Rechtsstaatlichkeit, Verteidigung und den Vereinten Nationen.

Die Vereinten Nationen sind nicht vereint. Die Vernichtung durch Vergeltung ist keine Verteidigung. Eine interventionistische Politik ist unberechenbar und unkontrollierbar.

Eine Intervention kann nicht erfolgreich sein. Nur die Nichteinmischung und das Spiel mit dem Gleichgewicht der Kräfte könnten den USA nützen.

Die USA haben Atomwaffen erfunden und den Atomkrieg begonnen... unser Beitrag zum Untergang des Westens. Daher müssen die USA einen Atomkrieg verhindern, indem sie diejenigen, die Atomwaffen besitzen, davon abhalten, diese einzusetzen. Das ist absurd! Wir sagen voraus, dass, sobald der atomare Abzug betätigt wird, der totale Krieg ausbricht.

Eine Politik der Nichteinmischung oder Neutralität, die heute so oft fälschlicherweise als isolationistische Politik bezeichnet wird, gibt einer Nation wie den USA viel mehr Initiative und Macht, die Ereignisse zu gestalten und die Ergebnisse zu bestimmen, als unsere derzeitige Politik der unbegrenzten und unberechenbaren Intervention.

Dank der 40-jährigen Einmischung der USA in die Welt seit 1917 befindet sich die Welt heute in einem größeren Chaos als je zuvor. Die amerikanische Intervention mit Geld oder Gewalt schafft eine Situation oder ein Kräftegleichgewicht, das nur durch einen kontinuierlichen und oftmals wachsenden Einsatz amerikanischer Gewalt und amerikanischen Geldes aufrechterhalten werden kann.

Das internationale Geschehen ist geprägt von der Übertragung der Verantwortung für die Verteidigung durch die Briten und Israelis an die Vereinigten Staaten.

Die amerikanische Außenpolitik der Interventionen in alle Richtungen dient nur einem einzigen großen Ziel, nämlich der Aufrechterhaltung der Vollbeschäftigung durch Inflation und maximale Ausgaben unserer Regierung.

Juristisches Fachwissen oder die Verteidigung einer Partei, sei es für eine Nation in einem globalen Wettbewerb oder für eine Lobbygruppe oder Bewegung auf nationaler Ebene, wird nicht zum Frieden oder zur Verbesserung der Beziehungen und der Stabilität beitragen.

Internationalismus, Universalismus und die Einheit der Welt sind allesamt unrealistische und gefährliche Konzepte oder Denkwerkzeuge. Der amerikanische Universalismus oder Internationalismus ist unecht.

Wir können jeden aufrichtigen und konsequenten Gläubigen respektieren, der seinen besonderen Kult der Einzigartigkeit der Welt oder des Universalismus verteidigt, sei er religiös, politisch oder anderweitig, ideologisch oder operativ, solange er nicht vorschlägt, seine Weltordnung mit dem Schwert durchzusetzen, wie es die christlichen Kreuzritter früherer Zeiten und so viele andere Arten von historischen Spinnern oder religiösen Fanatikern getan haben.

Aber dass amerikanische Südstaatler - heute wie damals Gegner von Rassenintegration oder -assimilation - Internationalismus, Globalismus, die weltweite Herrschaft eines einzigen Gesetzes und eine Art rührseligen Universalismus predigen, löst bei jedem rationalen Menschen Übelkeit aus.

Dasselbe gilt für die Führer und Sprecher der Gewerkschaften, die sich alle zu den Werten und Normen eines globalen Internationalismus oder Universalismus bekennen, aber alle dagegen sind, unsere Einwanderungsschranken zu senken, damit unser Arbeitsmarkt mit Millionen von billigen Arbeitskräften aus der bunten Welt überschwemmt werden kann.

Der Internationalist der organisierten Arbeit ist ein Betrüger, ebenso wie der Internationalist des Südens und der Globalisten, der gegen Integration ist, aber möchte, dass amerikanische Streitkräfte auf dem ganzen Planeten stationiert werden, um die globale Rechtsstaatlichkeit durchzusetzen, während er die Entscheidung unseres Obersten Gerichtshofs zur Integration mit Füßen tritt oder leugnet.

Als Liberale und Internationalisten dafür kämpften, dass wir in einen antinazistischen Krieg eintreten sollten, waren sie da weniger extremistisch als die sogenannten Konservativen, die heute Antikommunismus predigen? Revisionisten sind keine Extremisten und waren es auch nie. Das Etikett „Extremist" sollte generell auf Kriegsbefürworter angewandt werden.

Der extremste Faktor, der derzeit in Kraft ist und befürchtet werden muss, ist der Krieg, einschließlich der Kriegsvorbereitungen.

Der Krieg ist seit Mitte des 19. Jahrhunderts allmählich zu einem extremen Faktor geworden. Der Krieg hat die Staatsverschuldung von 43 Milliarden US-Dollar im Jahr 1940 auf 279 Milliarden US-Dollar im Jahr 1945 ansteigen lassen. Durch den Kalten Krieg stieg sie bis heute auf über 300 Milliarden US-Dollar.

Kann der Extremismus des Krieges erfolgreich durch Mäßigung bekämpft werden? Muss man auf einen Extremismus immer mit einem anderen Extremismus antworten? [John E. Kennedy scheint eher ein Gemäßigter als ein Extremist zu sein.

Leider ist Extremismus, d. h. eine Form oder Art von Extremismus, für die breite Öffentlichkeit in der Regel attraktiver als eine Politik der Mäßigung. Kennedy wird vielfach kritisiert, weil er nach dem Geschmack der meisten Menschen nicht hart genug spricht oder handelt. Die meisten Menschen bewerten die neuen Faktoren des Krieges immer noch nicht genau oder rational.

[Diese Äußerung wurde am 7. Juni 1963 gemacht, weniger als sechs Monate vor der Ermordung von John F. Kennedy in Dallas. Tatsächlich nahm Dennis' Kommentar in vielerlei Hinsicht die später verbreitete Ansicht vorweg, dass JFK genau deshalb ermordet wurde, weil er sich weigerte, die „harte" Linie der Zionisten und ihrer Verbündeten aus dem Kalten Krieg zu übernehmen, die heute die Clique der „Neokonservativen" auf höchster Ebene der US-Regierung bilden. -MICHAEL COLLINS PIPER].

Die meisten der heutigen Kritiken an Kennedy beruhen auf seiner Unfähigkeit, Heldentaten für die Vereinigten Staaten zu vollbringen oder das zu zeigen, was die Massen unseres Volkes gerne als globale Führungsstärke bezeichnen.

Der Boobus Americanus oder der amerikanische Hinterwäldler versteht nicht, warum sein Land als Sieger des Zweiten Weltkriegs heute nicht der Weltmarktführer sein und die Weltlage kontrollieren sollte.

Offensichtlich kann weder Präsident Kennedy noch einer seiner Sprecher dem Boobus Americanus sagen, dass Amerika den Zweiten Weltkrieg nicht gewonnen hat, sondern dass Russland und der Kommunismus, nur dank der amerikanischen Hilfe, den Krieg gewonnen haben.

Und das ist etwas, was weder die sogenannten amerikanischen Konservativen noch die sogenannten amerikanischen Liberalen offen oder öffentlich sagen wollen.

Die Konservativen sprechen hart gegen den ausländischen Teufel und gegen mehr Regierung im Inland. Das ist paradox und irrational.

Was könnte absurder sein als die Forderung amerikanischer Konservativer nach einer härteren Politik gegenüber dem kommunistischen Russland und China und nach weniger Einmischung, Kontrolle und Durchsetzung der Regierung im Inneren des Landes

Was könnte paradoxer sein, als für den Krieg und gegen den Sozialismus zu sein? Die große Schwäche der meisten Konservativen und Liberalen in den USA ist ihre Unfähigkeit, eine operative Vision des großen modernen Krieges anzunehmen. Es gelingt ihnen nicht, sich in den Kopf zu setzen, dass ein großer moderner Krieg sozialistisch sein muss.

Der permanente Kalte Krieg, der jetzt stattfindet, soll die weiße Welt deklassieren und die bunte Welt verbessern, was unsere dummen Südstaatler [die den Krieg von Woodrow Wilson unterstützten], um die Welt für die Demokratie sicher zu machen, nie gesehen haben. De Gaulle sieht das und will den sinnlosen französischen Krieg in Nordafrika beenden.

[Tatsächlich übergab De Gaulle 1962 die Kontrolle über Algerien an Frankreich, sehr zum Missfallen Israels, und eine neue bedeutende arabische Republik entstand. Im selben Zeitraum begann De Gaulle, sein langjähriges Bündnis mit Israel aufzukündigen und Israels Atomwaffenprogramme zu unterstützen, und zwar genau zu dem Zeitpunkt, als John F. Kennedy energisch gegen Israels Streben nach Atomwaffen protestierte. -MICHAEL COLLINS PIPER].

Die Zeit der profitablen Ausbeutung Afrikas oder Asiens durch den weißen Mann ist nun vorbei. Von nun an ist nur noch die rentable Zusammenarbeit ein rationales und praktisches Ziel.

Die Idee oder das Ideal der Welteinheit wurde über ein halbes Jahrhundert lang von unseren geförderten Stiftungen propagiert. Sie wurde nie durch die Geschichte oder die Gegenwart untermauert. Heute ist sie mehr denn je in Verruf geraten.

Dem amerikanischen Volk wurden zwei Weltkriege auf der Grundlage einer höchst irrationalen und der Logik der bisherigen Geschichte widersprechenden allgemeinen Theorie verkauft, deren Falschheit die Ereignisse seit 1917 immer wieder schlüssig bewiesen haben.

Nach dieser allgemeinen Theorie könnten ein Krieg zur Beendigung des Krieges und die weltweite Rechtsstaatlichkeit den Frieden in Gerechtigkeit erzwingen. Wie wir so oft wiederholt haben, war der verrückteste Satz oder die verrückteste Idee des 20. Jahrhunderts der Satz von einem Krieg, um den Krieg zu beenden.

Jeder, der glaubte, dass ein Krieg den Krieg beenden könnte, hätte in eine psychiatrische Klinik geschickt werden müssen, um sich einer psychiatrischen Analyse und Behandlung zu unterziehen.

Eine der großen Torheiten Amerikas im 20. Jahrhundert war der Prohibitionismus: Den Alkoholkonsum verbieten, den Krieg verbieten. Wenn es eine Sünde ist, muss man sie stoppen oder verbieten.

Die große Idee der Vereinigten Staaten: Die Welt muss mit Gewalt vereint werden - entweder mit unserer oder mit ihrer. Diese Idee ist faktisch und logisch falsch. Aber sie wird mittlerweile als hundertprozentig amerikanische Idee akzeptiert. Wenn Sie ein Konformist und kein Nonkonformist, ein Dissident oder ein Subversiver, ein Sicherheitsrisiko sein wollen, müssen Sie diese falsche Idee unterschreiben.

Die Generation, die anfing, Mahan über Seemacht, Kipling über die Last des weißen Mannes und die gesetzlosen minderwertigen Rassen und von vielen anderen über das offenkundige Schicksal Amerikas und Großbritanniens zu lesen, begann auch, Zuschüsse dafür zu erhalten, dass sie diese Ideen umarmten.

Die Zuschüsse kamen von britischen Millionären wie Cecil Rhodes und Andrew Carnegie und von US-amerikanischen Millionären wie John D. Rockefeller. Technologische Trends und wissenschaftlicher Fortschritt wurden als Unterstützung dieser „Wir oder sie müssen die Welt regieren"-Ideologie gesehen.

Die Anhänger der gewaltsamen Weltvereinigung, die sich gegen das Teilen wehren, sind Betrüger. Diese Internationalisten haben leichtes Spiel, Nationalismen als egoistisch, räuberisch und generell unmoralisch anzuprangern. Noch heftiger attackieren sie bestimmte extreme Vertreter des Rassismus, also eines anderen Rassismus als den ihren. Aber sie sind genauso schuldig wie die, die sie angreifen, wenn es darum geht, eine Weltordnung zu teilen oder zu errichten, die auf gleichen Chancen und gleichem Zugang beruht.

Wir sind bereit, gemeinsam mit unseren amerikanischen Landsleuten dieses Land gegen jede Invasion von Ausländern auf der Suche nach Lebensraum zu verteidigen.

Aber wir sind nicht bereit, zu kämpfen oder Amerikaner kämpfen zu lassen, um andere Regionen von Völkern vor ähnlichen Kriegen oder Angriffen zu schützen. Bei solchen Kriegen ist unser Rat, sich nicht einzumischen, zu versuchen, sie zu lokalisieren und einzuschränken, sie zu verhindern oder zu beenden, indem man gute Dienste leistet und mit beiden Seiten verhandelt.

Wir wollen uns nicht an Kriegen beteiligen, um andere Völker zu befreien. Lassen wir sie sich selbst befreien. Wir wollen uns nicht an Kriegen beteiligen, um den Status quo in anderen Regionen zu verteidigen.

Die Einmischung der Regierung in alle Phasen des häuslichen Lebens hat seit dem Ersten Weltkrieg zugenommen. Die Schwarzen auf dem Kriegspfad im Süden machen sich diesen Trend zu Nutze. Sie reiten auf der Welle der Zukunft, die durch den Ersten Weltkrieg eingeleitet und durch den Zweiten Weltkrieg stark beschleunigt wurde.

Die Südstaatler, die heute verzweifelt gegen die steigende Flut der Farben kämpfen, waren völlig damit einverstanden, dass die Vereinigten Staaten sich am Ersten und Zweiten Weltkrieg beteiligten, um die Welt für die Demokratie sicher zu machen. Sie hatten weder die Vorstellungskraft noch die Intelligenz, die Folgen der Kreuzzüge, in die sich die USA stürzten, vorherzusehen.

[General Douglas MacArthur erklärte:] „Der Weltkrieg ist zu einem Frankenstein geworden, der beide Seiten zerstört. Er ist nicht mehr eine Waffe für Abenteuer, eine Abkürzung zur internationalen Macht. Wenn man verliert, wird man vernichtet.

Wer gewinnt, kann nur verlieren. Er besitzt nicht einmal mehr das Glück des Siegers eines Duells. Er enthält nur noch den Keim eines Doppelselbstmordes".

MacArthurs Ansatz zur Kriegsführung ist nicht pazifistisch, sondern operationalistisch, und das ist die Linie, die wir seit mehr als drei Jahrzehnten verfolgen.

Die Dynamik von Hass und Angst hat den Westen in zwei Kriege getrieben. Damit Amerika in zwei Weltkriege verwickelt wurde, musste die Dynamik von Hass und Angst mobilisiert und eingesetzt werden.

Diese Faktoren waren natürlich in den nationalistischen Kriegen der zweieinhalb Jahrhunderte vor dem 20. Jahrhundert, die auf die Ära der Religionskriege folgten, immer präsent und wirksam. Aber diese Faktoren waren in den zweieinhalb Jahrhunderten von 1648 bis 1900 nie so wichtig, wie sie es in der westlichen Welt während des 20. Die Demokratie reifte erst Ende des 19.

Die Aufstachelung der Massen zu Hass und Angst ist der einfachste und sicherste Weg für einen politischen Führer in der westlichen Welt, um an die Macht zu gelangen und sie auszuüben.

Es ist nun das genehmigte Mittel, um ein Land in den Krieg zu ziehen oder es in einem permanenten Kriegszustand zu halten, wie wir ihn derzeit haben.

Jahrhundert lehrte der Westen die Afroasiaten Hass und Angst. Heute hassen und fürchten sie die weiße Vorherrschaft, nicht den Kommunismus. Sie haben nie den weißen russischen Kolonialismus erlebt.

Die Stärke des ägyptischen [panarabischen Führers Gamal] Nasser besteht heute darin, dass er auf die steigende Flut des Antikolonialismus oder des Hasses und der Angst vor weißen Eindringlingen in Afrika und Asien zählen kann.

Kein politischer Führer in Afrika oder Asien hat einen größeren Trumpf in der Hand, als von uns Amerikanern gehasst oder denunziert zu werden. Die Tatsache, dass wir „gegen" den Kommunismus sind, ist der größte Trumpf des Kommunismus in Afrika und Asien. Die Tatsache, dass wir „für" einen lokalen Herrscher oder ein lokales Regime in Afrika oder Asien sind, ist der schlimmste Nachteil für diesen Herrscher oder dieses Regime.

Die globale Minderheit der Weißen sollte die Intelligenz besitzen, zu verstehen, dass die Ausnutzung oder der Versuch der Ausnutzung und Nutzung der Dynamik von Hass und Angst für eine privilegierte Minderheit nie ein gutes Geschäft war und nie ein gutes Geschäft sein wird. Die Dynamik von Hass und Angst kann sich auf lange Sicht für die Minderheit nur als fatal erweisen. Der weiße Westen oder die Wohlhabenden sind die Minderheit. Die Dauerkrise im Nahen Osten sorgt bei den Politikern für Schlagzeilen.

Wie könnte unsere Machtelite in Washington jährlich 40 bis 50 Milliarden Dollar für Verteidigungsausgaben und Auslandshilfe aufbringen, wenn sie nicht meistens Schlagzeilen über Kriegskrisen im Nahen Osten und in anderen Regionen in unseren Zeitungen hätte

Es ist wunderbar, einen „Hitler der bunten Welt" zu haben, der bei weitem nicht so gefährlich oder mächtig ist wie Adolf.

Das Endergebnis steht fest. Die Zeit, die Zahlen und der Raum sind mit der bunten Welt. Sie sind mit den muslimischen Nationalisten und gegen die israelischen Nationalisten. Was der farbigen Welt gefehlt hat, ist die Einheit und die Dynamik, um gegen die Weißen Krieg zu führen.

Israel trägt zur Einigung und Aktivierung der bunten Welt für den Krieg gegen Kolonisatoren und andere Fremde bei.

Die [Russen] können nicht kontrollieren, aber sie werden den Afrikanern helfen und sie ermutigen, sich gegen die USA und Israel zu stellen. Unsere fanatischen Patrioten und „Antis", die die Last des weißen Mannes in Asien und Afrika tragen wollen, nachdem die Europäer vertrieben wurden, sind naiv, wenn sie annehmen, dass Moskau jeden Machtfaktor oder jedes störende Verhaltensmuster, das Uncle Sam, den Vereinten Nationen, den westlichen Kolonialmächten oder Israel derzeit Kopfschmerzen bereitet, kontrolliert oder steuert. Das ist Unsinn.

Es ist eine Sache, einem Unruhestifter zu helfen, ihn zu ermutigen und von seinen Aktivitäten zu profitieren. Es ist eine andere Sache, ihn zu kontrollieren oder zu lenken.

Die Politik und das Handeln der USA, des Westens und offenbar auch Israels in jüngster Zeit gehen von der irrationalen Prämisse aus, dass farbige Menschen nur Gewalt respektieren und ihre weißen Gegner daher nur genügend Gewalt gegen farbige Menschen mobilisieren müssen. Was diese Grundannahme über Stärke und Farbige so unsinnig macht, ist eine einfache Frage der Arithmetik.

Die weißen Kolonialmächte und die Israelis werden sicherlich niemals eine ultimative und entscheidende Überlegenheit über die farbige Welt und die weiten Regionen, die sie bevölkert, erreichen können. Allerdings könnte die westliche oder weiße Welt, wenn sie statt von mystischem Legalismus, Moralismus und Traditionalismus von operativem Rationalismus und Kalkül geleitet würde, leicht Vorschläge oder Vereinbarungen mit der farbigen Welt formulieren und ausarbeiten, die für beide Seiten oder alle Beteiligten von gegenseitigem Nutzen wären. Das ist unser Wort „konstruktiv".

Nur eine Rückkehr zur Neutralität, wie Washington in seiner Abschiedsrede riet, könnte unsere Regierung tatsächlich davon abhalten, trotz überwältigender numerischer Wahrscheinlichkeiten einen Dritten Weltkrieg zu entfachen und zu führen.

Nur die Ersetzung der Diplomatie durch den Versuch, Gott oder Weltpolizist zu spielen, kann eine praktische operative Alternative zum totalen Krieg bieten, wenn eines Tages irgendwo ein wilder Mann zu weit geht.

Nur rationaler Operationalismus und die Logik des aufgeklärten nationalen Interesses, anstatt den Imperativen legalistischer, moralistischer und traditionalistischer Absolutheiten zu gehorchen, können den Dritten Weltkrieg und damit die mögliche Ausrottung des größten Teils der Menschheit verhindern.

Mit der Verschärfung des Krieges im Nahen Osten werden die USA Hunderttausende, wenn nicht sogar Millionen US-Soldaten in die Region schicken müssen, um die Ölquellen und die Tausende Kilometer langen Pipelines zu schützen, die das Öl zum Mittelmeer transportieren, um es an die Europäer zu exportieren, die davon abhängig sind. Natürlich wird man dem amerikanischen Volk nicht sagen, dass US-Truppen in den Nahen Osten geschickt werden müssen, um die auf dem Spiel stehenden Ölquellen zu schützen. Man wird ihm sagen, dass die amerikanische Intervention in dieser Region notwendig ist, um Amerika zu verteidigen, indem man die kommunistische Aggression stoppt.

[Obwohl Dennis dies 1955, auf dem Höhepunkt des Kalten Krieges, schrieb, sind seine Bemerkungen nach wie vor gültig. Heute ist der „kommunistische" Feind durch den „islamisch-faschistischen" Feind und die „mit Massenvernichtungswaffen ausgestatteten Diktatoren des Nahen Ostens" (MICHAEL COLLINS PIPER) ersetzt worden.

Wenn die nationalistischen Führer der bunten Welt die USA zwingen können, auf ewig Millionen von US-Soldaten in der bunten Welt einzusetzen, um der kommunistischen Sünde [oder, im aktuellen Paradigma, der „islamisch-faschistischen" Sünde - MICHAEL COLLINS PIPER] ein Ende zu setzen, worüber sollten sich diese Führer dann Sorgen machen? Je mehr Einheimische von amerikanischen oder ausländischen Truppen getötet werden, desto besser für die langfristigen Interessen der einheimischen Nationalismen, die sich nun auf dem Kriegspfad gegen die Ausländer befinden.

Wie können die USA erwarten, Druck auf Völker auszuüben, die so nahe am Rande des Existenzminimums leben? Druck wird nur auf die amerikanischen Steuerzahler und die Wehrpflichtigen für die ewigen ausländischen Interventionskriege ohne Rückgabe der Beute ausgeübt werden.

Hollywood hätte keinen geeigneteren Kriegsschauplatz als Palästina wählen können. In diesem Jahrhundert haben wir uns auf den Atomkrieg zubewegt und auf den heiligen Krieg zurückgezogen. Es ist das Jahrhundert der Religionskriege.

Für die Eröffnung des dritten großen Religionskriegs eines Lebens könnte keine Region besser geeignet sein als das Heilige Land, der Geburtsort von zwei oder sogar drei der wirklich großen Weltreligionen Judentum, Christentum und Islam.

Die Inszenierung und die Besetzung sind großartig und logisch. Zion ist das Thema der Tora, der Propheten, der Psalmen, der Klagelieder und vieler großer Klassiker der Geschichte wie die von Joseph und Maimonides. Es ist das auserwählte Land von, dem auserwählten Volk. Es erfährt besondere Aufmerksamkeit von Gott, oder besser gesagt von Jahwe, dem Gott Israels.

Heute hat Uncle Sam die Führung übernommen. Natürlich steht Allah auf der anderen Seite, der arabischen. Jahwe hat den Kindern Israels in den letzten viertausend Jahren mehr als einmal geholfen, das Gelobte Land zu erobern.

Aber er hat ihre mehrfache Vertreibung und Zerstreuung nie verhindert. Das muss Uncle Sam auch in Zukunft tun.

Aus Gründen, die wir als Theologen nicht nennen können, hat Jahwe zugelassen, dass das auserwählte Volk mehr als einmal aus dem auserwählten Land vertrieben wurde. Aber Uncle Sam kann nicht zulassen, dass dem neuen Israel so etwas passiert.

Uncle Sam ist kein Defätist. Er kann Krieg, Sünde oder Aggression nicht ausstehen. Er führt Krieg, um den Krieg zu beenden. Er ist ein Perfektionist.

Die Gläubigen der großen Religionen mit messianischen Verheißungen warteten und beteten für das Kommen des Messias und den Anbruch des Millenniums. Heute dürfen die Amerikaner nicht nur auf das Millennium warten und dafür beten, sondern sie müssen dafür kämpfen, überall auf der Welt. Das ist der neue Internationalismus.

Gott hat in der gesamten Geschichte noch nie einen Krieg oder das Böse gestoppt, so wie es Uncle Sam heute tun muss. Wir wissen, dass Uncle Sam sich verpflichtet hat, keinen Krieg oder Angriff zuzulassen, ohne einzugreifen und den Krieg zu stoppen. Er kann nicht zulassen, dass das auserwählte Volk aus Israel vertrieben wird, wie es mehr als einmal in der Vergangenheit geschehen ist.

Es ist durchaus angemessen, dass der Dritte Weltkrieg im Heiligen Land beginnt. Welche Art, welchen Umfang, welche Dauer und welche Ergebnisse wird der dritte Krieg haben, den die Vereinigten Staaten in einem einzigen Leben führen, um dem Krieg und dem Bösen ein Ende zu setzen

Es wird interessant sein zu sehen, wie sich die amerikanischen Verluste im Nahen Osten häufen, während Uncle Sam versucht, das zu stoppen, was Jahwe in der fernen Vergangenheit nicht gestoppt hat. Und noch interessanter wird es sein, die Massenreaktionen der Amerikaner auf die Toten und Verletzten des Kreuzzugs im Heiligen Land zu verfolgen.

Amerikas Beitrag zum Religionskrieg im 20. Jahrhundert [war] der Mono-Diabolismus [d. h. die Benennung eines einzigen Feindes „Teufel"]. Jetzt, da Uncle Sam die Führung übernommen hat und versucht, einen Job zu machen, den Jahwe nie gemacht hat, kann Uncle Sam niemals auch nur die geringste Unterstellung von Sünde oder Übel gegenüber einem seiner Verbündeten oder Schützlinge zugeben. Einer der „Ismen" muss eine Sicherheitsfreigabe erhalten. Der andere muss als subversiv eingestuft werden. Es wird nicht lange dauern, bis sowohl das Judentum als auch der Islam im Rahmen des permanenten Krieges einer Sicherheitsbewertung unterzogen werden. [Dennis hat klar gesehen, dass das Judentum in den USA letztlich eine

Sicherheitsbewertung erhalten würde. Für den Islam gilt das nicht. Dennis hat es kommen sehen... -MICHAEL COLLINS PIPER].

Wenn Uncle Sam heutzutage in den Krieg zieht, klärt er auf einfache und entscheidende Weise die gesamte Frage nach der Sünde oder danach, wer und was gut oder gerecht ist und wer und was böse und schlecht ist. Die Sünde ist immer und ausschließlich auf der Seite des Feindes. Das wurde in den Nürnberger und anderen Kriegsverbrecherprozessen festgestellt. Es gibt nur einen einzigen Teufel, der gegen Uncle Sam ist oder nicht auf seiner Seite steht.

[Und George W. Bush hat es gesagt: „Entweder ihr seid mit uns oder ihr seid mit den Terroristen": „Entweder ihr seid mit uns oder ihr seid mit den Terroristen" (MICHAEL COLLINS PIPER).

Die Vorbereitungen für den Dritten Weltkrieg werden im Nahen Osten über Israel, Öl, die westlichen Kolonialismen gegen die Nationalismen der farbigen Länder und die Rationalisierung des Kampfes zwischen der freien Welt und dem Kommunismus fortgesetzt. Israel und unsere westlichen Kolonialmächte sind unser Bollwerk gegen den Kommunismus und die farbige Welt. Dieses Schema entspricht dem, was Sir Norman Angell in der London Times vom 15. April 1956: „The Suicide of the West": „Der Selbstmord des Westens" nannte.

Nach dem Religionskriegsmodell des 20. Jahrhunderts vom Selbstmord des Westens zieht der Westen auf einen Kreuzzug, bläht sich auf und „technologisiert" sich bis zum Tod. Er löscht sich selbst aus, indem er versucht, den Krieg zu beenden.

Sie bereitet sich darauf vor, die Welt mithilfe von Kernspaltungswaffen unbewohnbar zu machen, um die Welt für die Demokratie sicher zu machen. Leitmotiv ist die Idee, dass fremde Sünden und Dämonen nicht ertragen werden können, sondern ausgelöscht werden müssen.

Wenn das Know-how des Menschen nicht den Krieg oder die Sünde beenden kann, kann es nun die menschliche Rasse beenden. Wir verfügen nun über ein unendliches Potenzial zur Vernichtung. Wie lange können unsere Idealisten ihren Drang, Gutes zu tun, zurückhalten, wenn sie den Abzug der globalen Vernichtung betätigen

Wenn wir nur nicht über die Kernspaltung und so viel Know-how verfügen würden, könnte die gegenwärtige Welle des Wahnsinns zu nichts Schlimmerem führen als die blutigen Sinnlosigkeiten der Kreuzzüge oder die Religionskriege des 16. und 17. Jahrhunderts.

Die ehemaligen deutschen Nazi-Militärs, -Techniker und -Kapitalisten bewegen sich ruhig [in der arabischen Welt], um zu kooperieren und sich zu assimilieren. Wenn das die Amerikaner und Briten, die der Propaganda des Zweiten Weltkriegs über den deutschen „Rassismus" erlegen sind, nicht in den Wahnsinn treibt, dann wissen wir nicht, was noch alles möglich wäre! Interessanterweise kommentierte Dennis an anderer Stelle auch, dass Hitler „nicht rational genug" gewesen sei, um sich mit der arabischen Welt zu verbünden, da er beispielsweise „eine zu hohe Meinung von den Briten und der weißen Rasse hatte" - ein Kommentar, der diejenigen überraschen wird, die Dennis als bedingungslosen Hitler-Bewunderer wahrnahmen [MICHAEL COLLINS PIPER].

Wenn die Deutschen sich jetzt mit Russland und den antiweißen Nationalisten der bunten Welt verbünden, wen werden die Briten und Franzosen dann finden, um sich an ihrem dritten Heiligen Krieg zu beteiligen? Lautet die Antwort: „Nur die Vereinigten Staaten und Israel? „Nur die Vereinigten Staaten und Israel?" Wenn ja, werden die Karten gegen den dritten anglo-amerikanischen Kreuzzug schwer gestapelt.

[Dennis wusste damals nicht, dass Frankreich sein Bündnis mit Israel aufkündigen würde oder dass Frankreich in der Zeit vor dem zweiten amerikanischen Krieg gegen den Irak als Verbündeter Deutschlands und Russlands gegen die USA, Großbritannien und Israel auftreten würde. Wie wir sehen werden, stellte Dennis auch Russlands Fähigkeit fest, die Spannungen der Dritten Welt mit den USA auszunutzen, und ebenso sagte er Russlands Niederlage nach seinem Einmarsch in das muslimische Afghanistan voraus. - MICHAEL COLLINS PIPER].

In Russland leben 21 Millionen Muslime, das sind mehr als 10% der Bevölkerung, die sich hauptsächlich in den Regionen konzentrieren, aus denen Russland den Großteil seines Öls bezieht. Die Vorstellung, dass russische Kommunisten die 200 Millionen Eingeborenen Afrikas und die 13 oder 1400 Millionen Asiaten zum Kommunismus bekehren und von Moskau aus kontrollieren könnten, erscheint uns zu dumm, um eine ernsthafte Überlegung wert zu sein. Aber Russland, die einzige Großmacht neben den USA, kann von der Revolte der bunten Welt gegen die Westmächte profitieren.

Die neue Rationalisierung des Religionskriegs besteht darin, dies als Durchsetzung des Gesetzes zu bezeichnen. Der Versuch, eine undurchführbare globale Regel eines einzigen Gesetzes einzuführen, garantiert einen permanenten Religionskrieg, Inflation und Sozialismus. Das einzige Thema, über das unter den Meinungsbildnern und Politikern der USA heute in Bezug auf Krieg und Machtpolitik - ob inter- oder intra-national - allgemeine Einigkeit herrscht, ist, dass es keine Rückkehr zum Neutralismus geben darf.

Die meisten Rechten, die die Entscheidung des Obersten Gerichtshofs zur Aufhebung der Rassentrennung und den Einsatz von Bundeswehrkräften zu ihrer Durchsetzung kritisieren, sind auf ziemlich inkohärente und amüsante

Weise ganz und gar für die globale Führungsrolle der USA, für amerikanische Interventionen und die gewaltsame Befreiung der von den roten Teufeln des Kreml versklavten Völker.

Die Kreml-Kommissare stellen nun ihren unübertroffenen ehemaligen Führer und unseren edlen Kriegsverbündeten Stalin als Teufel, Monster und Schuldigen an allen möglichen Verbrechen oder Sünden dar. In Bezug auf Stalin folgen die Kommunisten im Kreml der Linie der amerikanischen Antikommunisten. Die amerikanischen Antikommunisten folgen der kommunistischen Linie des Kremls.

Das ist sehr lustig. Aber es ist wichtig. Was bewiesen ist, ist, dass unsere Verbündeten unter Stalins siegreicher Führung in Partnerschaft mit uns ebenso große und böse Dämonen waren wie die Nazis und die Faschisten. Stalins Sünden waren unvermeidliche Betriebsamkeit des Kommunismus.

Das größte Verbrechen des 20. Jahrhunderts könnte sich als die Ausrottung der menschlichen Rasse durch nukleare Strahlung erweisen, in einem Krieg, der mit den Waffen geführt wird, die wir, gute, friedliebende Amerikaner, derzeit von unseren Wissenschaftlern perfektionieren lassen. Wir entwickeln diese Waffen, um Krieg, Kommunismus und Sünde auf diesem Planeten zu beenden und so das Millennium einzuläuten.

SCHLUSSFOLGERUNG

Die „Israelisierung" der US-Außenpolitik Die Planung eines Weltkriegs im Namen der „Demokratie" Iran, Russland, China, Venezuela, „islamische Faschisten" Wer wird das nächste Ziel der Hohepriester des Krieges sein

Präsident George W. Bush ist aufgrund seines hohen Amtes vielleicht der heimtückischste und gefährlichste Judasbock Amerikas. Seine Rolle bei der Beteiligung Amerikas am Irakkrieg - ganz zu schweigen von seiner führenden Rolle bei der Vertuschung der Wahrheit über die Kräfte, die hinter dem Angriff vom 11. September auf Amerika standen - hat ihn sozusagen zu einem wahren inneren Oberfeind gemacht.

Heute drängt er Amerika, einen neuen Krieg gegen den Iran zu führen. Die Wahrheit ist jedoch, dass Bushs messianischer Aufruf zu einer weltweiten „demokratischen Revolution" (der in seiner zweiten Antrittsrede vorgetragen wurde und der Rhetorik der trotzkistischen bolschewistischen Weltbewegung sehr ähnelt) nicht wirklich von ihm selbst stammt. Seine Worte wurden von anderen geschrieben, die viel klüger waren als der junge Bush. Und die Ursprünge von Bushs neuer Philosophie sind in der Tat sehr aufschlussreich. Vielleicht am erschreckendsten ist, dass die Rhetorik des US-Präsidenten - getrieben von seinen „Beratern" hinter den Kulissen - darauf hindeutet, dass in den kommenden Jahren immer mehr militärische Aktionen auf der ganzen Welt stattfinden werden.

Obwohl ein Dokumentarfilm, Bush's Brain, nahelegte, dass Karl Rove, angeblich der wichtigste politische Taktiker des Präsidenten, das Gehirn ist, das dem Präsidenten sagt, was er denken soll, ist es nun aufgrund solider Beweise klar, dass der israelische Minister sowjetischer Herkunft Anatoly „Natan" Sharansky derjenige ist, der sich mit diesem Titel rühmen kann.

Obwohl er in den 1970er Jahren als sowjetischer Dissident die Aufmerksamkeit der Welt auf sich zog, sollte man nicht annehmen, dass Sharansky jemals ein Konservativer des freien Marktes oder ein Antikommunist westlicher Prägung war. Im Gegenteil, Sharansky war ein traditioneller Altkommunist, der wie viele andere in der Sowjetunion einfach mit dem herrschenden Regime aneinandergeraten war. Doch dank der internationalen Medien nutzte Sharansky seine Inhaftierung durch die Sowjets

- die ihn beschuldigten, ein CIA-Spion zu sein -, um ein prominenter „Menschenrechtsaktivist" zu werden.

Später, nach seiner Entlassung aus dem Gefängnis, wanderte Sharansky nach Israel aus und etablierte sich schnell als einer der schärfsten extremistischen Führer des Landes. Er beschuldigte sogar den israelischen Premierminister Ariel Sharon - bekannt als „der israelische Cäsar" -, „zu weich" gegenüber palästinensischen Christen und Muslimen zu sein.

*Eine Variante dieses Essays wurde als letztes Kapitel des früheren Buches des Autors, The Judas Goats (Die Judasziegen), veröffentlicht. Da die Informationen jedoch nach wie vor relevant und umfassend sind - insbesondere im Kontext des vorliegenden Bandes -, werden sie hier in aktualisierter Form nachgedruckt, zum Nutzen derer, die das frühere Buch nicht gelesen haben, und mit einer Entschuldigung für diejenigen, die es gelesen haben, in der Hoffnung, dass sie die erneute Lektüre für lohnenswert erachten.

Sharanskys Rolle bei der Lenkung von Bushs Denken ist keine „Verschwörungstheorie". Im Gegenteil: Die Enthüllungen aus dem Weißen Haus selbst - die, wenn auch unauffällig, in den Mainstream-Medien veröffentlicht wurden - haben gezeigt, dass Sharansky nicht nur den Präsidenten bei der Abfassung der inzwischen umstrittenen Antrittsrede persönlich konsultiert hat, sondern dass mindestens zwei von Sharanskys führenden amerikanischen Publizisten zu den Personen gehörten, die Bushs revolutionäre Proklamation verfassten.

Bush selbst sagte der Washington Times in einem Interview, das am 12. Januar 2005, noch vor seiner Amtseinführung, veröffentlicht wurde: „Wenn Sie einen Einblick in meine außenpolitische Denkweise haben wollen, lesen Sie Natan Sharanskys Buch The Case for Democracy. Es ist ein ausgezeichnetes Buch.

Begraben im allerletzten Absatz eines sehr langen Artikels vom 22. Januar 2005 berichtet die New York Times, dass „der Präsident das Buch [von Sharansky] erhielt und Herrn Sharansky bat, sich mit ihm im Oval Office zu treffen [...]. Herr Bush gab das Buch auch an mehrere Mitarbeiter weiter und bat sie, es ebenfalls zu lesen. Herr Sharansky besuchte das Weiße Haus im November letzten Jahres". Die Times hat nicht angegeben, wer dem Präsidenten das Buch zuerst gegeben hat, aber herauszufinden, wer den Präsidenten tatsächlich dazu gedrängt hat, das Buch zu lesen, könnte sehr aufschlussreich sein.

Die Enthüllung der Times bestätigend, enthüllte auch die Washington Post am 22. Januar 2005 (wenn auch wiederum in den letzten Absätzen einer langen Analyse), dass ein Regierungsbeamter erklärt hatte, dass die Planung von Bushs Rede unmittelbar nach der Wahl im November begonnen hatte und dass Bush selbst Sharansky ins Weiße Haus eingeladen hatte, um sich mit ihm zu beraten, und dass, wie die Post es formulierte, „Sharansky auch mit seinem Buch zur Gestaltung der Rede beigetragen hatte".

Die Post enthüllte, dass zwei bekannte „Neokonservative", die Israel unterstützen - William Kristol, Herausgeber des Magazins Weekly Standard des Milliardärs Rupert Murdoch, und der Psychiater und spätere Journalist Charles Krauthammer, ein starker Befürworter eines harten militärischen und wirtschaftlichen Krieges der USA gegen die arabische und muslimische Welt - ebenfalls zu den Personen gehörten, die eingeladen wurden, an der Ausarbeitung der Rede des Präsidenten mitzuwirken.

Kristol - insbesondere - und Krauthammer sind selbst in den großen US-Medien allgemein anerkannt als Teil der von uns als „Hohepriester des Krieges" bezeichneten Personen, die eine entscheidende Rolle bei der Orchestrierung des US-Krieges gegen den Irak gespielt haben und auf Israels „Wunschliste" für die Bush-Administration weit oben standen.

Es ist kein Zufall, dass die Person aus dem Personal des Weißen Hauses, die laut der Post bei der Organisation der Planungskonferenzen half, um Bushs Denken zu lenken, ein gewisser Peter Wehner ist, der Direktor des Büros für strategische Initiativen im Weißen Haus. Wehner ist zufällig ein Schützling Kristols, da er dessen Stellvertreter war, als Kristol Stabschef des Bildungsministers der Reagan-Administration ( ), William Bennett, war, der wiederum ein Schützling von Kristols sehr einflussreichem Vater, dem berühmten kommunistischen „Ex-Trotzkisten" und späteren neokonservativen Zionisten Irving Kristol, war.

So ist es angesichts des beträchtlichen Beitrags Kristols, der Bushs Geisteshaltung geprägt hat, wirklich keine Überraschung, dass, wie die Post schreibt, „Bushs große Ambitionen seine neokonservativen Anhänger begeistert haben, die seinen Aufruf, die Vereinigten Staaten im Kampf um die Verbreitung der Demokratie an die vorderste Front zu stellen, als edel und notwendig ansehen".

William Kristol reagierte seinerseits in einem Leitartikel im Weekly Standard vom 24. Januar 2005 mit folgenden Worten: „Es ist eine gute Nachricht, dass der Präsident so begeistert von Sharanskys Arbeit ist. Dies deutet darauf hin, dass der Präsident trotz aller Kritik und Schwierigkeiten weiterhin entschlossen ist, die Nation gemäß den Grundlinien der Außenpolitik, die er während seiner ersten Amtszeit festgelegt hat, zu führen".

Am 22. Januar 2005 stellte BBC News fest, dass Sharansky „sich tatsächlich seit einiger Zeit in konservativen Kreisen in den USA bewegt".

Bereits im Juli 2002 - kurz bevor Bush eine höchst umstrittene Rede hielt, in der er die „Demokratisierung" der arabischen Welt forderte - besuchte der konservative Vizeverteidigungsminister Paul Wolfowitz einen Vortrag von Sharansky, in dem der israelische Führer die gleiche Forderung stellte.

Als Bush kurz darauf seine eigene Rede hielt, in der er Sharansky widerhallte, lieferten die israelischen Hardliner „eine wichtige Behauptung in letzter Minute", so der amerikanische Neokonservative Richard Perle, der - zwischen seinen Regierungszeiten, in denen das FBI wegen des Verdachts auf Spionage für Israel gegen ihn ermittelte - Waffen an einen israelischen Waffenhersteller geliefert hatte.

Obwohl die Nachricht von Sharanskys tiefem Einfluss unter den einfachen Amerikanern nicht weit verbreitet war, erregte sie in Israel großes Aufsehen, wo die Jerusalem Post einen Artikel mit der Feststellung betitelte, dass „das Weiße Haus sich von Sharanskys Buch über Demokratie inspirieren lässt". Die israelische Zeitung ging sogar so weit zu sagen, dass Bush „kostenlos für [Sharanskys Buch] wirbt", und wies darauf hin, dass der Präsident Sharanskys Buch in einem CNN-Interview verherrlicht hatte.

Die Tatsache, dass Sharansky im israelischen Kabinett für „Diaspora-Angelegenheiten" zuständig war, ist in der Tat bezeichnend. Der Begriff „Diaspora" bezeichnet alle Juden, die außerhalb der Grenzen Israels leben, und in der „Missionserklärung" von Sharanskys Kabinett heißt es, dass er „den Schwerpunkt auf Israel, den Zionismus, Jerusalem und die gegenseitige Abhängigkeit der Juden in der ganzen Welt legt".

Im Wesentlichen drückt sich dies in einem einzigen, allgemeinen Ziel aus: die Existenz und die Zukunft des jüdischen Volkes zu sichern, wo auch immer es sich befindet". Kurz gesagt, Sharansky ist nichts weniger als der mächtige Sprecher der zionistischen Weltbewegung. Und heute lenken seine Ansichten zweifellos die Weltanschauung von George Bush.

Angesichts all dessen ist es nicht verwunderlich, dass das englischsprachige südkoreanische Medium Chosun Ilbo am 22. Januar 2005 so weit ging, Sharanskys Philosophie, wie sie in seinem - heute von Bush hochgelobten - Buch The Case for Democracy (Der Fall der Demokratie) dargelegt ist, als „Blaupause für die Außenpolitik der Vereinigten Staaten" zu bezeichnen.

Die Propagandalinie des kompromisslosen Israelis Sharansky, auf die sich die Antrittsrede des Präsidenten stützte, war praktisch eine komplette Kehrtwende gegenüber Bushs Rhetorik im Präsidentschaftswahlkampf 2000. Dieser Widerspruch ist ein Punkt, der theoretisch die Republikaner, die Bush bei seiner ersten Präsidentschaftskandidatur gewählt haben, zum Nachdenken hätte anregen sollen.

Die Washington Times - eine führende „neokonservative" Stimme, die für eine harte, globalistische Außenpolitik im Einklang mit Israels

Sicherheitsansprüchen eintritt - verkündete in einer Titelseitenanalyse vom 21. Januar 2005 enthusiastisch, dass Bushs Rede „den Grundstein für eine globale Freiheitsmission" lege, und stellte unmissverständlich fest, dass...

In seiner Antrittsrede schickt Präsident Bush die Vereinigten Staaten auf eine neue, expansionistische und viel aggressivere globale Mission, die darauf abzielt, unterdrückte Länder von Diktatoren zu befreien - eine radikale Veränderung gegenüber seiner Kampagne aus dem Jahr 2000, in der er davor warnte, zum Weltpolizisten zu werden... eine ehrgeizige, vielleicht beispiellose internationalistische Doktrin, die die militärische Macht der Vereinigten Staaten weit über Amerikas derzeitige Verpflichtungen hinaus entfalten könnte...

Die „liberale" Tageszeitung der Times, die Washington Post, erklärte ihrerseits am 21. Januar 2005, Bushs Rede sei „eher wilsonianisch als konservativ", d.h. sie erinnere an den messianischen Internationalismus des ehemaligen US-Präsidenten Woodrow Wilson, der für amerikanische Nationalisten oder traditionelle Konservative kaum ein Held ist.

In effektiver Billigung von Bushs Kehrtwende erkannte die Post, dass Bushs Erklärung „einen aggressiven Internationalismus verspricht, der, wenn er ernsthaft verfolgt wird, die Beziehungen zu vielen Nationen in der Welt verändern würde", und behauptete, wenn Bush es ernst meine, stehe die amerikanische Politik „kurz vor einem historischen Wandel".

James Steinberg, ehemaliger stellvertretender Berater für nationale Sicherheit in der Clinton-Regierung, fand Bushs Auftauchen als Stimme des Globalismus ziemlich faszinierend, da es sich um einen entschlossenen Verrat an dem handelt, was einst die traditionelle republikanische Opposition gegen internationale Einmischung gewesen war. Steinberg sagte der New York Times am 21. Januar 2005, es sei „höchst bemerkenswert, dass eine der Vorstellungen, gegen die sich die Republikaner so sehr gewehrt haben, die Idee einer tiefen gegenseitigen Abhängigkeit in der Welt ist, und dass jetzt [Bush] im Wesentlichen die Idee übernommen hat, dass Tyrannei, wo auch immer sie ist, Freiheit bedroht, wo auch immer sie ist" ( ).

Auch Robert Kagan, eine der aggressivsten Stimmen in den neokonservativen Medien, tat es - aus einer anderen Perspektive - der in Washington ansässigen American Free Press (AFP) gleich, als er in der Post vom 23. Januar 2005 schrieb, dass „Bushs Ziele jetzt die Antithese des Konservatismus sind". Er erklärte unmissverständlich: „Sie sind revolutionär": „Sie sind revolutionär". Was Kagan nicht erwähnte, war die frappierende Ähnlichkeit zwischen dem Bushismus und dem Trotzkismus.

In ihrem Leitartikel vom 31. Januar 2005 bezeichnete die AFP Bush - nicht in der gleichen freundlichen Ader, wie Kagan schreibt - als „Revolutionär", sehr zum Missfallen vieler traditioneller Konservativer, die - unerklärlicherweise - den Präsidenten immer noch als Stimme des amerikanischen Patriotismus betrachteten.

Diese Personen waren sich offensichtlich nicht bewusst (und sind es noch immer), dass das, was als „Neokonservatismus" bezeichnet wird, nichts mit dem zu tun hat, was die Amerikaner lange Zeit als „konservativ" im traditionellen amerikanisch-nationalistischen Sinne des Wortes angesehen haben.

Der Zionist Robert Kagan versteht jedoch diese Unterscheidung und genau aus diesem Grund sagte er, dass „Bush die Unterstützung der meisten altmodischen Konservativen verlieren könnte", sobald sie sich der Natur seiner neuen internationalistischen Politik bewusst werden. Kurz gesagt, die Konservativen wurden „über den Tisch gezogen". Deshalb erinnert AFP seine Leser daran, nicht zu vergessen, was Jesus gesagt hat: „Hütet euch vor den Wölfen im Schafspelz" oder besser „Hütet euch vor den Ziegen des Judas".

In der Zwischenzeit bleibt Sharanskys Einfluss auf den amerikanischen Republikanismus - unter George Bush und in den kommenden Jahren - substanziell. Tatsächlich gibt es ein neues Zeichen des Republikanismus, zumindest laut Ken Mehlman, den Präsident George W. Bush nach der Wahl 2004 persönlich zum Vorsitzenden des Republikanischen Nationalkomitees auserkoren hat (Mehlman trat 2007 von seinem Amt zurück). (In einer Rede vor dem American Israel Public Affairs Committee (AIPAC), der Israel-Lobby, am 14. März 2005 in Washington beschrieb sich der damals frisch ernannte Nationalvorsitzende der GOP offen und enthusiastisch als „Sharansky-Republikaner".

Auffällig ist, dass es offenbar das erste Mal in der amerikanischen Geschichte ist, dass der Vorsitzende eines der nationalen Parteikomitees den Namen und die Ideologie eines politischen Führers einer fremden Nation - und noch dazu einer als „Extremist" bekannten Persönlichkeit - zur Beschreibung seiner eigenen Ideologie verwendet.

In der Vergangenheit gab es „Taft-Republikaner", die sich selbst als Anhänger der Präsidentschaftsambitionen des nationalistischen und traditionell konservativen Senators Robert Taft aus Ohio - im Volksmund bekannt als „Mr. Republican" - bezeichneten, der von 1936 bis zu seinem frühen (und nach Meinung einiger „verdächtigen") Tod im Jahr 1953 der unangefochtene Führer des „America First"-Blocks im Kongress gewesen war.

Später gab es die konservativen „Goldwater-Republikaner", die unter der Führung von Senator Barry Goldwater (Ariz.) den Boden für den Aufstieg der „Reagan-Republikaner" bereiteten, die 1980 unter der Führung von Ronald

Reagan, einem populären Präsidenten mit zwei Amtszeiten, an die Macht kamen.

Gleichzeitig schlossen sich in Opposition zu den Taft- und Goldwater-Republikanern liberalere und internationalistischere Republikaner dem Gouverneur von New York Thomas E. Dewey und dem Wall-Street-Anwalt Wendell Willkie an und nannten sich natürlich „Dewey-Republikaner" und „Willkie-Republikaner".

Später wurden natürlich viele der gleichen Parteiführer zu „Rockefeller-Republikanern", im Gefolge des Gouverneurs des Staates New York, Nelson Rockefeller. Und es gab sogar eine Zeit lang einige Personen, die sich „Eisenhower-Republikaner" nannten und damit ihre angeblich „gängige, gemäßigte" (wie auch immer definierte) Sichtweise im Geiste des 35. Präsidenten der Vereinigten Staaten, Dwight D. Eisenhower, betonten.

Heute bezeichnet sich der nationale Vorsitzende der GOP nicht als „Reagan-Republikaner" oder gar als „Bush-Republikaner" (benannt nach dem amtierenden GOP-Vorsitzenden, der sich bei den Basismitgliedern seiner Partei großer Beliebtheit erfreute), sondern begrüßt einen ausländischen Führer - einen berüchtigten Extremisten - als Vorbild für das, was Republikanismus im 21.

Dies ist ein direktes Erbe von George W. Bush, der Sharansky so stolz als einen der ideologischen Diktatoren der Republikanischen Partei installiert hat und damit das historische Erbe der Republikanischen Partei verraten hat. Sharanskys Politik, die „globale Demokratie" zu fördern, steht kaum in der amerikanischen Tradition, ist aber mittlerweile ein fester Bestandteil dessen, was die „moderne" Republikanische Partei ausmacht.

Alle diese Elemente zusammengenommen werfen Fragen über die Ausrichtung der künftigen amerikanischen Außenpolitik auf. Es zeichnet sich bereits jetzt ab, dass die zionistischen Hardcore-Elemente um George W. Bush die kommenden Kriege und Provokationen im Auge haben.

Obwohl der sogenannte „globale Krieg gegen den Terrorismus" auf diejenigen abzielt, die von den pro-israelischen Neokonservativen nun als „Islamofaschisten" bezeichnet werden (was bequem an den Lieblingsbösewicht des Weltjudentums im 20. Jahrhundert erinnert: den Faschismus), kommt offensichtlich noch viel mehr auf uns zu, wenn die Rhetorik der „Hohepriester des Krieges" geprüft und ernst genommen werden soll.

Neben dem Iran und Syrien, die schon lange im Visier der zionistischen Falken sind, scheinen nun drei weitere Länder (Russland, China und Venezuela) die bevorzugten Ziele von Bush und seinen neokonservativen Dienern zu sein.

Diese Länder scheinen nicht in die Kategorie der „Demokratie" zu passen, die Sharansky und Bush so entschlossen weltweit fördern wollen, und selbst eine oberflächliche Betrachtung der Medienberichterstattung und der Rhetorik der Neokonservativen in Bezug auf diese Nationen zeigt deutlich, dass Krieg - ob „kalt" oder „heiß" - am Horizont auftauchen könnte. Und die Amerikaner werden für diese Kriege bezahlen und sie führen.

Die neokonservativen Judasziegen in den USA und ihre Mitarbeiter in der proisraelischen Lobby in Washington haben bereits die ersten Kanonenschüsse eines neuen Kalten Krieges gegen den russischen Staatschef Wladimir Putin abgefeuert, der sich zunehmend scharfer Kritik und feindseligen Fragen zu seinem „Engagement für die Demokratie" ausgesetzt sieht.

Es bleibt abzuwarten, ob Putin als der „neue Hitler" oder der „neue Stalin" angesehen wird, aber jüngste Hinweise deuten darauf hin, dass der zionistische Krieg gegen den russischen Nationalismus nun auf amerikanischem Boden begonnen hat.

Die große Frage ist, ob die Amerikaner getäuscht und in einen neuen Krieg hineingezogen werden, der nicht notwendig ist und nicht geführt werden sollte.

Die Wahrheit ist, dass die Feindseligkeit der Neokonservativen gegenüber Putin gerade daraus resultiert, dass Putin nicht als aufmerksam gegenüber den Forderungen des zionistischen Israels wahrgenommen wurde.

Aus diesem Grund sind Putin und die russischen Nationalisten nun das Ziel der internationalen zionistischen Elite.

Obwohl die aufkommende Feindseligkeit der Neokonservativen gegenüber Putin in pro-israelischen Publikationen mit geringer Auflage und in Zeitungen der jüdischen Gemeinde in den USA ausführlich diskutiert wurde, begannen erst später Mainstream-Publikationen wie The Weekly Standard und The New York Times, um nur die wichtigsten zu nennen, diese Bedenken gegenüber Putin aufzugreifen, ganz so, als ob die großen Tageszeitungen die Initiative von anderen Zeitungen übernehmen würden. Zunehmend wird jedoch die Idee „Putin ist ein möglicher Feind" nun auch dem Durchschnittsamerikaner durch die Medien nahegebracht.

Eine weitere große Sorge um Putin besteht darin, dass er sich vehement gegen die Handvoll plutokratischer Milliardäre aus Russland (von denen viele auch die israelische Staatsbürgerschaft besitzen) gestellt hat, die nach dem Zusammenbruch der ehemaligen Sowjetunion mit Duldung des damaligen russischen Staatsoberhaupts Boris Jelzin die Kontrolle über die russische Wirtschaft übernommen haben.

Es ist klar, dass in dem Maße, in dem Putin gegen die milliardenschweren Oligarchen vorging, die die russische Wirtschaft ausplünderten (und in einigen Fällen nach Israel flüchteten), die großen amerikanischen Print- und audiovisuellen Medien begannen, den russischen Führer immer stärker zu attackieren.

Eine rein pro-israelische amerikanische Publikation, The New Republic, brachte das Thema am 24. September 2004 zur Sprache: „Behauptend, dass, unabhängig davon, ob Putin persönlich an der Macht bleibt oder nicht, es eine wachsende Bewegung - mit „nationalistischem" Charakter - gibt, die einen großen Einfluss in der russischen Bevölkerung ausübt. Die New Republic ist besorgt über die Möglichkeit einer „faschistischen Revolution", d. h. einer Bewegung, die den israelischen Oligarchen (mit Verbindungen zur internationalen Kriminalität) feindlich gesinnt ist, die die russische Wirtschaft ausgeplündert haben. Ähnlich hatte sich bereits früher der an der Boston University ansässige israelische Wissenschaftler Uri Ra'anan in seinem Buch Russia: A Return to Imperialism aus dem Jahr 1995 Sorgen darüber gemacht, dass das postsowjetische Russland eine Bedrohung für den Westen (d. h. für Israel und die zionistischen Interessen im Westen) darstellen könnte.

Diese Arbeiten sind ein Echo auf Autoren wie Jonathan Brent und Vladimir Naumov, die in ihrem 2003 erschienenen Buch Stalin's Last Crime mit den Worten schließen, dass „Stalin eine immerwährende Möglichkeit ist", und damit den theoretischen Vorschlag offen lassen, dass Putin oder andere potenzielle zukünftige russische Führer schließlich als Erben von Stalins antizionistischem Erbe hervorgehen könnten.

Im Anschluss daran erklärte der einflussreiche Council on Foreign Relations (CFR) für alle Zwecke offiziell einen neuen „Kalten Krieg" gegen Russland.

Als mächtiger New Yorker Zweig des Royal Institute on International Affairs, das seinen Sitz in London hat und von der Familie Rothschild, einem großen Förderer Israels, finanziert wird, stand das CFR jahrelang unter der Herrschaft der Rockefeller-Familie aus den USA.

In den letzten Jahren ist jedoch ein wichtiger pro-israelischer Finanzier, Maurice „Hank" Greenberg, als eine Schlüsselfigur des CFR in Erscheinung getreten. Ebenso wurde der CFR in der Vergangenheit zwar oft (in den jüdisch kontrollierten Medien) als außenpolitische Stimme des weißen angelsächsischen protestantischen Establishments beschrieben, doch in Wahrheit gibt es im CFR eine unverhältnismäßig hohe Anzahl amerikanischer Juden, die starke Unterstützer Israels sind.

Wie dem auch sei, was Putins Russland betrifft, kündigte der CFR Ende 2005 die Bildung einer neuen „überparteilichen Arbeitsgruppe" an, die sich mit den Beziehungen zwischen den USA und Russland befassen sollte. Der CFR stand an der Spitze dieser neuen Einheit, um Russland zu überwachen - in der Tat Druck auszuüben -, damit es dem Diktat der USA im Rahmen des Vorstoßes der Bush-Administration für eine globale Demokratie folgt, ein Thema, das von Bushs intellektuellem Mentor Natan Sharansky, einem in der Sowjetunion geborenen (aber nicht russischen) Mann, formuliert wurde.

Sharansky, derzeit die Galionsfigur der israelischen politischen Angelegenheiten, war die treibende Kraft hinter Bushs Außenpolitik und wurde von diesem auch als solche anerkannt.

Manche werden sagen, es sei nur ein Zufall, dass am 7. Dezember 2005, dem Jahrestag von Pearl Harbor, die beiden einflussreichsten Zeitungen des Landes, die New York Times und die Washington Post, die beide die Erklärungen des CFR und der (pro-israelischen) außenpolitischen Elite wiedergeben, scharfe Angriffe auf den russischen Präsidenten Wladimir Putin veranstalteten.

Die New York Times bot ihren Lesern einen Meinungsartikel mit der Überschrift „Moscow's Empty Red Square" an. Der Kommentar, in dem Putins Russland vorgeworfen wurde, „immer undemokratischer zu werden", war von dem demokratischen Kandidaten für die Vizepräsidentschaft 2004, dem ehemaligen Senator John Edwards (North Carolina), und dem republikanischen Kandidaten für die Vizepräsidentschaft 1996, Jack Kemp, unterzeichnet. Zufälligerweise teilte sich dieses Duo den Vorsitz der Arbeitsgruppe zur US-Russlandpolitik, die gerade vom CFR eingerichtet worden war.

Indem sie Putin angriffen, erklärten Edwards und Kemp, dass „Russland vor der Wahl steht, entweder in den Hauptstrom der modernen Welt einzutreten oder sich in einem Strudel von Reaktion und Isolation zu verfangen".

Die Sprecher des CFR sagten Putin, er solle die vorgeschlagene Gesetzgebung, die die innere Opposition unterdrücken würde, auf Eis legen. Diese Aussage kommt zu einer Zeit, in der viele russische Gesetzgeber und Meinungsführer sich offen über die Macht nationaler zionistischer Gruppen äußern, die als lästig für Russland angesehen werden, insbesondere aufgrund ihrer internationalen Verbindungen und ihrer Verbindungen zu milliardenschweren Oligarchen und verbündeten Kräften in Israel.

In erstaunlicher Synchronisation mit dem Angriff des CFR-Duos auf Putin in der New York Times vom 7. Dezember veröffentlichte die Washington Post - natürlich nur ein „Zufall" - am selben Tag einen Leitartikel mit dem Titel „Die antidemokratische Agenda", in dem die Frage aufgeworfen wurde: „Ist Russland ein Partner der USA im Krieg gegen den Terrorismus

Die Post fuhr fort: „Sie würden es nicht erkennen, wenn Sie die erbitterte Kampagne Moskaus zur Vereitelung von Präsident Bushs

Demokratieprogramm im muslimischen Zentralasien sehen würden", und bezog sich damit auf Putins Unterstützung für den usbekischen Präsidenten Islam Karimow und für das, was die Post als „einen aufstrebenden Block von Moskau geführter Diktaturen" bezeichnete, zu dem Weißrussland, Turkmenistan und Kasachstan gehören. Die Post stellte fest, dass Putin den Führern dieser Nationen geholfen habe und bat dann um eine Antwort auf die Frage: „Ist dies die Tat eines Partners oder eines Gegners?". Die Post erklärte, dass es für Präsident Bush an der Zeit sei, „damit aufzuhören, dieser Frage auszuweichen". Es ist klar, dass die Antwort der Post auf die Frage implizit in ihrer Frage enthalten war.

Die Tatsache, dass diese stärksten Angriffe auf Putin gleichzeitig am 7. Dezember stattfanden, fiel vielen Beobachtern Russlands als sehr interessant und symbolisch auf, um es vorsichtig auszudrücken.

Monate später wurde der Bericht des CFR über Putin - der angeblich unter der Leitung der oben erwähnten Edwards und Kemp erstellt worden war - veröffentlicht, dessen Schlussfolgerungen nichts Gutes für Putin verhießen. Der russische Führer stand eindeutig im Visier der mächtigen internationalen Interessen, die oft vage als „Neue Weltordnung" beschrieben werden.

Zur allgemeinen Überraschung wurden in dem Bericht der „überparteilichen Task Force" des CFR dieselben Themen, die Edwards und Kemp bereits in ihrem Angriff auf Putin am 7. Dezember skizziert hatten, wieder aufgegriffen und förmlich formuliert.

Der CFR-Bericht drängt darauf, dass die Bush-Regierung eine harte Linie gegenüber Putin einnimmt. Der CFR argumentiert, dass Putins Politik möglicherweise nicht im Interesse der Vereinigten Staaten liegt. In dem Bericht heißt es, dass „die bloße Idee einer strategischen Partnerschaft [zwischen den USA und Russland] nicht mehr realistisch erscheint". Mit anderen Worten: Der CFR hat einen neuen „Kalten Krieg" gegen Russland ausgerufen.

Und nun, im Zuge der Veröffentlichung dieses CFR-Berichts, gibt es Gerüchte (aus unbekannten Quellen), dass Russland vor der US-Invasion der heute zerstörten arabischen Republik US-Militärgeheimnisse an die Regierung von Saddam Hussein weitergegeben habe. Diese Gerüchte, die von den wichtigsten US-Medien mit großer Aufmerksamkeit bedacht wurden, heizen die bereits ausgebrochene Anti-Putin-Raserei weiter an. Bevor die amerikanischen Patrioten jedoch auf den Anti-Putin- und Anti-Russland-Zug aufspringen, sollten sie die Kräfte, die ihn antreiben, im Auge behalten.

Im Wesentlichen ist es so, dass wir mit den amerikanischen Neokonservativen, die sich nun gegen Putin stellen, eine Verjüngung des von den Trotzkisten geführten Krieges gegen den russischen Nationalismus erleben, der nach den geopolitischen Erwägungen des 21. Jahrhunderts neu gestaltet wird.

Anders als in der ersten Hälfte des 20. Jahrhunderts, vor der Gründung des Staates Israel, kann die zentrale Rolle dieses Staates im Nahen Osten in der neokonservativen Weltsicht heute nicht unterschätzt werden, denn die Sorge um Israel ist eine prominente Überlegung in der neokonservativen Kampagne gegen Putin.

Doch Putin und das von ihm neu belebte Phänomen des russischen Nationalismus sind nicht das einzige Ziel des Zionismus und der amerikanischen Kriegsmaschinerie, die sich heute in den Händen von Israels neokonservativen Verbündeten befindet.

Obwohl unser sogenannter „Verbündeter" Israel jahrelang massive Mengen an konventionellen Waffen verkauft und (sowohl direkt als auch indirekt) amerikanische Verteidigungstechnologie (einschließlich nuklearer Expertise) an Rotchina geliefert hat, hat dies eindeutig und endgültig die Zustimmung der Israel-Lobby in Washington erhalten.

Heute jedoch liegt dank der Rhetorik derselben Neokonservativen die Trommel für einen Krieg gegen China in der Luft. Die gleichen Kräfte, die China in den letzten 25 Jahren beim Aufbau seiner Militärmaschinerie geholfen haben, hetzen heute das Gespenst von China als Gefahr für Amerika. Seit einigen Jahren wird China zunehmend als potenzieller neuer „Feind" betrachtet, ein Feind, der nach Ansicht der Befürworter eines Krieges gegen China möglicherweise Gegenstand einer amerikanischen Militäraktion werden muss.

Wer es jedoch wagt, genauer hinzusehen, wird andere Kräfte entdecken, die in dieser antichinesischen Rhetorik am Werk sind.

Beachten Sie Folgendes: Am 23. April 2001 bezog die pro-israelische Zeitung New Republic, die von dem „liberalen" Martin Peretz herausgegeben wird, eine eindeutige Position gegen China. Nicht weniger als vier größere Artikel wurden allein in dieser Ausgabe von unter dem Thema „Ein Feind für unsere Zeit" veröffentlicht: „Ein Feind für unsere Zeit". Auf dem Titelbild kommt ein bedrohliches Foto von chinesischen Soldaten mit dunklen Gesichtern und Maschinengewehren auf den Leser zu.

Dann, am 30. April 2001, schlug der Weekly Standard - der dem Milliardär Rupert Murdoch gehört und von dem neokonservativen Propagandisten William Kristol herausgegeben wird - in einer Reihe von Artikeln eine harte Linie gegenüber China ein, die sich in Ton und Rhetorik kaum von denen des „liberalen" Gegenstücks des Standards, The New Republic, unterschieden.

Bemerkenswert ist, dass weder The New Republic noch The Weekly Standard auch nur ein einziges Mal das Hauptelement nannten, das Chinas riesige (und weiter wachsende) Kriegsmaschinerie auf das Niveau gebracht hat, das sie heute erreicht hat : Das überraschte niemanden, der wusste, dass The New Republic und The Weekly Standard - trotz ihrer kosmetischen Unterschiede zwischen „liberal" und „konservativ" - beide lautstarke und enthusiastische Medienvermittler der Propaganda der pro-israelischen Lobby waren: Israel kann nicht schaden - und das schließt Chinas Aufrüstung mit ein.

Man sollte sich nicht täuschen lassen. Im Laufe seiner Geschichte, die der der USA um Jahrzehnte vorausgeht, hat China (lange bevor es in die Hände der Kommunisten fiel) immer seine eigene geopolitische Agenda verfolgt und wird sie auch immer verfolgen.

Es stellt sich jedoch die Frage, ob China als „Feind" Amerikas betrachtet werden sollte.

Warum haben sich plötzlich einflussreiche „konservative" und „liberale" Stimmen, die zionistische Interessen vertreten, zusammengetan, um die Trommel für einen Krieg gegen China zu schlagen

Freuen Sie sich nicht über die Schlussfolgerung, dass „die Liberalen es endlich begriffen haben". Im Gegenteil: Es ist an der Zeit, dass die amerikanischen Patrioten aufwachen.

China wird heute, in den Worten von The New Republic, als „Feind unserer Zeit" bezeichnet. In der Vergangenheit war es der Kaiser. Dann Adolf Hitler.

Dann die Sowjetunion. Und jetzt, zusammen mit der muslimischen Welt, steht plötzlich China im Visier der „Hohepriester des Krieges". Eine größere Agenda ist am Werk. Ein „langer Kampf mit China steht uns bevor", erklärte The New Republic, und wenig überraschend stimmte auch The Weekly Standard zu.

In den letzten Tagen wurden in einer Vielzahl einflussreicher Zeitschriften - insbesondere im neokonservativen Reich von Sharansky-Bush - ähnliche „Bedenken" über China geäußert, und viele Kommentare in den Medien greifen immer wieder das Thema auf, dass China ein „Feind" oder ein „potenzieller Feind" sei. Die Liste dieser antichinesischen Stellungnahmen ist endlos, aber hier ist ein bemerkenswertes und prominentes Beispiel

In einem Artikel, der am 15. November 2005 in der neokonservativen Tageszeitung Washington Times erschien ( ), ging Frank Gaffney Jr. so weit zu sagen, dass George W. Bush der chinesischen Führung klarmachen sollte, dass die Macht der Vereinigten Staaten durchaus dazu genutzt werden könnte,

„dem chinesischen Volk zu helfen, sich von einem Regime zu befreien, das es unterdrückt und das uns zunehmend bedroht".

Der oben genannte Gaffney ist ein langjähriger Akteur im pro-israelischen neokonservativen Netzwerk in Washington, seit seiner Zeit als Assistent (neben dem allgegenwärtigen zionistischen geopolitischen Superhirn Richard Perle) von Senator Henry M. Jackson (D-Wash.), einem der eifrigsten Verteidiger Israels auf dem Kapitol. Gaffneys Kriegstreiberei war also nicht einfach das Werk eines wenig beachteten Agitators.

Die Tatsache, dass diese pro-israelischen Stimmen so entschlossen sind, die Waffen gegen China zu erheben - obwohl es von Anfang an ihre Lieblingsnation Israel war, die China aufrüstete -, ist ein faszinierendes Phänomen. Selbst inmitten des Kalten Krieges gegen die UdSSR waren die westlichen kapitalistischen Eliten in lukrative Geschäfte mit dem Kreml verstrickt, wobei Banken wie Chase Manhattan und andere Großunternehmen sich aufstellten, um mit ihren „antikapitalistischen" Feinden Geschäfte zu machen.

Und wie wir in Die Hohepriester des Krieges festgestellt haben, waren es die Hardcore-"neokonservativen" Anhänger Israels, die eine große Rolle dabei spielten, antisowjetische Gefühle in den USA zu schüren, indem sie das Gespenst einer in Wirklichkeit stark überschätzten „sowjetischen Aufrüstung" heraufbeschworen, während die UdSSR in Wirklichkeit kurz vor dem Zusammenbruch stand.

Darüber hinaus waren die „aussichtslosen" Kriege in Korea und Vietnam Teil eines größeren Plans. Auf dem Weg dorthin erhielten unter anderem Saddam Hussein im Irak, die Ayatollahs im Iran und später der iranische Präsident Mahmoud Ahmadenijad einen Ehrenplatz in der von den Medien orchestrierten Hall of Fame der Schlechtigkeit.

Das amerikanische Volk - eindeutig und im Gegensatz zu dem, was es vielleicht sagt oder glauben will - scheint den Krieg zu lieben. Und die Plutokraten und ihre Marionettenpresse (zusammen mit den mächtigen Zionisten) sind immer bereit, einen neuen zu erfinden, um die Nachfrage des Volkes zu befriedigen.

Heute sagen die „konservativen" und „liberalen" Meinungsmacher, die als Propaganda für die plutokratische Elite fungieren, die die wichtigsten Medien kontrolliert, dem amerikanischen Volk, es solle sich auf einen Krieg vorbereiten.

Und wenn wir nicht gerade dabei sind, China anzugreifen, haben wir ein paar Autostunden südlich einen neuen „Feind", der sich perfekt für die altmodische amerikanische „Kanonenbootdiplomatie" eignet.

Hugo Chavez, der farbenfrohe nationalistische starke Mann Venezuelas, ist nun offiziell das Ziel des pro-israelischen neokonservativen imperialistischen Netzwerks, das die Politik der Bush-Regierung unbestritten steuert.

Obwohl die Mainstream-Medien den Aufruf des Evangelisten Pat Robertson zur Ermordung von Chavez durch die USA als eine Art Anfall von Sorglosigkeit darstellten - den die Bush-Regierung offiziell, wenn auch wenig überzeugend, anprangerte und für den Robertson seine eigene, wenig aufrichtige „Entschuldigung" aussprach -, zeigen die Fakten, dass die pro-israelischen „Neocons" das Bild von Chavez schon seit einiger Zeit auf ihrem Dartpfeil haben.

Tatsache ist, dass die neokonservativen „Hohepriester des Krieges" - sowie ihre Verbündeten in proisraelischen Zeitschriften und Propagandaorganen in den USA und weltweit - seit Chavez' Amtsantritt 1999 ständig gemurmelt haben, Chavez und seine Regierung stünden den Interessen Israels feindlich gegenüber und seien daher „antisemitisch".

Chavez und seine Anhänger betrachteten Robertsons Bemerkungen (zu Recht) als einen „Versuchsballon", den Robertson in Zusammenarbeit mit der Bush-Regierung gestartet hatte - eine Masche, um die Aufmerksamkeit auf Chavez zu lenken, der als Feind Israels und des Imperialismus wahrgenommen wurde. Es ist wahrscheinlich kein Zufall, dass Robertsons Aufruf zur Ermordung von Chavez am 22. August 2005 erfolgte, kurz nachdem die neokonservative Zeitung The Weekly Standard in ihrer Ausgabe vom 8. August Chavez kritisiert und behauptet hatte, Chavez sei „eine Bedrohung für mehr als sein eigenes Volk" und Chavez sei eine Bedrohung für die winzige, aber reiche jüdische Bevölkerung Venezuelas - etwa 22.000 Menschen in einer Nation mit 22 Ländern. 8. August und behauptete, Chavez sei „eine Bedrohung für mehr als sein eigenes Volk" und Chavez sei eine Bedrohung für die winzige, aber reiche jüdische Bevölkerung Venezuelas - etwa 22.000 Menschen in einer Nation mit 22 Millionen Einwohnern.

Der Standard bedauerte, dass das venezolanische Staatsfernsehen einen Bericht ausgestrahlt hatte, in dem spekuliert wurde, dass der israelische Mossad mit der Ermordung eines örtlichen Beamten in Venezuela in Verbindung stehen könnte. Polizeibeamte führten eine Razzia in einer jüdischen Schule durch, in der sich nach Angaben der Regierung Waffen befanden, die möglicherweise in das Verbrechen verwickelt waren.

Dieser Akt der nationalen Verteidigung gegen eine wahrgenommene Bedrohung, die von der Spionageagentur einer ausländischen Macht - Israel - ausging, wurde vom Standard als eine Art Gestapo-Aktion im Stil Adolf Hitlers dargestellt.

Mit der Behauptung, dass „Judenfeindlichkeit zu einem der Merkmale der venezolanischen Regierung geworden ist", zitierte der Standard einen „Bericht über den weltweiten Antisemitismus" des US-Außenministeriums, der angeblich dokumentiere, so der Standard, „wie offen antisemitisch die venezolanische Regierung inzwischen ist". Die pro-israelische Zeitung zeigte sich besonders besorgt darüber, dass einer der engsten Berater von Chavez der verstorbene Norberto Ceresole war.

Beschrieben als „ein argentinischer Schriftsteller, der für seine Bücher, die den Holocaust leugnen, und seine Verschwörungstheorien über die jüdischen Pläne zur Kontrolle des Planeten berüchtigt ist", wirft Ceresoles Buch, in dem er Chavez begrüßt, in seinem ersten Kapitel eindringlich Fragen über den zionistischen Einfluss in der Welt auf.

Chavez weigerte sich, vor zionistischer Kritik zurückzuschrecken. Als Chavez im Jahr 2000 eine Reise in den Irak ankündigte, um Saddam Hussein zu besuchen, verspottete er die Kritik der neokonservativen Medien mit den Worten: „Stellen Sie sich vor, was die Pharisäer sagen werden, wenn sie mich mit Saddam Hussein sehen".

Tatsächlich gehen die Beschwerden von Anhängern Israels gegen Chavez auf die ersten Jahre seiner Amtszeit zurück ( ). Im Jahr 2000 veröffentlichte das Stephen-Roth-Institut für Antisemitismus und Rassismus an der Universität Tel Aviv in Israel einen Bericht über den weltweiten Antisemitismus in den Jahren 1999/2000, der mit deutlichen Worten auf Chavez zielte und feststellte: „Venezuela hat seit den allgemeinen Wahlen 1998 eine dramatische politische Transformation erlebt, die sich negativ auf die jüdische Gemeinschaft ausgewirkt hat: Venezuela hat seit den allgemeinen Wahlen 1998 eine dramatische politische Transformation erlebt, die sich negativ auf die jüdische Gemeinschaft ausgewirkt hat. Die kühle Haltung der neuen Regierung gegenüber der Gemeinschaft und Israel hat den Antisemitismus gefördert, insbesondere in der Mainstream-Presse... Einige Beobachter [weisen darauf hin], dass der Präsident enge Beziehungen zu Libyen, dem Irak und dem Iran unterhält, was auch seine Feindseligkeit gegenüber Israel erklären würde.

Der Bericht erwähnt auch das Schreckgespenst der Freundschaft von Chavez mit dem sogenannten Ceresole, „dem bekannten argentinischen Antisemiten", und betont damit, dass Chavez als Feind Israels gilt.

Währenddessen wurden die Amerikaner, die von Robertsons Provokation gegen Chavez hörten, zwar von den Medien darüber informiert, dass Chavez ein „Linker" und ein „Freund von Fidel Castro" sei - Anschuldigungen, die sicherlich viele Amerikaner in Wallung bringen würden -, doch die Tatsache, dass das pro-israelische Netzwerk etwas gegen Chavez hatte, wurde geheim gehalten. Die Kritik der Israel-Lobby an Chavez wurde auf kleine, aber einflussreiche Zeitschriften (wie The Weekly Standard) beschränkt, die fast ausschließlich von pro-israelischen Fanatikern wie Robertson und anderen „Hardlinern" gelesen wurden.

Um die Amerikaner zu manipulieren, halfen die Mainstream-Medien der Bush-Regierung jedoch, indem sie die Angst schürten, Chavez stelle eine neue „kommunistische Bedrohung" dar, obwohl nichts weiter von der Wahrheit entfernt sein könnte. In Wirklichkeit orientiert sich Chavez (und inspiriert seine Revolution) an der Tradition von Simon Bolivar, der die Andenprovinzen von der spanischen Kaiserkrone befreite und (selbst in traditionellen Texten zur amerikanischen Geschichte) als „George Washington Südamerikas" bezeichnet wurde.

Obwohl Chavez ein Kritiker des grassierenden globalen Superkapitalismus ist, den er als „Dämon" bezeichnet, wies Alma Guillermoprieto in der Ausgabe der New York Review of Books vom 6. Oktober 2005 darauf hin, dass „eine große Anzahl von Geschäftsleuten unter seiner Herrschaft gediehen ist, und er machte deutlich, dass er eine wichtige Rolle für den Privatsektor und insbesondere für ausländische Investitionen sieht". Chavez ist also trotz der Desinformation der Medien weit davon entfernt, ein „Kommunist" zu sein. Und was Castro betrifft, der sich in der Abenddämmerung seines Lebens befindet, so ist die Tatsache, dass Chavez Castro gegenüber freundlich war - wie es praktisch alle südamerikanischen Führer waren, ganz zu schweigen von denen auf - kein „Beweis" dafür, dass Chavez ein „Kommunist" ist.

Als Robertson jedoch in seinem 700 Club - einer Sendung, die für viele bodenständige Republikaner ein Muss ist - zur Ermordung von Chavez aufrief, sendete er eine starke und klare Botschaft: „Wir mögen Chavez nicht".

Das „wir" waren in diesem Fall die Neokonservativen und ihre Verbündeten in Israel, die eng mit Robertson und anderen TV-Evangelisten der „christlichen Rechten" zusammenarbeiten, die der Israel-Lobby eine eifrige (und mächtige) Unterstützungsbasis verschafft haben.

Letztendlich führen all diese globalistischen Säbelhiebe im Namen einer schlecht definierten Form von „Demokratie", wie sie George W. Bushs philosophischer Mentor Natan Sharansky versteht, dazu, dass Amerika im Ausland kaum neue Freunde gewinnt. Im Gegenteil, es macht sich immer mehr Feinde und bereitet den Boden für zukünftige außenpolitische Katastrophen...

Inzwischen schreckt Dr. Mahathir Mohamad, der oft als „Vater des modernen Malaysia" bezeichnet wird und seit langem als Sprecher der Entwicklungsländer geachtet wird, nicht vor diesen kriegerischen Provokationen zurück. Er äußert sich mit Leidenschaft und Offenheit.

In einem Interview mit der britischen Zeitung Guardian erklärte der langjährige malaysische Premierminister (der 2003 in den Ruhestand ging)

2005 die Bush-Regierung zu einem „Schurkenregime" und prangerte seinen Verbündeten, den britischen Premierminister Tony Blair, als „erwiesenen Lügner" an, weil er die von Bush und seinen pro-israelischen Politikberatern vorangetriebene Desinformation verbreitet habe.

Der wortgewandte Malaysier, der in der gesamten Dritten Welt hohes Ansehen genießt, sorgte 2003 für Aufregung, als er während eines langen Vortrags vor einer internationalen Versammlung von Führern muslimischer Länder sagte, dass „die Juden die Welt stellvertretend regieren", was zwar nur eine kurze Bemerkung in einer langen Rede war, aber ausreichte, um einen weltweiten Medienrummel auszulösen. Dr. Mahathir erklärte dem Guardian jedoch, dass er nicht bereit sei, seine Bemerkungen zurückzunehmen. Er erklärte

Die [amerikanischen] Politiker haben panische Angst vor den Juden, denn jeder, der gegen die Juden stimmt, würde die Wahlen verlieren. Die Juden in Amerika unterstützen die Juden in Israel. Israel und andere Juden kontrollieren die mächtigste Nation der Welt. Das ist es, was ich meine [dass Juden die Welt kontrollieren]. Ich bleibe bei dieser Ansicht.

Mahathirs scharfe Kommentare über das Verhalten der USA, insbesondere in Bezug auf ihr Engagement im Nahen Osten, spiegeln nicht nur die muslimische Meinung wider, sondern auch die wachsende Meinung in Europa und anderswo. Mahathir sagte dem Guardian

Die Vereinigten Staaten sind die mächtigste Nation. Sie können die ganze Welt ignorieren, wenn sie etwas tun wollen. Sie verstoßen gegen das Völkerrecht. Sie verhaften Menschen außerhalb ihres Landes; sie klagen sie nach amerikanischem Recht an. Sie töten sie...

Das ist Terror [und] die Vereinigten Staaten sind genauso schuldig des Terrorismus wie die Leute, die ihre Flugzeuge in Gebäude stürzten... Bush versteht den Rest der Welt nicht. Er denkt, dass jeder ein Neocon wie er sein sollte.

Aus dem Munde eines der weltweit führenden muslimischen Führer, der seine Glaubensbrüder dazu aufgerufen hat, Terrorismus und Extremismus abzulehnen, ist Dr. Mahathirs Einschätzung des von den USA erklärten Krieges gegen den Terrorismus besonders relevant und eine sehr konkrete Warnung an amerikanische Entscheidungsträger, die den Interessen Israels verpflichtet sind: Selbst wenn Sie Bin Laden fangen, können Sie nicht sicher sein, dass es nicht noch mehr Bin Ladens geben wird. Es ist unmöglich, Terroristen dazu zu bringen, einen Friedensvertrag zu unterzeichnen.

Der einzige Weg, den Terror zu besiegen, besteht darin, die grundlegenden Ursachen zu bekämpfen. Sie sprengen sich nicht grundlos in die Luft, sondern sie sind wütend und frustriert. Und warum sind sie wütend? Schauen Sie sich die palästinensische Situation an. Fünfzig Jahre nach der Gründung des Staates Israel werden die Dinge immer schlimmer.

Wenn Sie dieses Problem nicht lösen, wird der Krieg gegen den Terrorismus nicht enden. Wie lange wollen Sie noch die Schuhe der Menschen untersuchen

Mahathir als „Verschwörungstheorie der muslimischen Welt" bezeichnet, erinnern Sie sich daran, dass, wie bereits erwähnt, The Forward, eine angesehene jüdische Zeitung mit Sitz in New York, am 11. Mai 2005 berichtete, dass Barry Jacobs vom American Jewish Committee hochrangige Beamte der US-Geheimdienstgemeinschaft beschuldigt hatte, israelfeindlich zu sein und Krieg gegen die pro-israelischen Lobbyisten und ihre neokonservativen Verbündeten in der Bush-Administration zu führen.

Forward berichtet, dass Jacobs laut der Zusammenfassung von Forward der Meinung ist, dass „die Vorstellung, dass amerikanische Juden und die Neokonservativen im Pentagon sich verschworen haben, um die USA in einen Krieg gegen den Irak und möglicherweise auch gegen den Iran zu treiben, in der Washingtoner Geheimdienstgemeinschaft allgegenwärtig ist".

In der Tat sind Jacobs' Bedenken berechtigt, wie wir in diesem Band ausführlich nachgewiesen haben. Der beträchtliche Einfluss der jüdischen Lobby in Amerika gibt zunehmend Anlass zu Besorgnis, wie es auch sein sollte.

Tatsache ist, dass die Politik von George W. Bush nicht nur in den arabischen und muslimischen Ländern oder in Russland, China oder sogar Venezuela Anlass zur Sorge gibt. Viele gute Amerikaner (auch in den höchsten Kreisen) sehen in dieser Politik eine echte Gefahr. Und viele Menschen in der Welt erkennen an, dass diese Amerikaner ihre Bedenken teilen.

m Rahmen seiner Bemühungen, dem Imperialismus und den Kriegen, die den Imperialismus voranbringen sollen, den Weg zu versperren, gründete Dr. Mahathir von Malaysia die Weltfriedensorganisation Perdana, auf die wir weiter oben in diesem Buch Bezug genommen haben. Am 17. Dezember 2005 kündigten Dr. Mahathir und die Teilnehmer eines Sonderforums der Organisation die Kuala-Lumpur-Initiative zur Kriminalisierung des Krieges an. Wie der Name schon sagt, stellen diese Initiative und die Bemühungen zur Förderung ihrer Botschaft einen ernsthaften Aufruf zu einer weltweiten Aktion zur Kriminalisierung der Kriegführung dar. Die Initiative lautet wie folgt

DIE INITIATIVE VON KUALA LUMPUR ZUR KRIMINALISIERUNG DES KRIEGS

Das Weltfriedensforum in Kuala Lumpur, das betroffene Völker von allen fünf Kontinenten zusammenbringt

VEREINT in der Überzeugung, dass Frieden die Grundvoraussetzung für das Überleben und das Wohlergehen der menschlichen Rasse ist,

ENTSCHLOSSEN, den Frieden zu fördern und künftige Generationen vor der Geißel des Krieges zu bewahren,

OUTRAGED durch den häufigen Einsatz von Krieg zur Beilegung von Streitigkeiten zwischen den Nationen,

BESORGT darüber, dass die Militaristen sich auf neue Kriege vorbereiten, BESORGT darüber, dass der Einsatz von Waffengewalt die Unsicherheit für alle erhöht,

ZERRIFIZIERT von der Vorstellung, dass der Besitz von Atomwaffen und die unmittelbare Gefahr eines Atomkriegs zur Vernichtung des Lebens auf der Erde führen werden.

Um Frieden zu erreichen, erklären wir nun, dass

- Kriege beinhalten immer häufiger den Mord an Unschuldigen und sind daher abscheulich und kriminell.

- Morde in Kriegszeiten sind genauso kriminell wie Morde innerhalb von Gesellschaften in Friedenszeiten.

- Da Tötungen in Friedenszeiten dem innerstaatlichen Strafrecht unterliegen, sollten auch Tötungen in Kriegszeiten dem internationalen Strafrecht unterliegen. Dies sollte unabhängig davon gelten, ob diese Tötungen in Kriegszeiten nach innerstaatlichem Recht erlaubt oder zulässig sind.

- Alle kommerziellen, finanziellen, industriellen und wissenschaftlichen Aktivitäten, die den Krieg unterstützen und fördern, sollten kriminalisiert werden.

- Alle nationalen Führer, die eine Aggression initiieren, müssen der Gerichtsbarkeit des Internationalen Strafgerichtshofs unterstellt werden.

- Alle Nationen müssen ihre Entschlossenheit verstärken, die Ziele und Grundsätze der Charta der Vereinten Nationen zu akzeptieren und Methoden zu entwickeln, um internationale Streitigkeiten mit friedlichen Mitteln beizulegen und auf Krieg zu verzichten.

- Es darf keine Waffengewalt angewendet werden, es sei denn, dies wird durch eine mit Zweidrittelmehrheit aller Mitglieder der Generalversammlung der Vereinten Nationen verabschiedete Resolution genehmigt.

- Alle Gesetzgeber und Regierungsmitglieder müssen ihren Glauben an den Frieden bekräftigen und sich verpflichten, sich für den Frieden einzusetzen.

- Politische Parteien auf der ganzen Welt müssen den Frieden zu einem ihrer Hauptziele machen.

- Nichtregierungsorganisationen, die sich für die Friedensförderung einsetzen, sollten in allen Ländern gegründet werden.

- Beamte und Berufstätige, insbesondere in den Bereichen Medizin, Recht, Bildung und Wissenschaft, müssen den Frieden fördern und aktiv gegen den Krieg kämpfen.

- Die Medien müssen sich aktiv gegen Krieg und Kriegshetze wenden und bewusst die friedliche Beilegung internationaler Streitigkeiten fördern.

- Die Unterhaltungsmedien müssen aufhören, Krieg und Gewalt zu verherrlichen, und stattdessen eine Ethik des Friedens kultivieren.

- Alle religiösen Führer müssen den Krieg verurteilen und den Frieden fördern.

Zu diesem Zweck beschließt das Forum, in Kuala Lumpur ein ständiges Sekretariat einzurichten, um

Diese Initiative umsetzen.

WIDERSPRECHEN sich gegen Politiken und Programme, die zum Krieg aufrufen. BITTEN um die Zusammenarbeit von [Nichtregierungsorganisationen] aus der ganzen Welt, um die Ziele dieser Initiative zu erreichen.

Amerikanische Nationalisten - die wahren Patrioten Amerikas - teilen den Geist der Initiative von Kuala Lumpur. Und die Amerikaner müssen sich alle gemeinsam - und mit anderen auf der ganzen Welt - hinter die Fahne stellen, um den imperialen Kriegstreibern den Weg zu versperren. Wir müssen sehr vorsichtig sein, bevor wir uns „der Flagge anschließen" und in den oder die kriegsbefürwortenden Bandwagons springen, die sich vor unseren Augen zusammenfinden.

George Bush wird voraussichtlich im Januar 2009 aus dem Amt scheiden. Andere werden jedoch versuchen, die gefährliche imperiale Politik fortzusetzen, die durch die Lügen und das Missmanagement der Bush-Ära entstanden ist. Es ist die Aufgabe aller guten Amerikaner - und ihrer vielen Freunde in der Welt - zusammenzuarbeiten, um diese Intriganten in die Knie zu zwingen.

Ein letztes Wort...

Was ist zu tun

Dieser Band war nie als wissenschaftliche Analyse (oder historischer Überblick) über das Arsenal an Massenvernichtungswaffen des Staates Israel gedacht. Die Wahrheit ist, dass nur die Israelis das Ausmaß der Macht und der Fähigkeiten ihres Golems genau kennen. Und die Geschichte (oder zumindest ein großer Teil davon) von Israels nuklearen Ambitionen wurde bereits an anderer Stelle untersucht.

Unser Ziel ist es vielmehr, die sehr reale Gefahr zu untersuchen, die von Israels Höllenbombe ausgeht, eine Gefahr, die, wie wir gesehen haben, durch die Tatsache verstärkt wird, dass die israelischen Führer - sowohl die des „Mainstreams" als auch die des „Randes" (der sich immer mehr dem Zentrum annähert) - durchaus in der Lage sind, den Golem zu zünden, wenn sie eine solche Aktion für notwendig erachten.

Keine andere Nation der Welt hat Atomwaffen in den Mittelpunkt ihrer Existenz gestellt. Es gibt keine andere Nation in der heutigen Welt, die ihr Atomwaffenarsenal als etwas Heiliges empfindet.

Hinzu kommt, dass es tatsächlich keine andere Nation gibt, die in ihre Gründungsphilosophie das Konzept aufgenommen hat, dass ihr Volk ein „auserwähltes Volk" ist, das in Gottes Augen einen besonderen Platz einnimmt und allen anderen überlegen ist.

Obwohl ethnische und religiöse Rivalitäten und Vorurteile oft im Mittelpunkt von Kontroversen auf der ganzen Welt standen, gibt es - mit Ausnahme Israels - keine andere Nation, die ihr eigenes Volk als allen anderen Völkern und Kulturen überall auf dieser Erde überlegen ansieht.

Und doch ist Israel trotz all dessen eine Nation, die selbst im Inneren von inneren Unruhen geplagt wird, die zwangsläufig durch die ständigen Anzeichen massiver Korruption und Misswirtschaft, deren Einzelheiten gelegentlich in der westlichen Presse auftauchen, noch schmerzhafter werden.

So bleiben die Stabilität und selbst die Zukunft Israels als Nation ungewiss.

Während Israel und seine Anhänger uns glauben machen wollen, dass „die Araber" und „die Muslime" die größte Bedrohung für das Überleben Israels sind, ist die Realität, dass Israel selbst die größte Bedrohung für seine eigene Zukunft und die des jüdischen Volkes als Ganzes ist.

Obwohl viele Menschen (insbesondere Amerikaner, die von den Medien beeinflusst werden) Israel als eine geeinte und wohlhabende „Demokratie" wahrnehmen, könnte nichts weiter von der Wahrheit entfernt sein.

Der Konflikt zwischen den Fraktionen der jüdischen Elite (und des Volkes) in Israel ist zeitweise fast so bitter wie der Konflikt zwischen Israel und den Völkern der arabischen Welt.

Letztendlich stellt sich die winzige Nation Israel als ein Pulverfass ersten Ranges dar, wobei die ständigen Konflikte mit den Nachbarn die Gefahr nur noch verschärfen.

Dennoch hält diese unruhige und beunruhigende Nation mit rund 5 000 000 Einwohnern - etwa so groß wie der Bundesstaat New Jersey - die Welt in Geiselhaft. So einfach ist das.

Dank der Macht seiner Lobby in Washington - die unbestreitbar die amerikanische Außenpolitik diktiert - und der Präsenz des israelischen Atomgolems (der durch seine Existenz der Israel-Lobby in Washington noch mehr Einfluss verleiht) kann und muss dieser unruhige und beunruhigende rassistische Staat (der bei weitem keine Demokratie ist) nun - auf ziemlich entsetzliche Weise - als einer der größten Staaten der Welt angesehen werden, durch seine Existenz der Israel-Lobby in Washington noch mehr Einfluss verleiht), kann und muss dieser unruhige und beunruhigende rassistische Staat (der bei weitem keine Demokratie ist) nun - ziemlich entsetzlich - als eine der mächtigsten Nationen des Planeten angesehen werden - wenn nicht sogar als die mächtigste - aufgrund der effektiven Herrschaft Israels über die US-Medien (und damit über die US-Regierung selbst).

Es war Israel - und Israel allein -, das Amerika in den schändlichen und zerstörerischen Krieg gegen den Irak hineingezogen hat, einen Krieg, der Millionen von Menschen in einer einst wohlhabenden Nation aus ihren Häusern vertrieben hat.

Wie viele zukünftige Terroristen wurden unter den jungen Irakern gezeugt, die heute im Exil oder in schmutzigen Flüchtlingslagern leben oder dazu bestimmt sind, dort zu leben, in vom Krieg zerrissenen Straßen und zerbombten Gebäuden, in einst blühenden Städten und Dörfern, die durch die US-geführte Invasion ihres Heimatlandes unter Führung Israels verwüstet wurden.

Heute stehen die USA am Rande eines weiteren sinnlosen Krieges gegen das iranische Volk. Und wieder einmal handelt es sich dabei um einen Krieg „made in Israel".

Israel hat einen Keil nicht nur zwischen die USA und die arabischen Völker im Nahen Osten getrieben, sondern auch zwischen die USA und die Muslime in der ganzen Welt, ganz zu schweigen von den Millionen und Abermillionen anderer Gutwilliger, denen Amerikas globale Machenschaften, die unter der Führung Israels und seiner Lobby in Washington durchgeführt werden, nicht gefallen.

Amerikanische Politiker und Entscheidungsträger, Akademiker und Militärführer, Geheimdienstoffiziere und Diplomaten stehen alle im Fadenkreuz: Wer es wagt, sich den Intrigen Israels zu widersetzen, wird bedroht, erpresst, boykottiert, verleumdet und, ja, ermordet.

Bei uns in den USA wurden Maßnahmen eingeführt - Gesetze wie das sogenannte „Patriot"-Gesetz -, die zwar vorgeblich der „Terrorismusbekämpfung" dienen sollen, aber nichts anderes sind als staatspolizeiähnliche Mechanismen alter Prägung, die darauf abzielen, abweichende Meinungen zu unterdrücken und ein autoritäres Regime zu errichten. Doch die Zukunft sieht noch viel schlimmer aus, es sei denn natürlich, die Amerikaner und andere schließen sich zusammen, um diesem Wahnsinn ein Ende zu setzen, bevor es zu spät ist. Daran besteht kein Zweifel. Wie ich bereits sagte: Die Zeit ist reif. Es muss etwas getan werden.

Was also tun

Erstens müssen sich pensionierte US-Militäroffiziere und Veteranen aller Dienstgrade, die das Wesen des verderblichen Einflusses Israels auf die amerikanische Politik verstehen, zusammenschließen, um ihren guten Willen unter dem amerikanischen Volk einzusetzen, um diese Gefahr bekannt zu machen. Sie müssen sich erneut, wie schon zuvor, für die Verteidigung Amerikas einsetzen. Und sie werden die Unterstützung der meisten einfachen Amerikaner haben, wenn sie sich trauen, dies zu tun.

Unsere amerikanischen Kriegsveteranen müssen die politische Bühne betreten, wenn nicht als Kandidaten, dann zumindest als unbeugsame öffentliche Stimmen für den Frieden, die die Macht der Israel-Lobby in Amerika herausfordern.

Kandidaten für den öffentlichen Dienst, die mit ihrer Treue zu Israel prahlen, müssen öffentlich und lautstark angeprangert, niedergemacht und als gekaufte und bezahlte Tauben entlarvt werden. Die Amerikaner müssen die Feinheiten vergessen und die alte Theorie beiseite legen, dass Staatsbedienstete ein Recht auf Respekt haben. Jeder Politiker, der Israel weiterhin unterstützt, hat kein

Recht auf Respekt. Jeder Politiker, der Israel unterstützt, sollte aus seinem Amt gejagt werden.

Die Amerikaner müssen außerhalb der eigentlichen Korridore der Macht öffentlich und lautstark protestieren. Die Amerikaner müssen die Streikposten im Weißen Haus und im Kongress vergessen. Anstatt 100.000 wütende Demonstranten gegen den Krieg nach Washington zu bringen, um auf der Pennsylvania Avenue zu marschieren, sollten 10.000 wütende Demonstranten gegen den Krieg vor jeder Synagoge und jeder Organisation der jüdischen Gemeinde in jeder größeren Stadt Amerikas stehen.

Sie sind die eigentlichen Zentren der politischen Macht in den USA, die Sammelpunkte für die Millionen Dollar an Wahlkampfspenden, die die zionistische Macht in Amerika unterstützen. Wütende Kundgebungen in den Städten und Dörfern Amerikas würden den Durchschnittsamerikaner darauf aufmerksam machen, was Amerikas verrückte imperiale Unternehmungen im Ausland wirklich sind.

Amerikaner aller Schichten müssen bereit sein, ihren jüdischen Nachbarn gegenüberzutreten und von ihnen zu verlangen, dass sie aufhören, Organisationen wie die Anti-Defamation League, das American Jewish Committee, den American Jewish Congress und alle Arten von pro-israelischen Operationen, die heute auf amerikanischem Boden gedeihen, zu unterstützen.

All dies kann - und muss - friedlich geschehen, das steht fest. Die Amerikaner sind gute Menschen - gewaltlose Menschen -, aber bislang haben sie sich davor gescheut, den Unruhestiftern unter uns direkt gegenüberzutreten. Das kann so nicht weitergehen.

Die Amerikaner - einschließlich der gutgläubigen jüdischen Amerikaner, die bereit sind, ihre selbsternannten Führer herauszufordern - müssen Druck auf die Führer und Komplizen des zionistischen Machtblocks ausüben und unmissverständlich klarmachen, dass die Amerikaner bereit sein müssen, sich - vereint - zu erheben und ein für alle Mal unmissverständlich zu erklären, dass es KEINE weiteren Kriege für ISRAEL geben wird.

Dieser einfache Slogan, der oft genug an oft genug Orten und vor oft genug Menschen wiederholt wird, wird - ein für alle Mal - erklären, was die Hauptquelle der Probleme in unserer Welt ist. Die Menschen sollten bereit sein, ganz einfach zu sagen: „Zum Teufel mit der jüdischen Lobby

Israels nuklearer Golem steht im Zentrum dieser Problemquelle und verleiht Israel die ungezügelte Autorität, seine Angelegenheiten zu Hause, in den besetzten Gebieten und in seinen Beziehungen zu seinen Nachbarn in der

Region (und im Rest der Welt) auf eine Weise zu regeln, die nicht mit vernünftigen Standards des Rechts oder der Ethik vereinbar ist.

In nicht allzu ferner Zukunft werden Israel und seine Unterstützer eine einfache Tatsache anerkennen müssen: Sie sind zahlenmäßig unterlegen. Das zionistische Experiment in Palästina ist gescheitert und die Folge ist eine Welt in Aufruhr - ein direktes Ergebnis von rund vierzig Jahren, in denen die USA im Namen Israels im Nahen Osten interveniert haben, um einen gescheiterten Staat zu retten, der nie hätte entstehen dürfen.

Während wir diese Zeilen schreiben (Juli 2007), führen die Palästinenser untereinander Krieg - wieder einmal aufgrund israelisch-amerikanischer Intrigen - und die Israelis tun wieder einmal „so als ob", indem sie andeuten, dass sie bereit sind, mit der Fatah-Fraktion unter den Palästinensern zusammenzuarbeiten, um eine Lösung der palästinensischen Frage zu erreichen. Doch diejenigen, die die Geschichte der Israelis kennen, erkennen, dass es sich dabei nur um „mehr vom Gleichen" handelt.

Israel muss bereit sein, die Macht mit den christlichen und muslimischen Ureinwohnern Palästinas zu teilen. Die Ära eines ausschließlich jüdischen Staates mit jüdischer Überlegenheit und einem zweitrangigen Status für die Palästinenser muss und wird bald zu Ende gehen. Das Rad der Geschichte dreht sich immer schneller in diese Richtung.

Die zivilisierte Welt muss bereit sein, sich für den Abbau des israelischen Atomwaffenarsenals und für ein neues Paradigma in Palästina einzusetzen, das einen wichtigen Beitrag zur Schaffung eines gerechten Friedens leisten und weitgehend das Ende des Nahostkonflikts garantieren wird, der sich um den Golem Israel dreht. Ansonsten gibt es keinen Zweifel: Amerika und die Welt (einschließlich Israel) werden auf dem Weg nach Armageddon immer schneller fahren.

-MICHAEL COLLINS PIPER

Hier ist, was der israelische Gewissensgefangene Mordechai Vanunu, ein nuklearer Whistleblower und mehrfacher Kandidat für den Friedensnobelpreis, über Michael Collins Piper sagte...

Im Laufe der Jahre wurde viel über die Kreatur geschrieben, die als Staat Israel bekannt ist. Das meiste von dem, was über Israel geschrieben und vom Westen akzeptiert wurde, ist nicht wahr.

Israel wurde als ein nicht bedrohlicher Freund der Menschheit dargestellt, der einfach nur in Frieden mit dem Rest der Welt leben möchte. Ich habe das Tier aus der Nähe gesehen und kann Ihnen sagen, dass dies nicht der Fall ist.

Nur wenige Menschen sind mutig und ehrlich genug, um sie in ihrem wahren Licht darzustellen, und einer von ihnen ist Michael Collins Piper in seinen Büchern wie Final Judgment, The High Priests of War und The New Jerusalem".

In einer Zeit tsunamischer ideologischer Umwälzungen, in der kühne Propagandisten unermüdlich frenetische Anstrengungen unternehmen, um die Fakten der Geschichte umzuschreiben, kommt Michael Collins Piper daher, um diese Wahrheitsverdreher herauszufordern: der amerikanische Voltaire, ein aufgeklärter Denker und Polemiker, der sich nicht scheut, sich mit den harten Realitäten auseinanderzusetzen, und dies mit Eleganz und Verve tut.

In den letzten Jahren hat sich Piper als unübertroffener Botschafter der amerikanischen nationalistischen Bewegung bei den Völkern der ganzen Welt etabliert: von Moskau über Kuala Lumpur, Tokio, Toronto und Teheran bis hin zu Abu Dhabi.

In klaren Worten formulierte er einen Aufruf - einen Schlachtruf -, dass wir uns alle vereinen, uns unser Erbe zurückerobern und die Korruption des internationalen Kapitals und die daraus resultierende bösartige Kraft, die unsere Welt an den Rand der nuklearen Vernichtung führt, hinwegfegen sollen.

Pipers Botschaft ist klar und deutlich: Echte Amerikaner unterstützen nicht den zionistischen Plan, Amerikas militärische Macht auszunutzen, um die Welt zu erobern; die guten Menschen, die sich dem zionistischen Imperium widersetzen, müssen ihre Differenzen beiseite legen und die Reihen schließen, vereint für die letzte Schlacht.

Leidenschaftlich, ohne Anspruch auf Unparteilichkeit, identifiziert und geißelt Piper diejenigen, die eine Haltung des offenen Hasses gegenüber Nationalismus und Freiheit an den Tag legen.

Da sie die Geschichtsschreibung zu einer Kunstform gemacht hat, hat Piper nur wenige Gleichaltrige. Es gibt auch nicht viele, die der Macht die Wahrheit sagen, wie Piper es so gut kann.

Rabbiner Abraham Cooper vom Simon-Wiesenthal-Zentrum erklärte, weil Piper Israel kritisiere, sei er „antiamerikanisch". In Wirklichkeit beweist Pipers Arbeit genau, wie pro-amerikanisch er ist.

-RYU OHTA, Vorsitzender der Gesellschaft für die Kritik der zeitgenössischen Zivilisation mit Sitz in Tokio (Japan)

Die Medien in aller Welt loben Michael Collins Piper, doch die kontrollierten US-Medien verunglimpfen ihn...

Im März 2003, am Vorabend der US-Invasion im Irak, war Michael Collins Piper, der Autor von The New Jerusalem, in Abu Dhabi, der Hauptstadt der Vereinigten Arabischen Emirate (VAE), als Gast des distinguierten Zayed Centre for Coordination and Monitoring, des offiziellen Think Tanks der Liga der Arabischen Staaten. Über Pipers Vortrag, der sich mit der Voreingenommenheit der US-Medien zugunsten Israels befasste, wurde in der arabischen und englischen Presse des Nahen Ostens sehr positiv berichtet (siehe oben). Im August 2004 reiste Herr Piper nach Kuala Lumpur, der Hauptstadt Malaysias, wo er vor zahlreichen Industriellen, Intellektuellen, Anwälten, Journalisten, Diplomaten und anderen sprach und eine ähnliche, direkte und ehrliche Berichterstattung in den lokalen Medien erfuhr (unten). Im Gegensatz dazu wurde Herr Piper in seinem Heimatland von den führenden US-Medien heftig angegriffen. Das ist keine Überraschung, da Piper - Medienkritiker der unabhängigen Zeitung American Free Press (AFP) - ein starker Befürworter von Maßnahmen ist, die die zunehmende Konzentration des Medienbesitzes in den Händen einiger weniger Familien und Finanzinteressen bremsen sollen.

Wie ich das Problem Israel entdeckte: Seit ich angefangen habe zu schreiben und öffentlich zu sprechen - vor etwa 25 Jahren, als ich noch in meinen Zwanzigern war - wurde ich wiederholt gefragt (sowohl hier in den USA als auch im Rest der Welt), wie ich zu meinem speziellen Standpunkt gekommen bin, insbesondere in Bezug auf die „besondere Beziehung" der USA zu Israel. Es scheint mir angemessen, dieses Forum zu nutzen, um diese Frage für diejenigen zu beantworten, die daran interessiert sind.

Da ich mich schon seit meinem siebten oder achten Lebensjahr für Politik interessierte, beschäftigte ich mich zunächst mit der Geschichte des Bürgerkriegs. Von da an entwickelte sich mein Interesse an den politischen Angelegenheiten der USA im Allgemeinen.

Wie viele Menschen habe ich an den Mythos geglaubt, dass Politik auf den Gegensatz zwischen Demokraten und Republikanern hinausläuft, und später habe ich mich der Theorie angeschlossen, dass es einen echten Unterschied zwischen „Liberalen" und „Konservativen" gibt.

Letztendlich erkannte ich jedoch, dass der wahre Unterschied zwischen Nationalisten und Internationalisten lag, und schließlich wurde mir klar, dass die wichtigste - praktisch unangefochtene - Machtkraft in den amerikanischen Angelegenheiten die Rolle der jüdischen Lobby und die globale zionistische Agenda war. Wie ich zu dieser Schlussfolgerung gelangte, war ein Lernprozess an sich - und ein sehr persönlicher.

Sehen Sie, als ich ein Kind war - während des Vietnamkriegs - war ich sehr gegen den Krieg, weil ich instinktiv gegen den Krieg war. Dann sah ich schließlich die Auswirkungen des Krieges an meinem älteren Bruder, der eingezogen und nach Vietnam geschickt wurde. Er ist heute tot. Er hat den Vietnamkrieg überlebt, aber er hat sich nie ganz von den physischen und psychischen Auswirkungen des Krieges erholt. Dieses Buch - Der Golem - ist zum Teil meinem Bruder gewidmet. Leider war er nur eines von vielen Opfern des Krieges.

Und doch war mein Bruder ironischerweise - wenn ich die ganze Wahrheit sagen muss, und das werde ich tun - ein glühender Anhänger der Politik von George W. Bush. Wie viele gute amerikanische Patrioten fiel mein Bruder - ein traditioneller Konservativer - auf die zionistische Propaganda von Fox News und anderen heute verbreiteten „konservativen" Medien herein.

In mancher Hinsicht würde mein Bruder die Grundlagen dieses Buches wahrscheinlich ablehnen, und sei es nur, weil seine These so sehr gegen die Propagandalinie verstößt, die er in seinem viel zu kurzen Leben schließlich akzeptiert hat.

Wie dem auch sei, da ich sehr, sehr kriegsgegnerisch war, begann ich, die Außenpolitik der Vereinigten Staaten zu studieren.

Im Alter von etwa 16 Jahren war ich zu dem Schluss gekommen, dass das größte Pulverfass - das größte Problem - der US-Außenpolitik der Nahe Osten war. Und das lag genau - so stellte ich fest - an der bedingungslosen Unterstützung Israels durch die Vereinigten Staaten.

Dementsprechend glaube ich, dass wir Opfer der Terroranschläge vom 11. September geworden sind. Wer auch immer für den 11. September verantwortlich ist - und ich glaube, dass Israel der Hauptanstifter des 11. Septembers ist, ein Thema, das ich im Rahmen dieser Konferenz behandeln werde -, ich denke, es gibt keinen Grund zur Sorge.

A Reflective Essay by Michael Collins Piper to explore in a forthcoming book - the bottom line is that the 9-11 traggedy was a direct outgrowth of the U.S. involvement in the Middle East, specifically, U.S. favouritism for Israel. Selbst wenn, wie George Bush behauptet, radikale Muslime für die Anschläge vom 11. September verantwortlich sind, sind diese immer noch mit der parteiischen Haltung der USA gegenüber Israel verbunden.

Vor vielen, vielen Jahren habe ich jedem, der es hören wollte, gesagt, dass die Vereinigten Staaten aufgrund unserer Politik im Nahen Osten letztendlich Opfer eines Terroranschlags der muslimischen Welt werden würden, und obwohl die Vereinigten Staaten Opfer eines massiven Terroranschlags geworden sind, glaube ich nicht - wie ich sagte -, dass die Muslime dafür verantwortlich sind.

Aber in gewisser Weise war ich gerechtfertigt, zumindest wenn man den Lügen von George W. Bush Glauben schenkt. Und viele gute Amerikaner glauben diese Lügen. Aber sie scheinen nicht in der Lage zu sein, eine Verbindung zwischen diesem sogenannten „muslimischen Terroranschlag" und der korrupten Politik der US-Regierung bei der Führung der Außenpolitik unseres Landes herzustellen.

Heute sind wir natürlich in diesen Krieg im Irak hineingezogen worden. Und wenn die Zionisten und die von ihnen kontrollierten Politiker wie George W. Bush ihre Ziele erreichen, werden wir gegen den Iran in den Krieg ziehen.

Unnötig zu sagen, dass die US-Politik im Nahen Osten, wie ich schon immer gesagt habe, auf Lügen, Einschüchterung und Doppelmoral beruht: Die einzige Konstante der US-Politik im Nahen Osten ist, dass sie auf Lügen, Einschüchterung und Doppelmoral beruht. Diese Politik muss (Text fehlt?) Aufgrund meines Interesses am Nahen Osten habe ich natürlich viel darüber gelesen und festgestellt, dass es einen Aspekt der amerikanischen Nahostpolitik gab, der in den veröffentlichten Dokumenten zu diesem Thema kaum erforscht wurde: die Tatsache, dass John F. Kennedy hinter den Kulissen in einen geheimen Krieg mit Israel verwickelt war und versuchte, Israels unaufhörliche Bemühungen um den Bau nuklearer Massenvernichtungswaffen zu stoppen.

Da ich mich schon immer für die Ermordung von JFK interessiert hatte, fand ich bei meinen eigenen Recherchen schnell heraus, dass es gute Gründe für die Annahme gab, dass Israel tatsächlich eine große Rolle bei diesem Verbrechen spielte, das so tiefgreifende Auswirkungen auf den Verlauf der amerikanischen Politik gegenüber Israel und der arabischen Welt hatte.

Die Veröffentlichung meines eigenen Buches über die Ermordung von JFK, Final Judgment, veranlasste mich, meine Forschungen im Bereich der US-Außenpolitik zu vertiefen, und als Folge davon begannen sich meine späteren Bücher über das Problem Israel und seine Auswirkungen auf unsere Welt zu materialisieren. Offen gesagt glaube ich, dass mein Werk den Test der Zeit bestehen wird.

Zu gegebener Zeit hatte ich dank meiner Bemühungen die Gelegenheit, an Orte zu reisen, an die ich nie zu reisen gehofft hätte, und viele gute Menschen überall auf diesem Planeten zu treffen, die meine Bedenken teilen. Infolgedessen bin ich heute mehr denn je davon überzeugt, dass es eine endgültige Lösung für das Problem Israel geben wird.

EIN BRIEF DES AUTORS...

MICHAEL COLLINS PIPER

Liebe Leserin, lieber Leser

Der verderbliche Einfluss des Zionismus in der heutigen Welt wird nicht so schnell verschwinden. In dieser Epoche der Weltgeschichte bleibt der Zionismus der wichtigste Einfluss, der den Lauf der menschlichen Angelegenheiten gestaltet.

Auf den Seiten von GOLEM haben wir gesehen, wie der Staat Israel dank seines nuklearen Arsenals an Massenvernichtungswaffen den Status einer Supermacht erlangt hat.

Was wir erkundet haben, ist nur die sprichwörtliche Spitze des Eisbergs, und die Gefahren nehmen von Tag zu Tag zu. Wir dürfen nicht zulassen, dass sich die Situation weiter verschlechtert.

Im Alltag müssen Sie die in diesem Buch enthaltenen Informationen an Ihre Freunde und Nachbarn weitergeben. Sie müssen allen Menschen guten Willens erklären, dass es, solange das Problem des israelischen Atomwaffenarsenals nicht gelöst ist, keine Hoffnung gibt, den Terrorismus zu stoppen, Frieden in den Nahen Osten zu bringen, die USA wieder auf Kurs zu bringen und sich um ihre eigenen inneren Probleme zu kümmern, anstatt zu versuchen, den Weltpolizisten zu spielen.

Ihre Karten, Anrufe, E-Mails und Briefe sind sehr ermutigend und werden immer geschätzt, insbesondere Ihre konstruktive Kritik an meiner Arbeit.

Beste Wünsche und Gottes Segen

MICHAEL COLLINS PIPER

DAS IST MICHAEL COLLINS PIPER...

Es besteht kein Zweifel daran, dass Michael Collins Piper heute eines der Hauptziele der Israel-Lobby ist...

Michael Collins Piper, der als „amerikanischer Voltaire" bezeichnet wird, ist wahrlich der Autor, den die Israel-Lobby am liebsten hasst. Piper wurde wiederholt von Israels Propagandisten angegriffen und lässt sich nicht unterkriegen, auch wenn sein Leben von Irv Rubin, dem gewalttätigen Anführer der Jüdischen Verteidigungsliga, einer Terrororganisation, bedroht wurde. Als Piper einmal herausfand, dass sein Telefon abgehört wurde, meinte sie ironisch: „Es war nicht der Vatikan, der diese Abhörung vorgenommen hat".

Im Stil seines kämpferischen und farbenfrohen Ururgroßvaters, des berühmten Brückenbauers „Colonel" John Piper - Ersatzvater und erster Geschäftspartner des Industriegiganten Andrew Carnegie -, freut sich der wortgewandte Autor über jede Gelegenheit, seine zahlreichen Kritiker zu konfrontieren, obwohl diese sich in der Regel weigern, mit ihm zu debattieren.

Wie sein Vorfahre ist auch Piper auf seine Weise ein Brückenbauer: In den letzten Jahren hat er weltweit Vorträge gehalten, an so unterschiedlichen Orten wie Abu Dhabi (Vereinigte Arabische Emirate), Moskau (Russland), Kuala Lumpur (Malaysia), Tokio (Japan), Teheran (Iran) und in ganz Kanada. Die polizeilich orientierten Befürworter von Krieg und Imperialismus wurden durch Pipers energische Bemühungen, Bande der Verständigung zwischen Völkern aller Glaubensrichtungen und Hautfarben zu schmieden, verunsichert.

Als Liebhaber von Hunden, Katzen und allen Tieren und als altmodischer amerikanischer Progressiver in der Tradition von LaFollette-Wheeler lehnt Piper die Etiketten „liberal" und „konservativ" ab, die er für archaisch, künstlich und spaltend hält, indem er die Modewörter der Medien manipuliert, die darauf ausgelegt sind, den Dissens der Bevölkerung und die freie Prüfung zu unterdrücken. Bei einer Gelegenheit wurde Piper ein lukrativer Auftrag in einer geheimen Geheimdienstoperation in Afrika angeboten, den er jedoch ablehnte, weil er seine Unabhängigkeit bevorzugte - eine Haltung, die mit seinem ethnischen Erbe übereinstimmt: Ein anderer Ururgroßvater Pipers war ein Vollblutindianer.

Piper schöpft einen Großteil seiner Schriften aus seiner Bibliothek von rund 10.000 Bänden, darunter viele seltene Werke, und schreibt regelmäßig Beiträge für die American Free Press, die nationale Wochenzeitung mit Sitz in Washington, D.C., und die historische Zeitschrift The Barnes Review. Ein Medienkritiker lobte Piper als einen der 25 besten Schriftsteller im Internet. Im Jahr 2006 begann Herr Piper, einen nächtlichen Radiokommentar auf dem Republic Broadcasting Network unter republicbroad-casting.org im Internet zu moderieren.

Im Laufe seiner Karriere hat Piper mehreren wichtigen Geschichten den Weg geebnet. 1987 enthüllte er als Erster den vom Justizministerium gegen Budd Dwyer, den Schatzmeister des Staates Pennsylvania, inszenierten Coup, der zu dessen schockierendem öffentlichen Selbstmord führte. Piper war auch der erste, der enthüllte, dass der in San Francisco ansässige Roy Bullock ein Agent der Anti-Defamation League (ADL) war, einem Mittelsmann des israelischen Mossad, der an der illegalen Spionage von US-Bürgern beteiligt war. Dies geschah sieben Jahre, bevor die New York Times Bullocks Verbindung zur ADL bestätigte. Die ADL wird Piper niemals die entscheidende Rolle verzeihen, die er an vorderster Front bei der Entlarvung Bullocks gespielt hat.

Piper war der einzige Journalist, der es wagte zu behaupten, dass der Anschlag in Oklahoma City eine „false flag"-Operation des Mossad war, um Saddam Hussein zu verwickeln - ein Vorhaben, das von den amerikanischen Ermittlern entgleist wurde, die Israels Machenschaften ablehnten und sich stattdessen für eine weitere „Vertuschung eines einsamen Verrückten" entschieden. Pipers bahnbrechende Arbeit über die Rolle Israels beim 11. September wurde von Wahrheitssuchern aufgegriffen und von Israel-Verteidigern wegen ihrer Genauigkeit verurteilt.

Andere Titel

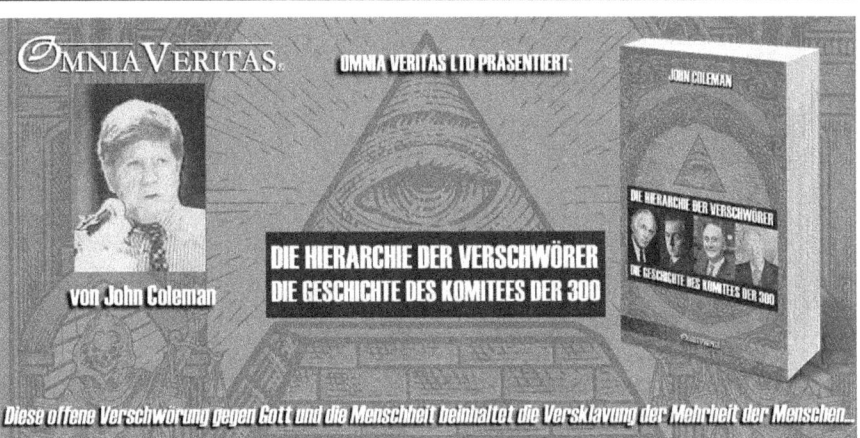

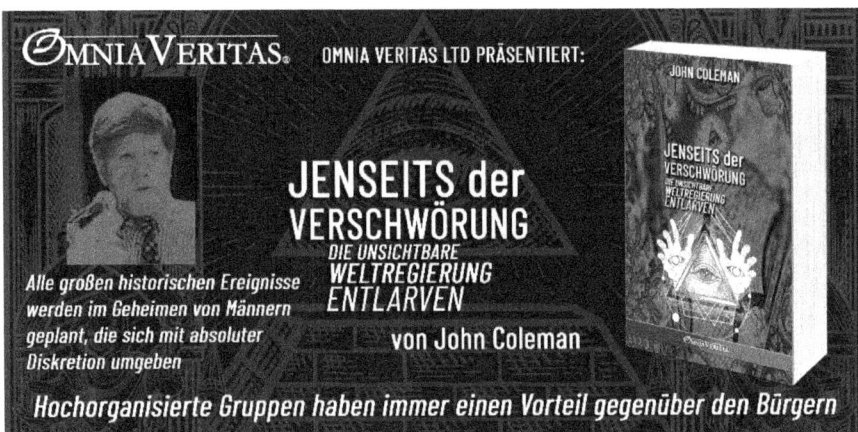

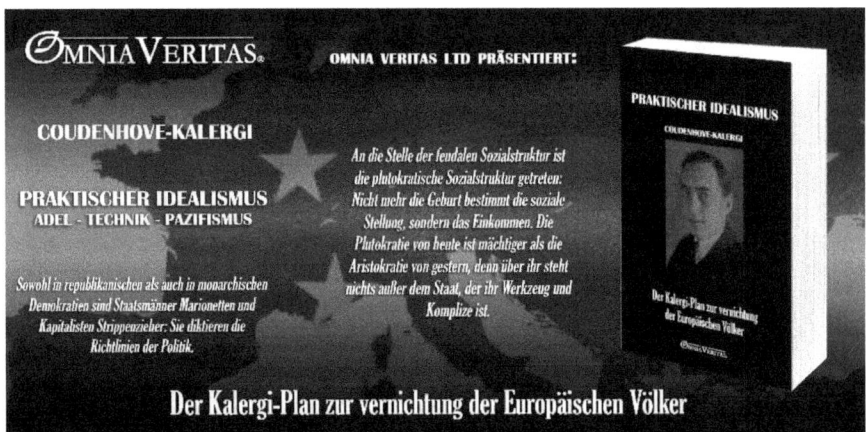

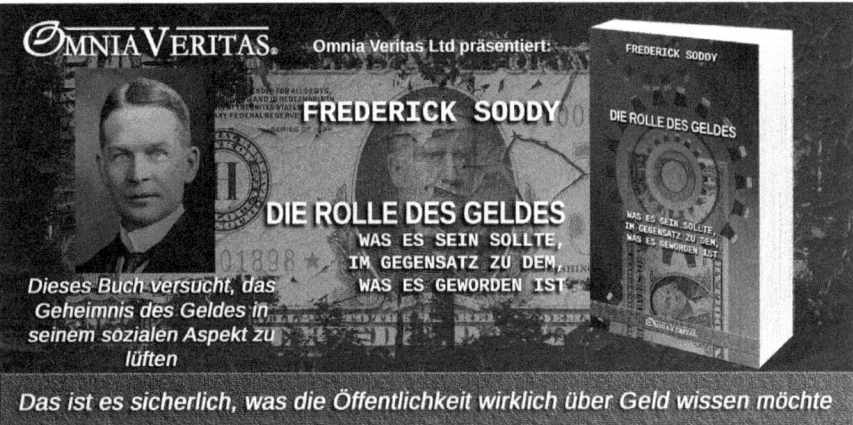

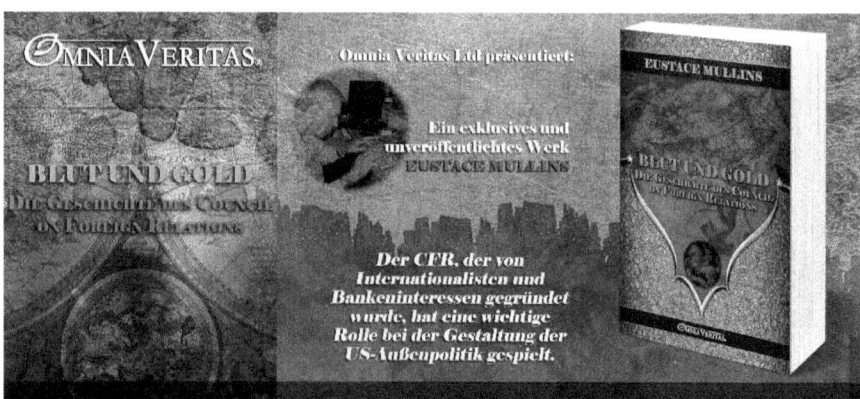

www.ingramcontent.com/pod-product-compliance
Lightning Source LLC
Chambersburg PA
CBHW050138170426
43197CB00011B/1880